원전 중심
구속사 설교

성경 해석에서 설교 작성까지

성경원전연구회
RAMAD Bible Original Study Society

원전 중심
구속사 설교 **성경 해석에서 설교 작성까지**

발행일 2023년 9월 1일

지은이 이정렬
펴낸이 손형국
펴낸곳 (주)북랩
편집인 선일영 편집 윤용민, 배진용, 김다빈, 김부경
디자인 이현수, 김민하, 김영주, 안유경 제작 박기성, 구성우, 변성주, 배상진
마케팅 김회란, 박진관
출판등록 2004. 12. 1(제2012-000051호)
주소 서울특별시 금천구 가산디지털 1로 168, 우림라이온스밸리 B동 B113~114호, C동 B101호
홈페이지 www.book.co.kr
전화번호 (02)2026-5777 팩스 (02)3159-9637

ISBN 979-11-93304-13-6 93230 (종이책) 979-11-93304-14-3 95230 (전자책)

(주)북랩 성공출판의 파트너

북랩 홈페이지와 패밀리 사이트에서 다양한 출판 솔루션을 만나 보세요!

홈페이지 book.co.kr • **블로그** blog.naver.com/essaybook • **출판문의** book@book.co.kr

작가 연락처 문의 ▸ ask.book.co.kr

작가 연락처는 개인정보이므로 북랩에서 알려드릴 수 없습니다.

성경 해석을 통해 이해하는 하나님의 뜻과 구원의 역사

원전 중심
구속사 설교

성경 해석에서 설교 작성까지

이정렬 지음

북랩

Bible Interpretation and Sermon Writing
for Redemptive Historical Preaching

by
Jeong–Ryeol Lee

2023
RAMAD Bible Original Study Society
Gyeonggi-do, Korea

목회자에게 있어서 가장 큰 고민은 설교와 설교 작성에 대한 부담일 것이다. 본서는 바람직한 성경적 설교에 대한 고민과 그러한 설교의 작성을 고민하면서 성경의 일관된 구조인 구속사적 접근과 하나님의 의도를 좀 더 확실하게 밝힐 수 있는 원전을 통한 히브리 성경 해석을 바탕으로 원초적인 설교 작성의 방향을 제시하고자 하였다.

　멀티미디어가 폭넓게 사용되고 포스트모던 사상이 만연한 21세기의 한국교회의 시대적 여건은 많은 부정적 영향을 미치고 있다. 그 가운데 가장 위기의식이 고조되고 있는 영역이 아마 설교일 것이다. 선교 2세기를 출발하는 오늘에 이르러 설교의 현상은 매우 비판적이고 우려할 정도가 되었다. 세계적인 실정이기도 하지만 이 땅에도 훌륭한 설교자가 사라져 가고 있다. 우리 시대에 있어서 설교에 대한 숱한 비난의 밑바닥에 숨어있는 설교를 향한 관심에 눈을 돌리지 않으면 안 될 것이다. 사람들은 참다운 설교를 원하고 있다. 교회를 치유할 수 있는 방도를 찾아야 한다. 설교는 실현되지 않은 상태로 있는 잠재적인 가능성과 융통성을 가진 특권이다. 새로운 형식의 설교가 필요한 것이 아니라 새로운 실재가 있는 설교가 필요하다.

설교란 고대에 주어진 성경 본문과 지금 여기의 상황에 살아가는 청중을 연결하는 것으로 과거의 본문을 오늘의 청중에게 해석하여 복음(하나님의 구속에 관한 계시)을 가르치며 선포하는 것이다. 성경 안에서 발견되는 명확한 계시는 그리스도 예수를 통한 구속이기 때문에 성경적 설교는 인간 중심의 모범적 설교에서 벗어나 구원의 핵심인 그리스도를 전하는 것이어야 한다.

성경 신학적 관점에서 하나님의 구속 행위를 선포하는 하나님의 언약 사상에 근거한 구속사적 설교는 1930년대와 1940년대 초기에 화란 개혁교회의 논쟁을 통해서 구체적 이슈로 논의되기 시작되었으며 비록 새로운 사실은 아니었지만 새로운 동향으로 받아들여졌다. 인간을 구속하시기 위한 하나님의 특별한 구원의 역사인 구속사가 성경의 일관된 구조라면 하나님의 말씀을 설교하는 설교자는 구속사적인 설교를 하는 것이 마땅하다. 구속사적 설교란 성경 본문을 그리스도 예수를 통하여 이루시는 하나님의 구원 역사를 배경으로 해석하여 설교하는 것으로 개혁주의 입장에서 가장 중심적인 주제라 정의할 수 있다. 구속사적 설교는 하나님께서 자기 백성을 위해 행하시는 활동을 찾아 증거하며, 하나님의 은혜를 입는 백성의 반응을 오늘의 삶에 적용하는 것이다.

구속사적 설교를 위해 성경 본문 자체가 가지는 시간적, 지리적, 문화적, 그리고 언어적 간격과 하나님께서 인간에게 감추어진 것을 나타내시는 성경 자체의 계시로서의 특성에 의해 성경 해석의 필요가 요구된다. 성경 해석의 목표는 하나님의 구원 역사에 대한 기록에서 예수 그리스도의 십자가 죽음과 부활로 성취된 하나님의 뜻과 섭리를 오늘의 상황에서 새롭게 듣고 그에 합당하게 반응하도록 하는 것이다.

우리가 가지고 있는 성경은 번역본으로 원본인 원어의 뜻과 의미를 완벽하게 대체할 수 없기에 말씀을 통하여 계시하시는 하나님을 바로 알기 위해서는 반드시 원전을 연구해야만 한다. "성경주해에 있어서 가장 근본적인 문헌학적 전제는 모든 주해가 타당하고 또 믿을 만하려면 반드시 원전으로 행해져야 한다"는 것이다. 성경을 가르치고 설교하는 사람의 중요한 책무는 성경 본문의 의미를 정확히 파악하고 전달하는 것이며 원전 연구는 성경을 최대한 원래의 뜻 그대로 올바르게 해석할 수 있는 능력을 길러준다. 피상적 요령이 아닌 평생의 지침으로 꾸준하고 성실한 노력이 필요하다. 다행인 것은 시대를 좇아 보편화된 원전 분해 성경과 유용한 컴퓨터 프로그램뿐 아니라 각종 자료의 활용이 편리해져서 조금만 관심을 기울이면 원전을 쉽게 해석할 수 있게 되었다는 것이다.

편리해진 원어의 활용으로 인하여 우려되는 부분도 없지 않다. 검증되지 않은 희한한 방법으로 성경을 자의적으로 해석하여 자기들만이 무슨 희대의 비밀을 아는 양 교만하기 짝이 없는 상대하기 싫을 정도로 왜곡된 안하무인의 사람들도 많은 것이 사실이다. 과거 교회사의 이단과 사이비와 다름없다. 그러함에도 불구하고 우리는 번역 성경이든 성경 원전의 해석이든 두렵고 떨리는 마음으로 하나님의 말씀을 대하여야 한다. 씨를 뿌리는 자가 거둔다.

　설교자로서 설교를 위해 원어를 참조하는 방법은 원어의 구문을 살펴 전체 맥락을 관찰하는 방법과 동사의 문법분해를 통해 뉘앙스를 살피는 방법, 사전을 활용하여 단어의 원어 의미를 찾는 방법 등이 있으나 특히 관심을 가져야 할 부분이라면, 히브리적인 사고와 히브리 문장구조일 것인데 이는 성경이 히브리인에 의해 쓰였을 뿐 아니라 히브리 사고와 사상이 담겨 있기 때문이다. 같은 사람이라도 얼굴의 표정에 따라서 다양한 감정이 나타나듯이 동일한 의미의 단어나 문장이라 하더라도 그 형태의 변화에 따라 얼마든지 다른 정보를 나타낼 수도 있다. 이러한 정보들을 찾아 설교에 반영한다면 분명히 그 설교는 무엇보다 깊고 풍성함이 담긴 선포가 될 것이다.

　커뮤니케이션으로서의 설교는 메시지의 원천인 성경 본문(하나님의 말씀)과 해석하고 적용하는 전달자(설교자), 말씀을 접촉하고 받아들이는 수용자(청중)의 유기적인 관계가 형성된다.

　설교를 작성할 때 주의해야 할 점은 성경 본문을 묵상하고 해석하는 본문에 대한 석의 작업에서 본문에 담긴 원래의 뜻과 의도를 찾아내는 것이지 설교자 자신의 신념이나 사상을 부과하여 마치 그것을 성경의 본문처럼 생각해서는 안 될 것이며, 본문을 청중의 구체적인 삶에 관여되어 적용되도록 돕는 역할이 꼭 필요하다. 적용에는 바른 교훈과 책망을 포함하는 이론적인 것과 실제의 삶에 관계되는 지침이나 교정 등의 실제적인 것으로 구분되어 진다.

　　　원전 중심 구속사 설교 성경 해석에서 설교 작성까지

설교의 전개는 설교의 유형에 따라 활용할 수 있는 효과적인 전개 방법들이 있으나 일반적으로 주제를 먼저 제시하고 설명해 나가는 연역적 방법과 설교의 변화에 대한 요구에 부응하는 새로운 패러다임으로서 귀납적 방법이 있는데 모든 설교에는 분명한 중심사상이 들어있어야 하고 결과를 의도하는 확실한 목적 아래 전략적인 구조를 구성해야 한다. 설교의 일반적인 목적으로는 복음 선포와 가르침과 치유로 설교자의 말에 반응하기보다 하나님의 말씀과 대면하도록 하는 것이다. 설교자는 감춰지고 오직 말씀만이 청중에게 드러나야 한다.

설교는 말로 이루어진 의사 전달 과정으로 그 시작과 끝을 확실하게 하는 것이 중요하다. 설교할 메시지를 소개하고 인도하는 서론은 흥미와 호기심으로 회중의 청취 의욕을 높이고 단조로운 설교 형식의 탈피를 위해서 특별한 노력이 필요하며, 청중의 결단을 촉구하기 위한 결론은 그 설교의 핵심 메시지를 확인하는 마지막 순간의 최종적인 기회로 정확하고 분명하게 다루어져야 한다.

오늘날의 설교 사역을 돌아볼 때, 본래의 사명을 망각하고 극심한 탈선을 거듭하며 성경적인 설교의 범주에서 벗어나는 경우가 비일비재하다. 강단의 언어적 기교는 윤택하지만, 성경이 말하고 있는 구속사적 복음은 빈약하다. 미국의 설교 역사학자 다간은 "교회사란 바로 설교의 역사"라고 말했다. 이는 교회가 성장하고 참 교회다운 모습으로 나타내는 것은 하나님의 말씀이 정확하게 증거될 때라는 말이다.

이제 한국교회는 구속사적인 안목을 가지고 복음에 대한 확신으로 설교해야 한다고 생각한다. 도덕적이고 율법적인 설교 강단의 갱신을 위하여 성경 말씀을 바로 해석하려는 탐구와 노력의 요구에 부응해야 할 것이다.

2023. 7. 19.
이정렬 목사

제1부

구속사 설교와
성경 해석

"하나님이 모세에게 이르시되 나는 스스로 있는 자이니라 또 이르시
되 너는 이스라엘 자손에게 이같이 이르기를 스스로 있는 자가 나를
너희에게 보내셨다 하라"(출 3:14)

559	1961	834	1961	4872	413	430	559
אָמַר / וַיֹּאמֶר	הָיָה / אֶהְיֶה	אֲשֶׁר	הָיָה / אֶהְיֶה	מֹשֶׁה / אֶל־מֹשֶׁה	אֶל־	אֱלֹהִים	אָמַר / וַיֹּאמֶר
와접.동칼미남3단 또 이르시되	동칼미공1단 스스로 있는 자	관대	동칼미공1단 나는 ~니라	고유 모세	전 에게	명남복 하나님이	와접.동칼미남3단 이르시되

413	7971	1961	3478	1121	559	3541
אֶל / אֲלֵיכֶם׃	שָׁלַח / שְׁלָחַנִי	הָיָה / אֶהְיֶה	יִשְׂרָאֵל	בֵּן / לִבְנֵי	אָמַר / תֹאמַר	כֹּה
대남2복 너희에게	동칼완남3단.공1단 나를-보내셨다	동칼미공1단 스스로 있는 자가	고유 이스라엘	전.명남복연 자손에게	동칼미남2단 너는-이르기를-하라	부사 이같이

'스스로 있는 자'의 우리말 번역은 원문 "אֶהְיֶה אֲשֶׁר אֶהְיֶה(에흐예
아셰르 에흐예)"가 70인 역(Lxx)의 "ἐγώ εἰμί ὁ ὤν(에고 에이미 호
온)"에서 라틴어와 영어 성경의 번역을 거친 중국어 성경『대표
본』(1854)의 "자유자(自有者)"를 한글 성경으로 번역한 것이다. 여

기에 히브리어 관계대명사 'אֲשֶׁר(아셰르)'를 가운데 두고 앞뒤로 똑같이 사용된 단어인 אֶהְיֶה(에흐예)'는 הָיָה(1961, 하야-동칼미공1단)로 기본 어근이며 '~이 일어나다, 발생하다, ~이 되다, ~이다.'를 의미한다.

영어 성경 King James Version(KJV)으로 번역된 "I AM THAT I AM"의 본래 히브리어 원전의 의미는 "I will be that(who) I will be"에 더 가깝다고 할 수 있다. 왜냐하면, 하야(הָיָה) 동사를 히브리어 동사의 미완료(미래 의미)를 반영하면 'I will be ~, 나는 ~될 것이다'라는 번역이 타당하기 때문이다. 그 뜻은 '나는 되기로 한 그대로 될 자이다.'라는 것으로 달리 말하면 '나로 인하여 앞으로 되어질 일들을 통하여 너희가 알아가게 될 나이다.'라는 의미로 볼 수 있다. 유대교의 전통적인 영어 번역은 히브리어 동사 "to be"의 현재시제가 없기 때문에 "I will be what I will"을 선호한다.

자기의 이름을 '스스로 있는 자'라고 말씀하신 여호와께서는 계속해서 모세에게 이름을 묻는 이스라엘 백성에게 나아가 "나를 너희에게 보내신 이는 너희 조상의 하나님, 곧 아브라함의 하나님, 이삭의 하나님, 야곱의 하나님 여호와라 하라"고 대답하라는 것이었다. 여기서 여호와께서는 자기 이름을 여호와라고 다시 밝히시며, 그들의 조상 아브라함과 이삭과 야곱의 하나님, 곧 창세기의 하나님, 그의 조상들과 언약을 맺으신 하나님, 그래서 그 언약을 지키려고 하는 하나님이라는 것을 말하라고 하시는 것이다. 이 이름을 가리켜 하나님께서는 "이는 나의 영원한 이름이요 대대로 기억할 나의 칭호니라"고 말씀하신다. 히브리어 성경에는 '칭호'라는 말은 없다. 다만 "이것이 대대로 나를 기억

원전 중심 구속사 설교 성경 해석에서 설교 작성까지

하는 것이다"라고 하는 원문을 알기 쉽고 부드럽게 하기 위하여 '칭호'라는 말을 첨가한 것이다. '여호와'라는 이름이 영원한 하나님의 이름이고, 그 이름으로 사람들이 여호와를 영원토록 기억하고 부르리라는 것이다.[1]

한글 성경으로 번역된 '스스로 있는 자'는 하나님 자신이 역사 안에서 스스로 증명해 나아가는 역사의 진행자요 통치자라는 뜻으로 역사의 진행에 따라 점진적으로 하나님께서 어떤 분인지 깨달아 알게 된다는 말이며 아울러 '여호와'의 칭호로 영원토록 기억되고 불리겠다는 것이다. 그러므로 과거와 현재, 미래의 모든 역사 안에서 자신의 계획을 진행하시고 성취하시는 영원하신 분으로 역사의 점진적 발전에 따라 그가 하시는 일을 통하여 그의 무한성에 대해 점점 알아가게 될 것을 '스스로 있는 자'라는 구속사적인 표현으로 나타내셨고, 이를 해석하고 설명하는 과정을 통해 구속사 설교의 원형과 성경 해석의 필요를 보여준다고 할 수 있겠다.

---

1) 손석태, <u>출애굽기 강의</u>, (서울 : 기독대학인회 출판부, 2005), p.38.

제1장

구속사와
구속사 설교

"육체의 생명은 피에 있음이라 내가 이 피를 너희에게 주어 제단에 뿌려 너희의 생명을 위하여 속죄하게 하였나니 생명이 피에 있으므로 피가 죄를 속하느니라"(레 17:11)

5921		5414	589	1931	1818	1320	5315	3588
עַל-	לָכֶם	נְתַתִּיו	וַאֲנִי	הוּא	בַדָּם	הַבָּשָׂר	נֶפֶשׁ	כִּי
전	전남2복	동칼완공1단.남3단	접.명대공1단	지대남단	전.관.명남단	관.명남단	명여단은	접
에	너희에게	이 피를-주어	내가	있음이라	피에	육체의	생명은	(왜냐하면)

5315	1931	1818	3588	5315	5921	3722	4196
בְּנֶפֶשׁ	הוּא	הַדָּם	כִּי-	נַפְשֹׁתֵיכֶם	עַל-	לְכַפֵּר	הַמִּזְבֵּחַ
전.관.명여단	지대명단	관.명남단	접	명여복.남2복	전	전.동피부연	관.명남단
생명이	있으-	피에	-므로	너희 생명을	위하여	뿌려 속하게 하였나니	단

3722
יְכַפֵּר:
동피미남3단
피가 죄를 속하느니라

여기서 '속하다'라는 뜻의 '카파르(כפר)'는 '~위에'라는 뜻의 '알(על)'과 함께 쓰여서 '~위에 덮어주다' 또는 '~을 대신하여 속

죄하다'란 뜻을 가진다. 즉 사람의 죄를 덮어주거나 대속해 준다는 의미이다.[2]

구속사란 무엇인가? 하나님의 뜻과 섭리에 따라 예수 그리스도 안에서 인간을 구속하시려고 역사를 주관하시고, 섭리하시는 구원의 역사이다. 다시 말하면, 성경은 많은 사건의 연속이 아니다. 다만 한 분 창조주 하나님이 인간을 구원하시기 위하여 예수 그리스도를 통하여 역사를 주관하시고, 섭리하시는 특별한 단 하나의 구원의 역사인 것이다. 구속사의 초점은 신구약성경의 통일성과 연속성, 계시의 점진성을 전제하게 된다.

성경의 이야기는 하나님과 그의 백성이 함께 여행하는 것이라고 말할 수 있다. 하나님은 길을 마련하시고, 그 길을 따라 행하시며, 그의 백성은 하나님의 길을 따라가는 것이다. 이것이 성경의 핵심이다. 이것이 구속사다. 구속사의 시작은 하나님의 사랑과 선택에서 비롯되고, 구속사의 목적은 하나님과의 교제 안에 놓여 있다. 구속사는 하나님께서 가시는 길에서 행하신 위대한 행동 속에서 그리고 하나님의 백성이 사랑 안에서 감사의 제물로 하나님께 드리는 예배 속에서 구체화된다.

구속사적 설교는 성경에서 나타나는 예수 그리스도를 구속사적 접근과 해석으로 오늘의 청중에게 선포하는 것이다. 따라서 설교에서 제시하는 영적 진리는 타락된 인간적인 측면에 초점을 맞추어야 하기 때문에 결과적으로 설교는 구속의 목적을 떠날 수가 없다.

---

2) 한성천, 김시열, <u>옥스퍼드 원어성경대전 008 레위기1장-17장</u>, (서울 : 제자원, 2006), pp.777-778.

1.
구속사와 설교

어느 시대나 동일하게 하나님의 말씀이 옳고 바르게 설교 될 때 교회의 성장이 수반되었고, 반대로 하나님의 말씀이 똑바로 증거되지 못할 때 의식화를 비롯하여 교회의 세속화와 타락이 있었음을 알 수 있다.

성경의 구조는 일관적 형식으로 구속사적 구조라 할 수 있다. 성경은 교과서와 같은 형태로 구성되어 있지 않으며, 그리스도에 대한 증거는 점진적으로 구속사의 진행에 따라 이루어지는 계시와 함께 전개된다. 성경 신학은 구속사의 내용적 통일성과 함께 시대적 구조를 모두 인식하고 있다. 구속사의 각 시대를 문맥적 차원과 신학적 지평의 차원에서 연구를 수행한다면 각 시대는 유기적인 구조를 통한 내부적 응집력을 바탕으로 모든 시대는 하나님의 언약으로 구원 계획의 계시와 병행되는 유기적인 점진성을 바탕으로 이어진다는 사실을 발견하게 될 것이다.

설교의 원천은 성경이다. 그 이유는 오직 성경만이 구체적 하나님의 구속 사역들에 대한 규범적 선포일뿐 아니라 이에 대한 그분이 요구하시는 반응을 제시하기 때문이다. 그러므로 성경 자체가 바로 설교라 할 수 있다. 따라서 성경이란 하나님의 구원의 복음을 미래의 세대들에게 선포하는 하나님의 권위를 지닌 말씀이다.

성경에서 발견되는 거룩한 하나님의 뜻은 개개인 각 사람의 구원이다. 설교는 하나님의 메시지로서 예수 그리스도께서 행하신 그의 죽음과 부활을 통해 성취하신 구속적 사역을 선포한다. 제임스 스튜아트(James Stewart)에 의하면 "말씀의 선포는 하나님의 계속적인 구속 활동의 필연적 부분으로 그 자체로써 구속사(heilsgeschichte)에 속하는 것이다"라고 하였다. 따라서 설교는 이 시대에 계속적으로 일어나는 구속의 사건인 것이다, 하나님은 설교를 통하여 이 시대의 사람들을 계속적으로 만나신다.

하나님께서는 말씀으로 세상을 창조하셔서 아담을 그의 대리 통치자로 세워 그가 창조하신 모든 피조물을 다스리도록 임무를 주셨지만, 아담은 하나님의 말씀에 불순종하고 반역하였다. 그 결과 아담은 하나님의 진노의 심판을 받게 되었으며, 아담과 언약적 연대성을 갖는 모든 피조물도 아담과 함께 멸망하게 되었다. 이러한 세상을 구원하시기 위한 하나님의 구원 계획은 말씀을 통하여 새 하늘과 새 땅을 창조하는 것이었다. 이 계획을 이루기 위하여 말씀이신 하나님께서 사람이 되셨다. 성육신하신 그리스도께서는 이 땅에서 말씀을 가르치셨고, 말씀을 땅끝까지 전하기 위하여 제자들을 불러 훈련을 시키시고, 한 알의 말씀의 씨로 십자가에서 죽으시고 부활하셨다. 부활하신 그리스도께서는 제자들에게 성령세례를 주시고, 말씀의 종으로서의 권위

원전 중심 구속사 설교 성경 해석에서 설교 작성까지

와 능력을 부여하셨다. 그리하여 성령세례를 받은 제자들은 예루살렘부터 땅끝까지 말씀을 전하였다. 그래서 구속사는 말씀과 떼려야 뗄 수 없는 관계이다. 이러한 점을 감안할 때에 우리는 구속사 가운데 말씀의 역할을 바로 이해하고, 또한 하나님의 구원 역사의 일꾼으로서 우리의 말씀 전하는 사명을 바로 인식해야 할 필요가 있다.[3)]

성경의 본질적인 메시지의 초점은 예수 그리스도를 그 중심에 둔다는 점에서 설교는 필연적으로 신학적이어야 한다. 구원은 하나님께 속한 것으로 복음의 메시지는 하나님의 구원 계획을 그리스도 예수를 통해서 드러내는 신적 메시지가 되는 것이다. 하나님의 말씀을 전하는 자라면 마땅히 예수 그리스도를 전해야 한다.

사도들과 초대교회 설교에서 핵심적 주제는 예수, 곧 그의 죽음, 부활 그리고 주와 구세주로 영광 받으심 등이었다. 베어드는 이 점을 확증하면서, 초기의 설교는 그리스도 중심적(christocentric), 곧 예수 그리스도의 삶과 죽음, 부활 그리고 그의 다시 오심 등이었다고 단언했다.

구속사의 초점은 신·구약성경의 통일성과 계시의 점진성, 연속성을 전제하게 된다. 성경은 많은 역사가 있는 것이 아니다. 단 하나의 역사가 있다. 그것은 하나님의 점진적인 계시와 구속 사역의 역사이다. 성경에 나타난 다양한 인물들은 이 하나의 역사 속에서 각자 그들의 독특한 위치를 가지고 있다. 따라서 모

---

3)   손석태, <u>말씀과 구속사</u>, (서울 : (사)기독대학인회출판부(ESP), 2017), p.12.

든 기사를 구속사의 중심이신 그리스도와의 상호관련성 속에서 이해해야 한다. 이 성경의 역사적 본문을 가지고 어떻게 설교할 것인가는 설교 신학 또는 설교 방법론에 있어서 대단히 중요하다. [4]

창세기에서 시작하여 계시록에 이르기까지, 모든 성경의 중심에는 시간과 공간에서 일어나는 구속의 역사적 이야기가 있다. 이 이야기는 우주의 창조자이며 유지자이신 하나님이 관여하셔서 예수 그리스도라는 일차적 행위자가 구속에 참여해 일어나는 일에 대한 것이다. 따라서 염두에 둘 중요한 사실은 바로 성경이 하나님 자신과 그 하나님의 목적인 구속에 관한 이야기라는 것이다. 하나님은 모든 것을 창조하시고 유지하시는데, 그 모든 것에는 당연히 창조의 절정인 인류도 포함된다. 인간이 죄 가운데 행한 반역에도 불구하고, 하나님은 하나님 자신의 목적과 영광을 위해, 예수 그리스도의 인격과 함께 그의 사역을 통해 범죄한 자기 백성을 구속하여 회복시키신다. 구약과 신약 모든 본문은 반드시 이 광범위한, 모든 것을 아우르는 궁극적 문맥에 비추어 해석되어야 한다.

구속사에 대한 논쟁은 1930년대 화란 개혁교회에서 제기되어 설교학뿐만 아니라 해석학과 교의학 등에 영향을 끼쳤다. 구속사란 타락한 인간을 구원하시기 위해 하나님께서 작정하시고, 준비하시어 성취하신 일을 기록한 역사이다. 따라서 구속사의 주인공은 예수 그리스도시며, 구속사의 핵심은 메시아(예수 그리

---

4) 구금섭, <u>구속사적 설교 신학</u>, (경기도 : 한국학술정보(주), 2007), p.43

원전 중심 구속사 설교 성경 해석에서 설교 작성까지

스도)에 대한 예언과 그 예언의 성취인 것이다.

구속사와 구속

"구속사(독-Heilsgeschichte)란 성경에 나타난 하나님의 모든 행위에 대한 역사"라 정의한다. 구속사는 하나님의 창조하심과 인간의 타락, 예수 그리스도를 통한 인간의 구원이라는 맥락에 있다. 다시 말해 타락한 인생의 상태는 하나님의 절대적 구원의 필요를 요구함으로 하나님의 은혜가 강조될 수밖에 없으며, 결국 죄 없으신 예수 그리스도의 십자가 사역을 통한 구속은 당연한 귀결이 되는 것이다. 구속은 죄를 무효화 하며 죄의 영향력이 미친 모든 곳에서 그 영향력을 제거하려는 노력을 통해 창조 세계의 선함을 점진적으로 회복하는 과정이라고 할 수 있다. 우리는 십자가를 통하여 창조로 돌아가게 되는데 이는 오직 속죄만이 그 뿌리에서부터 죄와 악을 효과적으로 다룰 수 있기 때문이다.

구속사에서 구속의 의미를 히브리어 원어로 살펴보면 동사형 '가알(גָּאַל)'과 '파다(פָּדָה)'이다. '가알'의 의미는 잃은 권리를, 대가를 지불한다든가 복수한다든가 해서 되찾는 것을 말하며, '파다'의 의미는 희생(제사)의 동물을 드리던가 대가를 지불하는 것에 의해 사람 혹은 동물을 죽지 않게 하고서 자유롭게 하는 것을 의미한다.

성경에서 구원을 묘사하는 기본적인 단어들이 모두 본래의 선한 상태 또는 선한 상황으로의 회복을 함축한다는 것은 매우 놀라운 사실이다. 구속(redemption)이 그 좋은 예다. 구속한다는 것은 '공짜로 사다', 문자적으로는 '다시 사오다'라는 뜻이며, 이 단어는 유괴의 이미지를 떠올린다. 어떤 자유인이 납치되어 몸값이 붙은 채 갇혀 있다. 어떤 사람이 그 포로를 위해 몸값을 치르고, 그에게 본래의 자유를 '도로 사 준다.' 구속의 핵심은 죄인을 속박에서 해방시키는 것, 그에게 이전에 향유하던 자유를 되돌려 주는 것이다[5]

구속의 의미를 가진 또 다른 히브리어 단어는 동사형 카파르(כָּפַר)인데, '카파르'의 의미는 명사형 코페르(כֹּפֶר)에서 보다 뚜렷하게 잘 해설된다. 이 단어는 '대용물을 드림으로 속죄하다'라는 의미로 사용되는데 제사장이 행하는 희생제물의 피를 뿌리는 의식과 관련되어 경배하는 자를 '속량하다'라는 의미로 쓰이는 것이다. 레위기에서의 49회의 실례는 이러한 의미로 사용되며 다른 의미는 입증되지 않는다. '선물로 달래다'라는 의미로 나타나는 창 32:20과 관련된 잠 16:14, 사 28:18 외에는 언제나 죄 또는 불경한 것의 제거와 관련되어 쓰였다. 이 단어가 화해의 신학에 대하여 구약성경에서 적절하게 예증한다는 것은 명백하다. 피로 상징화되는 희생제물의 생명이 예배자의 생명의 대용에서 특별히 요구되는 것이다. 동물의 희생 제사는 구약성경에서 목축하는 사람들에 의하여 하나님께 드려지는 감사의 표현만이 아니었다. 그것은 죄 없는 생명으로 죄 있는 생물을 대신하는 상징적인 표현인 것이다.

---

5)   Albert M. Wolters, Michael W. Goheen, 양성만, 홍병록 역, 창조 타락 구속, 서울 : 한국기독학생회출판부, 2007. p.116.

"죄악이 나를 이겼사오니 우리의 허물을 주께서 사하시리이다."(시 65:3)

3722	859	6588	4480	1396	5771	1697
כָּפַר	אַתָּה	פֶּשַׁע	מִן	גָּבַר	עָוֹן	דָּבָר
תְכַפְּרֵם:	אַתָּה	פְּשָׁעֵינוּ	מֶנִּי	גָּבְרוּ	עֲוֹנֹת	דִּבְרֵי
동피미남2단.남3복	명대남2단	명남복.공1복	전.공1단	동칼완공3복	명여복	명남복연
사하시리이다	주께서	우리의 죄과를	나를	이기었사오니	죄악이	명남복연

사하시리이다 - (תְכַפְּרֵם:, 테카페렘)의 원형 כָּפַר(3722, 카파르-동피미 남2단.남3복)는 기본 어근이며, (a) '덮다, 가리다 cover, 진정시키다, 달래다 pacify, 화해하다 make reconciliation', (b) '역청으로 위에 칠하다 cover over with pitch'를 의미한다.

성경이 구속 역사를 확증하거나 해석해 주는 계시라는 사실은 해석자에게 구속 역사적인 문맥에 관심을 갖게 만든다. 이는 성경 계시의 점진적인 특성과 연관되어 있다. 예를 들어 해석자가 메시아에 관한 구절을 해석할 경우 구약에 나타난 구절과 복음서에 나타난 구절을 똑같은 전망에서 해석할 수 없기 때문이다. 구약의 구절은 오실 메시아에 대해 강조할 것이며, 복음서의 구절은 이미 오신 메시아가 지상에서 어떤 사역을 하고 계신지를 강조하며, 그리고 바울 서신의 구절은 죽으신 후 부활하셔서 승귀의 자리에 오르신 메시아에 대해 강조하고 있기 때문이다. [6]

"그러므로 이스라엘 자손에게 말하기를 나는 여호와라 내가 애굽 사람의 무거운 짐 밑에서 너희를 빼내며 그들의 노역에서 너희를 건지

---

6) 박형용, 성경 해석의 원리, (서울 : 도서출판 엠마오, 1992), p.157.

며 편 팔과 여러 큰 심판들로써 너희를 속량하여"(출 6:6)

853	3318	3068	589	3478	1121	559	3651
אֶתְכֶם	וְהוֹצֵאתִי	יְהוָה	אֲנִי	יִשְׂרָאֵל	לִבְנֵי־בֵּן	אָמַר	לָכֵן
대격.명2복	와접.동하완공1단	고유	명대공1단	고유	전.명남복연	동칼명남2단	전부
너희를	내가-빼어내며	여호와라	나는	이스라엘	자손에게 하기를-하셨다하라		그러므로

1350	5656	853	5337	4714	5450	8478
וְגָאַלְתִּי	עֲבֹדָה	אֶתְכֶם	וְהִצַּלְתִּי	מִצְרַיִם	סִבְלָה	מִתַּחַת
와접.동칼완공1단	전.명단.남2단	대격.남2복	와접.동하완공1단	고유	명복.남연	전전
구속하여	그 고역에서	너희를	건지며	애굽 사람의	무거운 짐	밑에서

1419	8201	5186	2220	853
גְּדֹלִים	וּבִשְׁפָטִים	נְטוּיָה	בִּזְרוֹעַ	אֶתְכֶם
형남복	접.전.명남복	동칼분수여단	전.명단	대격.남2복
큰	재앙으로	편	팔과	너희를

"빼어내며, 건지며, 구속하여"는 모두 하나님의 백성을 여호와 하나님이 자신의 방법으로 구속하신다는 선언이다. 이는 하나님께서 그의 백성들을 구속하신다는 반복적인 강조이다. 구속은 여호와 하나님께서 친히 그의 백성들을 피 값을 주고 구별해 놓으신 사건이다. 유월절의 어린양의 피의 사건은 예수 그리스도의 십자가의 피 흘림의 사건을 통해서 구속하시는 원대한 드라마의 예표(sign)임에 틀림이 없다. 비록 구약의 이스라엘 백성이라도 하나님의 구속의 드라마에 제외될 수는 절대 없다. 모두 다 이 구속의 드라마로 하나님의 백성이 된다. 이런 구속의 내용이 등장하는 동사를 '구속 동사'라고 부른다. 이 '구속 동사'들은 피가 흘러가는 동사에 해당한다. 즉 피 흘림이 없은즉 구속함도 없다는 말씀이다. 모든 사람들은 여호와 하나님의 의지로 구속함을 받고 모두 다 하나님 나라의 위대한 백성이 된 것

원전 중심 구속사 설교 성경 해석에서 설교 작성까지

이다.[7)]

신약성경 헬라어 원문에서 '구속(속량)하다'라는 단어는 '뤼트로오(λυτρόω)'를 기본으로 하여 '뤼트론(λύτρον)', '뤼트로시스(λύτρωσις)' 등으로 표현되어 있다. 이 단어들의 중심적인 의미는 '값을 내고 매입하여 자기 소유로 삼았다'라는 것이다.

> "그가 우리를 대신하여 자신을 주심은 모든 불법에서 우리를 속량하시고 우리를 깨끗하게 하사 선한 일을 열심히 하는 자기 백성이 되게 하려 하심이라"(딛 2:14)

3739 ὅς	1325 δίδωμι	1438 ἑαυτοῦ	5228 ὑπέρ	1473 ἐγώ	2443 ἵνα	3084 λυτρόω	1473 ἐγώ
ὃς	ἔδωκεν	ἑαυτὸν	ὑπὲρ	ἡμῶν	ἵνα	λυτρώσηται	ἡμᾶς
형대관주남단	동직가능단3	명대목남단3	전소	명대소복1	접종	동가과남단3	명대목복1
그가	주심은	자신을	대신하여	우리를	하려 하심이라	구속하시고	우리를

575 ἀπό	3956 πᾶς	458 ἀνομία	2532 καί	2511 καθαρίζω	1438 ἑαυτοῦ	2992 λαός	4041 περιούσιος
ἀπὸ	πάσης	ἀνομίας,	καὶ	καθαρίσῃ	ἑαυτῷ	λαὸν	περιούσιον,
전소	형소여단	명소여단	접대	동가과능	명대여남단3	명목남단	형목남단
에서	모든	불법	우리를	깨끗하게 하사		백성이 되게	친

2207 ζηλωτής	2570 καλός	2041 ἔργον
ζηλωτὴν	καλῶν	ἔργων.
명목남단	형소남복	명소주복
열심하는	선한	일에

"속량하시고" λυτρόω(3084, 뤼트로오)'는 '속전으로 자유롭게 하다'를 의미한다. 성경의 근본 메시지인 구속이란 예수 그리스도 안에서 성취된 원래의 선한 창조로의 회복을 의미한다. 달리 표현하자면, 구속이란 재창조라 할 수 있다. 이 말을 좀 더 들여다보면

---

7)   김형종, 테필린, (서울 : 도서출판 솔로몬, 2015), p.125.

세 가지 근본적인 차원과 관련되어 다음과 같은 기본적인 진술로 표현된다. 그것은 원래의 선한 창조와 불순종에 의한 창조 세계의 타락과 그리스도 안에서 성취되는 구속을 통한 창조 세계의 회복이다. 이러한 관점에서 볼 때, 창조 교리가 가장 핵심임을 알 수 있고, 구원의 핵심은 바로 불순종으로 타락한 창조 세계를 구하는 것이다.

설교란 무엇인가?

"오늘의 시대는 설교 홍수 시대라 할 만하다. 그러나 실상 홍수가 나면 사방이 온통 물로 가득하더라도 정작 마실 물이 부족한 상황이 된다." 이러한 시대에 설교의 본질을 찾는 것은 푸른 초장, 쉴 만한 물가의 풍성한 꼴을 위한 강단 회복의 첫걸음일 것이다. 설교란 무엇인가? 이에 대한 답으로 먼저 설교에 대하여 빈번히 사용한 헬라어 '케리그마'에 대하여 살펴보려 한다.

사도 바울은 고린도 교회를 향하여 이렇게 선포했다.

"십자가의 도가 멸망하는 자들에게는 미련한 것이요 구원을 받는 우리에게는 하나님의 능력이라"(고전 1:18)

3588	3056	1063	3588	3588	4716	3588	3303	622
ὁ-	λόγος-	γὰρ	ὁ	τοῦ	σταυροῦ	τοῖς	μὲν	ἀπόλλυμι ἀπολλυμένοις
관주남단	명주남단 도가	접종	관주남단	관소남단	명소남단 십자가의	관여남복·명대여남복3 자들에게는	접종	동분현중수여남복 멸망하는

원전 중심 구속사 설교 성경 해석에서 설교 작성까지

3472	1510	3588	1161	4982	1473	1411	2316	1510
μωρία	εἰμί	ὁ	δέ	σώζω	ἐγώ	δύναμις	θεός	εἰμί
μωρία	ἐστίν,	τοῖς-	δὲ	σῳζομένοις	ἡμῖν	δύναμις	θεοῦ	ἐστιν.
명주여단	동직현능단3	관여남복	접우	동분현수여남복1	명대여복1	명주여단	명소남단	동직현능단3
미련한 것	이요			구원얻는	우리에게는	능력	하나님의	이라

　"**십자가의 도** - 호 로고스 가르 호 투 스타우루(ὁ λόγος γὰρ ὁ τοῦ σταυροῦ)"가 미련한 것이라는 의미로 21절의 '케리그마(κήρυγμα)'라 할 수 있다. 'κήρυγμα(2782, 케리그마)'는 케륏소(κηρύσσω, 2784: 선포하다)에서 유래했으며, 선포행위와 내용을 모두 나타내며. '소식, 선언(포), 신문, 요구, 명령, 법령, 포고(decree)'를 의미한다.

　신약성경에서의 '케리그마'란 하나의 전문적(기술적) 용어로 그리스도의 구원에 관한 메시지를 나타낸다. 어거스틴 스톡(Augustine Stock)에 의하면 "선포를 의미하는 헬라어 케리그마는 구원의 기쁜 소식을 의미하는 전문적 용어가 되었다."고 했다. 그러므로 신약성경에서의 '케리그마'는 예수 그리스도의 대속적인 죽음과 부활을 통해 성취되는 하나님의 구속에 관련된 계시의 선포라 정의할 수 있다.

　케리그마에 대하여 키텔(G. Kittel)은 "왕의 명을 받아 어떤 사람이 대중 앞에서 선포함과 같은 것이다"라고 했는데, 사실 예수님 자신도 사역의 초점을 하나님 나라의 복음을 전하는 말씀 증거로 두었으며(막 1:14) 예수님의 제자들은 물론 바울도 역시 예수 그리스도의 복음만을 전한다고 하였다(행 8:5, 17:8, 28:3).

　오랫동안 예언되어 온 인간 구원에 관한 하나님의 언약은 이제 예수 그리스도로 말미암아 성취되었다. 예수 그리스도의 죽음과 부활의 사역을 통한 하나님의 일하심이 역사 가운데 거룩한 신적 개입으로 일어난 것이다. 그러므로 케리그마는 두 가지 면을 포함한다고 할 수 있다. 첫째, 하나님께서 인생 가운데 육체적 현현으로 자신을 드러내신 것이며, 둘째, 하나님께서 친히 성육신하여 이 땅에 오신 사건이 바로 인간 구원에 관한 언약의 실현임을 입증하는 신학적 해석이 된다는 것이다. 이처럼 역사 가운데 도래한 새로운 현상을 선포하는 것이 바로 케리그마이다.

또한, 설교가 교훈적인 측면에서 이미 믿음을 가진 사람들(신앙인)의 덕성을 정립시켜 주는 것으로서의 '디다케(διδαχη)'라 할 수 있다. 디다케(1322, διδαχη)는 디다스코(διδάσκω, 1321: 가르치다)에서 유래했으며, 헤로도투스(Herodotus)와 투키디데스(Thucydides) 때부터 헬라어 문헌에서, 가르침에 의해 전달된 '교훈'이나 '교설'이라는 의미로 나타난다. 플라톤과 필로와 요세푸스의 작품에서도 이와 비슷하게 사용되었다.

'디다케'는 교훈(instruction)을 의미하는 말로 신약성경에서 약 95회의 용례 가운데 2/3가 복음서와 사도행전에서 나타난다. 이 말은 그리스도인으로서의 여러 가지 생활 모습에 대한 교훈과 가르침, 훈계이며 동시에 아직 신앙으로 확실하게 정립되지 못한 공동체를 향하여 보내지는 사상 체계를 일컫는 말이다. 바울이 천명한 '케리그마'의 주된 내용은 예수 그리스도의 십자가와 부활로 이것이 그의 신학사상의 핵심이지만 설교는 선포한다는 '케리그마'와 함께 '디다케'적 요소 다시 말해 깨우침(awaken), 가르침(teaching), 교훈(instructing)의 요소도 필요로 한다. 그러므로 설교는 '케리그마'적 메시지의 선포를 통하여 사람들을 구원할 뿐 아니라 '디다케'적인 메시지로 그들을 성숙하게 하고 완전하게 한다.

예수 그리스도의 복음 사역은 그의 가르침과 설교로 시작되었으며, 교회는 사도들의 설교와 함께 문을 열었다. 예수님께서 베드로에게 목회의 일을 위임할 때 부탁하신 것은 양을 먹이라는 것이었다. 양을 먹이는 것은 구속사에 종사하는 사역으로써 구속사적인 복음을 설교하는 일이다.

20세기 저명한 설교학자인 존 스토트(John R. W. Stott)는 그의 설교학 저서를 통해 "설교는 하늘에 속한 성경과 땅에 속한 청중들을 연결하는 다리와 같은 것"이라고 했다.

설교하려는 성경 본문(text)은 고대에 주어졌고, 그 대상으로의 청중은 "지금 그리고 여기"라는 상황에서 살고 있다. 따라서 성경 본문의 본래 의미가 오늘의 청중과 자동으로 직접적인 연관을 맺을 수 있는 것은 아니다. 본문의 주해만으로 설교라고 하기 어려운 이유가 이것이다. 설교란 본문의 의미에 더하여 그 의미가 오늘의 청중을 향한 어떠한 함축하는 바(significance)를 밝혀 드러내는 것이다. 그리고 이것을 통해 과거 본문이 오늘 재현되고 그 결과물로 궁극적인 설교의 목적인 청중의 변화가 일어나게 한다.

설교는 일차적으로 해석의 작업이다. 설교는 교회의 경전인 성경의 본문을 오늘의 신앙 공동체인 회중을 향하여 해석하는 것이다. 그러나 이 해석은 본문을 단순히 설명해 주는 것만으로 완성될 수 있는 것이 아니고, 또한 성도들의 삶에 도덕적 교훈과 훈계를 주는 것만으로 본래의 사명을 다했다고 말할 수도 없다.

설교가 해석학적이라는 의미는 하나님의 뜻, 또는 하나님 자신을 '직접적'으로 알 수 없다는 말이다. 하나님을 직접 본 사람은 아무도 없다. 모세도 하나님의 등만 보았을 뿐이다. 시간과 공간의 한계 안에 놓여 있는 인간은 그것을 초월하시는 하나님을 '직접적'으로 경험할 수 없다는 것이다. 여기에서 '직접적'으로 알지 못한다는 말은 '간접적'으로 안다는 뜻인데, 이것은 성경의 은폐성을 의미한다. 성경은 하나님의 계시로 하나님을 확연하게 드러내기보다는 은폐시키는 문서이다. 아직 하나님은 온전하게 '자기'를 드러내지 않으셨다. 그는 여전히 숨어계시는 분이다. 성경은 하나님을 노출시킴과 동시에 은폐시킨다. 이러한 바르트의 주장은 "하나님은 변증법적 차원에서 은폐의 하나님(Deus absconditus)이며 계시의 하나님(Deus revelatus)"이라는 것이다.

성경적 설교학의 거장 중 하나인 티모시 워렌 박사는 설교의 정의를 "모형적인 의미에서 설교란 성령의 역사하심을 따라 발견된 석의적 신학적 성경 본문의 해석을 통해, 얻어진 하나님 말씀의 진리를 설교자와 청중에게 적용되도록 전달하는 본문의 개별적 주제의 전달이다."라고 정의했다.

설교는 과거에 주어진 본문을 회중을 위하여 해석한다. 때문에, 설교는 필연적으로 해석의 대상으로서의 본문과 동시에 전달의 대상으로서의 청중을 향하게 된다.

결국, 해석학적 성격 측면에서의 설교는 성경 말씀을 오늘의 삶에 '실재적으로 적용되도록' 해석해 주는 사역이 되어야 한다. 성경 말씀을 오늘을 위한 말씀으로 해석하며, 성도들의 삶이 주어진 성경의 말씀을 통해서 점검되고 결단하도록 하게 하는 것이 설교이다. 설교가 단순한 본문해설이 전부라면 그것은 설교가 아니라 성경연구라 할 것이다. 또한, 성경 말씀에 대한 조명 없이 주어지는 훈계는 개인적 훈육 차원 이상의 것이 될 수 없다. 이런 의미에서 설교란 설교자가 성령 안에서 성경 말씀과 함께 성도의 삶이 하나 되도록 하는 해석의 작업인 것이다.

설교는 오직 하나님의 말씀을 전달하여 청중에게 은혜를 끼침으로써 삶의 변화를 요구하는 일이다. 그러므로 설교의 가장 중요한 핵심적인 도구는 오직 말씀이어야 한다.

구속사 설교의 당위성

설교자들의 무엇보다도 가장 큰 고민은 '성경에 기록된 하나님의 말씀을 어떻게 하면 바르게 해석하고 하나님의 기뻐하신 그 뜻을 어떻게 제대로 오늘날 성도의 삶 속에 적용하게 하는가' 일 것이다.

게르하르트 프리디리히(Gerhard Friedrich)는 "하나님의 구원 사역은 역사 가운데 설교를 통하여 계속되어 왔다. 이와 같은 관점에서 지속적으로 선포되어 온 복음은 구속의 역사(heilsgeschehen)를 단순히 증명하는 것이 아니다. 역사 가운데 선포되어 온 복음은 그 자체가 하나의 구속사건이다."라며 현대 설교가 가지는 하나님의 구속적 사명의 중요성에 대하여 진술했다.

"내가 너희에게 하나님의 증거를 전할 때 내가 너희 중에서 예수 그리스도와 그가 십자가에 못 박히신 것 외에는 아무것도 알지 아니하기로 작정하였음이라"(고전 2:2)

3756	1063	2919	3588	†1492	5100	1722	4771	1487	3361	2424
οὐ	γὰρ	κρίνω	ὁ	οἶδα	τις	ἐν	σύ	εἰ	μή	Ἰησοῦς
οὐ-	γὰρ	ἔκρινα	τοῦ	εἰδέναι	τι	ἐν	ὑμῖν,	εἰ-	μὴ	Ἰησοῦν
부사	접종	동직과능단1	관소주단	동부완능소	형대부주단	전여	명대여복2	접종	부사	명목남단
아니	이라	내가-작정하였음		알지-하기로	아무것도	중에서	너희	-에는	왜	예수

5547	2532	3778	4717
Χριστός	καί	οὗτος	σταυρόω
χριστὸν,	καὶ	τοῦτον	ἐσταυρωμένον.
명목남단	접대	형대지목남단	동분완수목남단
그리스도	와	그의	십자가에 못 박히신 것

사도 바울이 편지를 쓸 당시, 성경이라고는 우리가 지금 구약이라고 부르는 것이 전부였다. 그런데 바울은 구약의 본문을 인용하여 설교하면서 "예수 외에는 아무것도 알지 아니하기로 작정했다."라고 말한다. 구약 어디에도 예수의 이름이 명시적으로 드러나 있지 않았는데 말이다. 이런 일이 어떻게 가능했을까? 바울은 궁극적으로 모든 성경이 예수님과 그분의 구원을 가리킨다고 이해한 것이다. 성경을 온전히 남김없이 전한다는 것은 곧 성경 메시지의 중심 주제와 본질로 그리스도를 설교하는 것이다.

설교는 인간을 구원하기 위한 하나님의 중요한 수단으로 사용된다고 할 수 있다. 설교자는 성경적인 설교로 믿음을 일으켜야 한다. 하나님의 복음이 담긴 메시지로 믿음을 주어야 한다는 말이다. 때문에 성경적인 설교란 구속사적 설교일 수밖에 없다. 성경은 그리스도를 가리킨다. 통일성을 가진 성경의 일관된 구조

원전 중심 구속사 설교 성경 해석에서 설교 작성까지

인 그리스도는 한마디로 복음이다. 더 구체적으로 말해서 복음이란 하나님이 그리스도를 통해서 우리에게 해 주신 것이 무엇인지를 아는 것이다. 성경은 그것을 말하고 있다. 바로 이것을 선포하는 것이 성경적 설교요, 구속사적 설교이다.

해석자는 성경 본문의 해석에 있어서 본문을 구속사적 관점으로 접근해야 하며, 구속사적 해석의 필연적 요구가 구속사적 설교라는 이러한 입장은 몇몇 신학자들의 새로운 아이디어라기보다는 개혁주의적 성경 신학이 취하고 있는 '성경관'에서 비롯된 근원적 귀결이라고 할 수 있다. 개혁교회 안에서 구속사적 설교론이 이슈로 일어난 사실은 결코 우연이 아니다. 때문에 구속사적 설교론을 개혁주의 성경 신학의 산물이라 말할 수 있다. 이런 점에서 구속사적 설교란 하나의 설교 모델이라기보다는 설교가 뿌리를 내리고 있어야 할 근본적인 원리라는 관점에서 이해할 필요가 있는 것이다.

"구속사적 설교는 선택된 본문에서 하나님께서 인류(자기 백성)를 다루시는 '손길(activity)'을 찾아내어 증거하는 것이다. 이를 위하여 그 본문 속에서 하나님께서 죄 있는 인생을 위하여 어떻게 활동하고 계시는가 먼저 발견해야 한다. 그리고 그러한 하나님의 은혜(Grace: 헤세드, 카리스)를 입은 백성이 어떻게 '응답(response)' 하는가를 찾아서 오늘의 삶에 적용하는 것이다. 수학적 공식으로 표현하면, 구속사 = 하나님의 손길(the activity of God) + 인간의 응답(the response of man)이다. 구속사적 설교는 단순히 하나님께서 행하신 역사만을 제시함으로써 오늘의 삶과 동떨어진 시들시들한 메시지가 아니라, 그

때와 오늘을 철저히 연결 짓는 성경적이면서도 강단에서 감동을 주는 메시지가 되어야 한다. 다시금 말하자면, 구속사적 설교는 성경적인 설교(biblical preaching)이면서 아울러 현대적 설교(contemporary preaching)이어야 한다."[8]

전혀 불가능한 것처럼 보이지만 설교자가 성경 전체의 목적만 확실하게 인식한다면, 어떤 설교에서라도 그리스도 중심적인 메시지를 전하는 것이 가능하다. 하나님께서 자신의 구원 계획과 함께 그 이유와 목적을 제시하기 위해 어떻게 본문을 사용하셨는지를 설명하는 설교라면, 청중을 인간 중심적인 신앙으로 만드는 설교가 되지는 않을 것이다. 현대 설교에서 있어서 결정적인 것은 과거의 예수 그리스도의 사건이 케리그마의 선포를 통하여 현재의 실체가 되는 것이다.

구속사적 설교는 개혁주의 교회 특히 화란 개혁교회에서 주로 활발히 논의되고 미국 등의 개혁파 교회에 의해서 전달되었다. 사실 신학과 신앙이 분리될 수 없고, 신학과 설교가 분리될 수 없음을 안다면, 성경에 대한 구속사적인 접근의 방법은 설교에서도 구체적으로 나타나야 되리라고 본다. 이런 맥락에서 볼 때 최근의 구속사적 설교의 관심은 개혁주의 신앙을 지키고 풍성한 강단을 추구하는 한국교회에 새로운 돌파구가 되리라고 본다.[9]

구속사적 설교방법은 성경 본문의 본래 의미를 좀 더 명확하게 할 뿐만 아니라 그 중심 메시지의 강조와 함께 건전한 적용을

---

8) 성종현, <u>설교 원리와 실제</u>, (서울 : 기독교연합신문사, 2010), p.197.
9) 정성구, <u>개혁주의 설교학</u>, (서울: 총신대학교출판부, 2001), p.350.

가능하게 도와준다. 그러므로 그리스도를 설교한다는 구속사 설교는 모든 성경의 텍스트에서 그리스도를 해석한다고 전제할 수 있으며, 오늘의 청중에게 적절한 구속사적 메시지로 전달하기 위해 본문에 대한 주석적 관찰을 근거하여 저자의 의도를 발견하고 그것이 신학적으로 어떤 의미가 있는지를 해석하는 것이 구속사 설교를 위해 성경을 해석하는 목적이라 할 수 있다.

2.
구속사 설교

　모든 성경적 설교자는 '설교를 통해 그리스도를 전해야 한다'는 명제에 전적으로 동의할 것이다.

　블라이언 채플(Bryan Chappel)은 성경 본문은 주제, 문학 장르 그리고 목적등에 관계없이 구속적 메시지를 포함하고 있음을 강조한다. 왜냐하면, 성경 안에서 발견되는 명백한 하나님의 계시는 그리스도를 통한 구속이기 때문이다. 채플은 그의 성경연구를 통하여 인간은 죄로 말미암아 타락하였고 하나님으로부터 멀어졌기 때문에, 성경 안에서 하나님의 궁극적인 목적은 인간의 타락한 측면을 영적으로 온전한 상태로 회복시키는 것임을 발견하였다. 그는 우리 인간이 타락한 세상에 살고 있기 때문에 하나님의 구속 사역이 필요하다고 말한다.[10]

　설교에서 그 시대마다 역사하시는 하나님의 간섭을 보지 못한다면 구속사의 과정을 볼 수 없고 구속사의 중심이 그리스도라

---

10)　문상기, 케리그마와 현대 설교, (대전 : 침례신학대학교 출판부, 2006), p.235.

는 사실도 발견하지 못할 것이다. 설교에서 제시하는 진리는 인간의 타락된 측면에 초점을 맞춰져 결과적으로 구속의 목적을 떠날 수 없다. 그러므로 설교자는 하나님의 전체 사역 안에서 구속과 계시의 관계를 이해해야 하며 성경신학적인 방법인 연구를 통해 모든 시대가 그리스도로 집중된 관점으로 보아야 한다. 그렇다고 구속사적 설교가 개인적인 신앙 경험을 배제하지 않으며 인간 윤리적인 면과 상충된다고도 할 수 없다. 오히려 설교에서의 구속사적인 접근은 윤리적 적용을 필연적으로 산출한다. 따라서 실제적인 것과 구속사적인 것이 결코 대립 될 수 없다. 구속사 설교는 본문의 의미를 밝히고 중심 메시지를 강조하여 삶에 건전하게 적용시키는 것이다.

구속사 설교의 정의와 특징

우리가 '구속사적 설교'라 할 때 '구속사적'이라 함은 본문에 대한 성경 신학적 해석의 관점을 반영하는 것이요, '설교'라 함은 그러한 성경 신학적 해석의 오늘의 청중(here and now)을 향한 전달의 필연성을 반영하는 것이다. 11)

설교는 하나님이 인간을 구원함에 있어서 가장 중요한 수단으로 사용한다고 할 수 있다. 설교자는 믿음을 주어야 한다. 하나님의 복음이 담긴 성경적인 설교로 믿음을 일으켜야 한다. 성경

---

11)   정창균, <u>고정관념을 넘어서는 설교</u>, (경기도 : 합동신학대학원출판부, 2002), p.39.

적인 설교 구속사적 설교다. 성경은 그리스도를 가리킨다. 성경에 통일성을 가진 일관된 구조인 그리스도는 한마디로 복음이다. 더 구체적으로 말하면 복음은 하나님께서 예수 그리스도를 통해 우리에게 무엇을 해주셨는지를 아는 것이다. 성경은 그것을 말하고 있으며 이것을 선포하는 것이 바로 구속사적 설교이며 성경적인 설교이다. 이 복음이 들려질 때 믿음이 세워지는 것이다. 하나님은 독생자 예수 그리스도를 우리에게 주셨다. 따라서 예수의 화육과 십자가의 죽음과 부활, 승천과 재림은 결정적인 복음이다. 바울은 "그리스도 외에는 아무것도 알지 아니하기로 작정하였다"라고 단언하였다. 바로 이 예수 그리스도를 선포하는 것이 구속사적 설교인 것이다.

신약성경의 핵심이 예수 그리스도의 구원이나 예수 그리스도의 복음이라는 사실은 자명하다. 그렇다면 구약성경의 핵심도 과연 신약성경의 핵심인 예수 그리스도를 지향하는가? 이 질문에 대한 해답은 예수께서 직접 보여주신 성경 해석의 모델 사례에서 찾아볼 수 있다. 부활하신 예수는 하나님이신 예수가 십자가에 달려 죽어야 하며 그 후에 부활하셨다는 사실을 믿지 못하고 받아들일 수 없었던 제자들에게 메시아의 죽음과 부활이 실제로 구약성경에 미리 다 예언되고 있었음을 설명하셨다. "모세와 및 모든 선지자의 글로 시작하여 모든 성경에 기록된 내용"을 자신의 구속 사역에 대하여 미리 기록한 것으로 이해하고 그러한 관점에서 구약성경을 제자들에게 해석한 것이다(눅 24:27). 이렇게 구약성경을 신약성경의 핵심인 기독론적인 관점, 또는 예수 그리스도의 구원사적인 관점에서 해석해야 하는 이유와 근거

원전 중심 구속사 설교 성경 해석에서 설교 작성까지

는, 무엇보다도 예수님이 먼저 구약성경을 자신의 구속 사역에 대한 예언과 자기 스스로 성취의 관점에서 해석하였다는 점에서 찾아볼 수 있을 것이다.

> "이에 모세와 모든 선지자의 글로 시작하여 모든 성경에 쓴 바 자기에 관한 것을 자세히 설명하시니라."(눅 24:27)

2532 καί **Καὶ** 접등 이에	756 ἄρχομαι **ἀρξάμενος** 동분과중주남단 시작하여	575 ἀπό **ἀπὸ** 전소 글로	†3475a Μωσῆς **Μωσέως** 명소남단 모세와	2532 καί **καὶ** 접등 및	575 ἀπό **ἀπὸ** 전소 의	3956 πᾶς **πάντων** 형소남복 모든	3588 ὁ **τῶν** 관소남복
4396 προφήτης **προφητῶν** 명소남복 선지자	1329 διερμηνεύω **διερμήνευεν** 동직미능단3 자세히 설명하시니라	846 αὐτός **αὐτοῖς** 명대어남복3 (그들에게)	1722 ἐν **ἐν** 전여 에 쓴 바	3956 πᾶς **πάσαις** 형여여복 모든	3588 ὁ **ταῖς** 관여여복		
1124 γραφή **γραφαῖς** 명여여복 성경	3588 ὁ **τὰ** 관목중복.명목중복 것을	4012 περί **περὶ** 전소 관한	1438 ἑαυτοῦ **ἑαυτοῦ.** 명대소남단3 자기에				

동사 διερμηνεύω(1329, 디엘메뉴오)는 디아(διά, 1223: 통하여, ~이유로)와 헤르메뉴오(ἑρμηνεύω, 2059: 해석하다)에서 유래했으며, '철저하게 설명하다, 번역하다, 해석하다'를 의미한다.

엠마오 도상에서의 예수님은 자신의 수난과 올리움에 관한 구약성경에 대한 예언의 해설자로 묘사되었다. 여기에서 확립되고 초대교회를 통해 발전되어진 구약성경의 메시아 이해와 더불어 구약성경의 말씀에 신약성경의 계시가 기독론적 의미를 부여하듯이, 방법은 아니라 하더라도 내용상으로는 새로운 성경 해석에 기초한다.

구속사적 설교의 권위자인 클라우니 교수는 성경적 설교에 대한 글을 시작하면서 "그리스도를 증거하는 사도 시대, 즉 아직 신약성경이 기록되던 중에 교회는 구약성경으로 그리스도를 전파한 것이다."라고 지적하였다. 왜냐하면, 구약의 구속사는 우리를 그리스도에게로 인도해 주기 때문이다.

성경 신학적인 구속사적 설교는 개혁주의 입장에서 가장 중심적인 주제이다. "오직 하나님 말씀만으로(Scriptura Sola), 하나님 말씀 전부(Scriptura Tota)를 전한다." 설교에 있어서 그리스도가 증거되지 않는 것은 성경 전부로서의 말씀이 아니다. 성경 전부의 설교는 역사적 본문에 대한 구속사적 설교이다. 하나님이 인간 구원을 위하여 예수 그리스도 안에서 하신 일을 증거하는 것이 구속사적 설교이기 때문이다. 성경을 역사적 본문으로 보는 구속사적 설교는 성경을 하나의 전기나 이야기로 보는 것과는 다르다. 이유는 인간 중심의 모범적 설교를 배제하기 때문이다. 구속사적 설교는 역사적 본문에 내재해 있는 그리스도를 밝히고 증거하는 것이다.

구속사적 설교란 "설교자가 성경 본문을 하나님께서 예수 그리스도를 통하여 이루시는 구원 역사를 배경으로 해석하여 설교하는 것"이라 정의할 수 있다. 성경을 구속사적인 틀로 보고 해석하고 설교한다는 표현은 어떤 교파나 교단의 입장이나 어떠한 신학이라기보다는 성경을 하나님의 말씀으로 믿고 따르는 보통 사람들의 일반적 사상 체계라고 할 수 있다.

성경에 대해 바르게 접근하는 방법은 하나님의 언약인 구속사에 대한 올바른 정의로부터 출발해야 하며 구속사적 설교는 역사 속에 나타난 하나님의 구속 행위를 선포하기에 케리그마적인 성격을 띠게 될 수밖에 없다. 교회에 선포된 케리그마는 어떠한 인간의 행위나 인간의 모범적인 행위에 대해 말하는 것이 아니다. 하나님의 행위, 일하심을 선포하는 것이다. 그러므로 구속사적 설교는 선택 되어진 역사적인 본문을 통하여 하나님 중심의 설교를 해야 한다. 역사적 본문을 해석할 때 주의해야 할 점은 사람들의 전기를 끄집어내서는 곤란하다. 인간을 향하신 하나님의 구속 사역인 핵심인 예수 그리스도를 선포해야 한다.

구속사적 설교의 가장 중요한 토대이며 특징이 되는 것은 오직 성경 중심의 설교라는 것이다. '기독론적 설교' 또는 '그리스도 중심설교' 등의 다양한 용어로도 표현되나, 이러한 용어들은 표현적인 차이를 나타내기는 하지만 본질적 의미는 같다고 할 수 있으며, 이는 계시와 구원의 핵심인 예수 그리스도에 집중하고, 예수 그리스도를 강조하기 때문이다.

구속사 설교의 근거와 배경

구속사적 설교의 성경적 근거는 사도행전에 수록된 베드로의 설교나 스데반의 선포, 서신서의 많은 부분에서 밝히는 사도 바울의 가르침과 고백뿐 아니라 예수님 자신도 성경을 구속사적으로 해석하고 있다는 것이다.

"너희가 성경에서 영생을 얻는 줄 생각하고 성경을 연구하거니와 이

성경이 곧 내게 대하여 증언하는 것이니라."(요 5:39)

2045	3588	1124	3754	4771	1380	1722	846	2222
ἐρευνάω	ὁ	γραφή	ὅτι	σύ	δοκέω	ἐν	αὐτός	ζωή
Ἐρευνᾶτε	τὰς	γραφάς,	ὅτι	ὑμεῖς	δοκεῖτε	ἐν	αὐταῖς	ζωὴν
동직현능복2/(명)	관목여복	명목여복	접종	명대주복2	동직현능복2	전여	명대여복3	명목여단
상고하거니와		성경을		너희가	생각하고	에서	성경	생을

166	2192	2532	1565	1510	3588	3140	4012	1473
αἰώνιος	ἔχω	καί	ἐκεῖνος	εἰμί	ὁ	μαρτυρέω	περί	ἐγώ
αἰώνιον ἔχειν,		καὶ	ἐκεῖναί	εἰσιν	αἱ	μαρτυροῦσαι	περὶ	ἐμοῦ·
형목여단	동부현능	접대	형대여주여복	동직현능3	관주여복	동분현능주여복	전소	명대소단1
영	얻을 줄		이 성경이	이로다	것	증거하는	대하여	곧 내게

'증언하는 것 μαρτυρέω(3140, 마르튀레오)'는 마르튀스(μάρτυς, 3144: 증인)에서 유래했으며, (a) '증언하다, 증인이 되다', (b) '확증하다, 선언하다', (c) '호의적으로 말하다, 잘 말하다'를 의미한다.

"이 성경이 곧 내게 대하여 증언하는 것이니라" 이 부분을 원문에 충실하도록 다시 번역하면 '그리고 그것들(성경들)은 나에 관해 그 증거하는 것들이다(NASB, and it is these that testify about Me)'가 된다. 지시대명사 '에케이나이(ἐκεῖναί)'가 현재 분사인 '하이 마르튀루사이(αἱ μαρτυροῦσαι)'와 함께 쓰여 서술적인 위치를 취하므로 '그 혹은 저 증거하는 것들'로 번역하는 것이 정확하다. 유대 종교 지도자들의 이러한 모습을 통해 우리는 성경을 많이 알고 신학적인 지식이 깊다 하여 구원을 얻게 되는 것이 아님을 확인하게 된다. 모든 성경은 우리에게 생명을 주시는 예수님을 증거하고 있다. 그러나 성경에 자신을 맞추지 않고 자기 자신에게 성경을 맞추려는 이들은 그 안에서 그리스도를 발견하지 못한다. 오직 믿고 겸손히 배우려는 마음으로 성경을 읽는 자만이

그 안에서 반드시 예수 그리스도를 만나게 된다. [12]

이 말씀은 구약성경 전체의 맥락이 예수 그리스도를 향하고 있음을 확실하게 밝히는 선언이다. 그러므로 성경에 대한 구속 사적인 해석은 다름 아닌 성경의 구조이며 성경의 요구이자 성경의 가르침이다. 구속사적 설교를 지지하는 사람들은 하나님의 말씀에 애착심을 갖고 하나님의 언약에 근거를 두고 있다.

우리는 예수 그리스도 안에서 계시의 중심점을 보며 역사의 중심점과 목적도 발견하게 된다. 구약성경 전체 계시는 예수 그리스도 안에서 성취되고, 결국 신약의 계시도 예수 그리스도를 중심으로 구약 시대에 감추어졌던 계시가 더 명백하게 드러난다. 다시 말하면 성경은 이스라엘 역사의 일반적이고 자연적 사건의 연속이 아니라 한 분 창조주 하나님께서 인간을 구속하시기 위하여 그리스도 안에서 역사를 섭리하시며 주관하시는 하나님의 특별한 구원 역사인 것이다. 따라서 구속사적 연구의 핵심은 언제나 예수 그리스도를 향하며 신구약의 통일성과 함께 점진성이 전제된다. 즉 '구속사란 하나님의 구원 운동을 역사의 축으로 보는 것'이다.

1930년대 말에 구속사적 설교가 나오게 된 당시의 상황과 배경을 살펴본다면 첫째는, 칼 바르트(Karl Barth)가 주창한 변증법적 신학(Dialectic Theology)에 대한 반응 때문이었다. 바르트의 변증법적 신학이 화란에 소개되자 그 반응은 다양하게 나타났다. 어떤 사람은 카이퍼(Abraham Kuyper) 신학의 개선책으로 환영하

---

12) 한성천, 김시열, <u>옥스퍼드 원어성경대전 109:요한복음 1-6장</u>, (서울 : 제자원, 2006), p.482.

였고 바르트와 카이퍼를 종합하려는 사람들도 생겨났는데 칼 바르트의 변증법적 신학에 대한 반작용으로 구속사가 강조된 것처럼, 설교에서도 변증법적 신학의 토대인 실존적인 설교와 해석에 대해 구속사적 설교가 대두된 것이다. 둘째로, 구속사적 설교가 태동하게 된 이유는 1930년대를 전후해서 일어난 화란 교회의 주관주의(Subjectivism)에 대한 반작용에서 시작되었다. 당시 교회 안에는 매우 복잡한 사상들이 있었다. 예컨대 화란의 경건주의인데 신비주의였다. 이 경건주의의 특징은 주관주의, 개인주의, 신령주의였다. 그리고 재침례파(Anabaptism)이다. 이들은 이원론(Dualism)을 제창하는 신령주의였다. 이것들은 모두가 신자 개인의 체험을 강조하게 됐다. 또 한편으로는 객관주의 입장의 사람들인데 합리주의자였다. 이러한 움직임들은 '오직 성령(Sola Scritura)'이라는 개혁주의 사상과 거리가 먼 것이었고 그래서 비성경적인 신앙 운동에 쐐기를 박고 오로지 말씀을 성경적인 입장에서 선포해야 할 필요가 있었던 것이었다.

하나님의 언약 사상을 근거로 하는 구속사적 설교가 실제로는 새로운 사실은 아니었지만, 당시 교회로서는 구속사적 설교가 새로운 동향(New Direction)으로 받아들여진 것이다.

'구속사적 설교'가 구체적인 이슈로서 활발히 논의되기 시작한 것은 1930년대와 1940년대 초기에 화란 개혁교회 안에서 일어난 논쟁, 즉 모범적 설교와 구속사적 설교의 논쟁을 통해서였다. 그러나 "성경 본문의 해석에 있어서 해석자는 구속사적 관점으로 본문을 접근해야 하며 이러한 구속사적 해석은 필연적으로 구속사적 설교를 요구하게 된다"는 입장은 몇몇 신학자의 새로운 아이디어라고 하기보다는 근본적으로는 개혁주의 성경 신학이 취하고 있는 성경관으로부터 비롯된 필연적 귀결이라고 할 수 있다. 구속사적 설교론은 개혁주의 성경 신학의 산물이라고 할 수 있다. 그러므로 구속사적 설교론이 개혁교회 내에서 일어난 이슈라는 사실은 우연이 아니다. 이런 점에서 '구속사적 설교'는 하나의 설교 모델이라고 하기보다는 한 설교가 뿌리를 내리고 있어야 할 근본 원리라는 관점에서 이해할 필요가 있다.[13]

구속사 설교의 원리와 평가

구속사적 설교는 성경 신학적 관점에서 역사에 나타난 하나님의 구속 행위를 선포하는 것이다. 구속사적 설교는 해석의 관점이 인간 중심이 아니라 하나님 중심(Theo Centric)이며 복음의 내용인 예수 그리스도만을 선포한다. 성경의 역사는 하나님의 구속사이므로 설교는 당연히 하나님의 말씀을 증거하는 것인데 하나님 중심이고 그리스도 중심이지 다른 무엇이 있겠느냐고 반문할 수도 있을 것이다. 그러나 구속사적 설교와 대조가 되는 모범적 설교의 고질적인 병 중에 하나가 인간 중심적(Anthropo Centric)이다. 전기적 설교(Biographical Preaching) 즉, 아브라함, 베드로, 바울, 마리아 등 인물들의 전기적인 설교들은 인간 중심적 설교로 전락하는 경우가 많다. 구속사적 설교는 인간 행위나 인

---

13) 정창균, 앞의 책, p.40.

간의 모범적인 행위를 말하는 것이 아니고 하나님의 구속 행위를 선포하는 것이다.[14]

구속사적 설교의 원리는 그리스도(하나님) 중심사상으로 성경이 말하는 어떤 인물의 성공적 삶보다 그 인물을 통해 하나님께서 무엇을 하셨는가에 초점이 맞추는 것이다. 구체적 역사 속에서 여러 사건과 함께 점진적으로 발전되어 하나님의 섭리인 구속의 계획과 그리스도를 통한 성취의 관계를 드러내는 하나님의 공의와 심판과 더불어 은혜를 선포하는 것이다.

스킬더(K. Schilder, 1890-1952)

스킬더는 1931년에 은사주의 운동, 로마교의 교리, 그리고 교리와 삶에 관한 윤리적 혹은 바르트주의자들의 견해에 대한 투쟁을 위해 '구속사(Heilshistorie)'개념의 중요성을 지적하였다.

그는 "역사적 본문을 모범적으로 설교하는 것은 성경의 통일성을 부인하는 것이며 단편적 해석(Fragmentary Interpretation)이다"라고 말했는데 성경의 역사적 본문을 모범의 목적으로 설교하는 것은 성경의 구속사적 의미를 약화시킬 뿐만 아니라 본문을 성경 전체로부터 분리시킨다는 것이다.

스킬더는 교회를 위하여 그리스도 안에서 성령을 통하여 행하신 하나님의 위대한 일에 대한 구속사적 관심의 필요성을 촉구하였다. 그는 신비주의와 윤리적 성경관, 편협한 개인주의적 관심과 성경 이야기의 심리화에 반대하여 하나님의 계시 역사를

---

14)   구금섭, 앞의 책, pp.60-61.

주장하였다.

홀베르다(B. Holwerda, 1909-1952)

홀베르다는 모범적 설교에 반대면서 "모든 문학의 장르는 그 자신의 해석 규칙이 있다. 즉 역사적 기록은 예언서나 서신들과 다르다. 또 시편이나 지혜문학은 또 다른 특징을 가지고 있다." 라고 했다. 그래서 이들의 각 장르에 따라 해석 법칙이 있다는 것이다. 역사적 본문의 이러한 특별한 규칙을 결정하기 위해서는 그 본문의 독특한 특유의 성격을 알아야 한다. 한 역사적 부분을 역사로부터 나온 하나의 사실로서 다루는 것이지 모범적인 예로서, 비유(Gelijkenis)로서가 아니라는 말이다. 하나님께서 어떤 역사를 '그림의 형태 속에 있는 가르침(Onderwijs in Aauschou Welijken yorm)'을 주기 위해서 기록하도록 하셨을 가능성이 있다고 생각하는 사람들은 비유와 한편의 역사와의 차이점을 보는 시각을 상실했다고 지적한다.

홀베르다는 과거와 오늘의 주석가들이 행해 온 도덕주의적, 교리적, 알레고리적, 그리고 피상적-모형론 설교에서 발생한 역사적 이야기들의 특징을 제거하는 억지스럽고 피상적이며 부정확한 일률적인 평행 긋기에 저항하고자 했음이 분명하다. 홀베르다는 확실히 주해적(evegetisch) 경향에 관심을 가졌다고 할 수 있다.

판 엇 피어(M. B. van't Veer, 1904-1944)

판 엇 피어는 "문제는 성경이 그 역사 속에 나타난 사람에 대해 심리적 묘사를 하고 있느냐에 있다. 만약 성경이 심리적 묘사를 하고 있지 않을 경우에는 심리적 해석을 해서는 안 된다. 성경의 사료(Historiography)는 그 성경에 기록된 방법에 따라 해석되어야지 심리학적 해석을 해서는 안 된다"고 말하였다. 심리적 해석은 구속사적 안목에서 볼 때 앞에서 언급한 대로 구속사를 세속사로 전락시키는 일이 된다는 것이다.

그레이다누스(Sideney Greidanus)는 구속사적 접근의 약점으로 도식주의와 사변과 개관주의를 지적하고 있다. 그럼에도 불구하고 트림프(C. Trimp)는 구속사적 해석 방법은 다섯 가지 면에서 중요성을 지닌다고 강조한다. 첫째, 구속사적 방법은 잘못되고 위험한 성경 사용으로부터 우리를 보호한다. 둘째, 구속사적 방법은 현대 모범주의(해방신학·민중신학·흑인신학 등)로부터 우리를 보호한다. 셋째, 구속사적 방법은 여러 종파가 역사를 무시하는 것으로부터 우리를 보호하다. 넷째, 구속사적 방법은 근본주의자들의 단편적 성경 사용으로부터 우리를 보호한다. 다섯째, 구속사적 방법은 주관주의 딜레마로부터 벗어나게 한다.[15]

구속사의 통일성의 두 가지 근거로 그레이다누스(Greidanus)는 하나님의 영원하신 뜻과 그리스도를 들면서 말하기를 "구속사의 중심은 그리스도시라는 것을 누구도 부인하지 못하며 더 나아가서는 이 통일성의 최종 보루는 바로 하나님의 뜻 안에 있다. 한번 일어났던 사건의 배후에는 모든 것을 작정해서 행동으로, 알

---

15) 성종현, 앞의 책, p.173.

파에서 오메가로 창세기 첫 장에서 계시록의 마지막 장까지로 이끌어 가시는 하나님의 뜻이 서 있는 것이다"라고 하였다.

살펴본 바와 같이 그리스도를 설교한다는 구속사 설교는 모든 성경의 텍스트에서 그리스도를 해석한다고 전제할 수 있으며, 오늘의 청중에게 적절한 구속사적 메시지로 전달하기 위해 본문에 대한 주석적 관찰을 근거하여 저자의 의도를 발견하고 그것이 신학적으로 어떤 의미가 있는지를 해석하는 것이 구속사 설교를 위해 성경을 해석하는 목적이라 할 수 있을 것이다. 이와 같은 구속사적 설교에 대한 긍정적인 면과 함께 고려해야 할 것은 그에 대한 한계로 그리스도인이 마땅히 살아야 할 교훈적인 삶에 대한 모범이나 언급이 무시되거나 소홀할 수 있다는 측면은 깊이 숙고할 필요가 있다는 것이다.

제 2 장

구속사 설교를
위한
성경 해석

개혁주의 전통에서 보면 설교는 하나님의 말씀을 선포하는 것이다. 예로 제2차 스위스 신앙고백서(The Second Helvetic Confession)에서는 '하나님의 말씀을 설교하는 것은 그 자체가 곧 하나님의 말씀(Praedicatio verbi Dei estverbum Dei)'임을 천명하고 있다. 그러나 이 명제가 실제로 성취되려면 반드시 성경에 대한 올바른 해석 과정이 뒷받침되어야 한다. 거꾸로 말해서 설교 메시지가 올바른 성경해석 과정을 거치지 않았거나 성경에 대한 올바른 해석적 정당성을 획득하지 못한다면, 아무리 화려한 언변이 동원되더라도 그 메시지는 하나님의 말씀과는 거리가 먼 인간의 말에 불과하다. 인간의 말로는 하나님 말씀의 권위를 주장할 수 없고 주장해서도 안 될 것이다. 결국, 성경이 빠진 설교라면 인간의 연설에 불과하다. "설교자의 설교 행위가 하나님의 말씀을 선포하는 사건으로의 영적 권위를 확보하기 위해서, 또 그 말씀이 하나님 자신의 영광과 권능을 드러내시며 이 땅에서 당신의 구원을 성취해 가시는 하나님의 말씀 사건이 되기 위해서 반드시 성경은 올바르게 해석되고 그 근거 위에 설교의 메시지가 선포되어야 한다."

성경 해석에서 무엇보다 바르게 해석해야 할 중요성은 영존하신 하나님의 말씀인 성경을 그 대상으로 해석하는 것이기에 그러하다. 그 중요성에 대하여 사도 바울이 그의 제자 디모데에게 당부하는 "너는 진리의 말씀을 옳게 분별하며 부끄러울 것이 없는 일꾼으로 인정된 자로 자신을 하나님 앞에 드리기를 힘쓰라."(딤후 2:15)는 내용에서 볼 때, "옳게 분별하다(ojrqotomevw)"라는 말의 의미는 상당한 주의를 필요로 한다.

4692	4572	1384	3936	3588	2316	2040
σπεύδω	σεαυτοῦ	δόκιμος	παρίστημι	ὁ	θεός	ἐργάτης
σπούδασον	**σεαυτὸν**	**δόκιμον**	**παραστῆσαι**	**τῷ**	**θεῷ,**	**ἐργάτην**
동명과능단2	명대목남단2	형목남단	동부과능	관여남단	명여남단	명주남단
네가-힘쓰라	자신을	인정된 자로	드리기를		하나님 앞에	일꾼으로

422	3718	3588	3056	3588	225
ἀνεπαίσχυντος	ὀρθοτομέω	ὁ	λόγος	ὁ	ἀλήθεια
ἀνεπαίσχυντον,	**ὀρθοτομοῦντα**	**τὸν**	**λόγον**	**τῆς**	**ἀληθείας·**
형목남단	동명분현능목남단2	관목남단	명목남단	관소여단	명소여단
부끄러울 것이 없는	옳게 분변하여		말씀을		진리의

옳게 분별하여 - ὀρθοτομοῦντα(오르도토문타)의 동사 ὀρθοτομέω(3718, 오르도토메오)는 오르도스(ὀρθός, 3717: 곧은, 똑바른)와 템노(τέμνω: 베다)에서 유래했으며, 이 단어는 (a) '바르게 베다', (b) '길을 부설하다, 길을 내다(열다), 도로를 기공하다'를 의미한다.

이 말은 '길'과 관련된 '길을 똑바른 방향으로 내다(To cut road across country that is forested or otherwise difficult to pass through)'라는 의미로 해석함이 타당하게 여겨진다. 그래서 사도 베드로는 "우

리 사랑하는 형제 바울도 그 받은 지혜대로 너희에게 이같이 썼고, 또 그 모든 편지에도 이런 일에 관하여 말하였으되, 그중에 알기 어려운 것이 더러 있으니, 무식한 자들과 굳세지 못할 자들이 다른 성경과 같이 그것도 억지로 풀다가 스스로 멸망에 이르니라"(벧후 3:15-16)라고 말하면서 '억지로 풀다($\sigma\tau\rho\epsilon\beta\lambda o\hat{\upsilon}\sigma\iota\nu$)'라는 말이 '단어의 의미를 곡해하게 만드는 것임'을 우리에게 경고하고 있다.

성경을 구속사적으로 해석하기 위해서는, 먼저 본문 속에 하나님께서 인류(특히 자기 백성)를 다루시는 '손길(works, activity)'(= 하나님의 활동, 하나님의 섭리, 베푸신 은혜)을 찾아내고, 나아가 그러한 은혜를 입은 본문 속에 등장하는 사람이 어떻게 '응답(response)' 했는가를 발견하여 오늘의 삶에 적용해야 하는 것이다. 이것을 좀 더 쉽게 표현하면, "구속사 = 하나님의 활동 + 인간의 응답"이라고 할 수 있다.[16]

성경에 대한 구속사적 해석은 성경의 구조이며 성경의 요구이자 성경의 가르침이다. 성경 본래의 뜻과 의도를 바로 이해하기 위해서는 문법적 역사적 실존적 해석과 함께 구속사적인 큰 산맥을 짚으며 구속사적 흐름의 광맥을 캐어 들어가듯 들어갈 때 비로소 성경이 말하고자 하는 진리를 극명하게 깨닫게 되는 것이다.

---

16)　성종헌, 앞의 책, pp.174-175.

1.
성경 해석의 필요

고대의 문서이건 현대의 문서이건 해석되어야 한다. 성경도 마땅히 해석되어야 한다. 성경 해석의 필요성은 계시로서의 성경 자체의 특성과 관계된다. 다시 말해 특별계시로서의 성경이 바로 성경 해석의 필요성을 함축하는 것이다. 성경 계시는 하나님께서 인간에게 감추어진 것을 나타내신 것이다.

성경 해석이 필요한 이유는 창조주 하나님께서 말씀하신 것을 피조물인 인간이 이해해야 하기 때문이다. 즉 우리가 미련하기 때문에 해석이 필요하다(눅 24:25-27). 예수님 당시에 사두개인의 합리적 성경 해석은 부활을 비롯한 초자연적인 것을 부인하는 자유주의 신학 사상을 만들어냈고, 바리새인들의 율법주의적인 해석은 개종한 자들을 배나 지옥 자식으로 만드는 모순을 낳았다(마 23:15). 주께서 이런 잘못된 성경 해석을 비판하시고 바른 성경 해석을 제시하신 것(마 22:23-33)을 통해, 오늘 우리는 성경 해석을 바로 해야 할 필요가 있음을 알게 되었다.[17]

---

17)   구자수, <u>원어로 설교 작성하기</u>, (인천 : 헤이스 출판사, 2020), p.36

하나님이 성경을 통해 말씀하셨다는 것은 우리 믿음의 핵심이며, 이러한 확신이 없는 경우라면 우리는 인간 지식의 상대성과 모호함에 빠지게 될 것이다. 하나님께서 성경을 통해 말씀하신 것을 분명히 하고 하나님 말씀의 의미를 유추하는 것, 이것이 해석학의 일차적이며 기본적인 필요성이다.

성경은 하나님께서 당신의 뜻을 인간에게 계시해 주시기 위해서 주신 유일한 책으로서 다른 종교 서적과 다르다. 성경은 하나님께서 범죄한 인간을 어떻게 구속하셨는지에 대해 일관되게 그리고 명백하게 진술하고 있다. 그러나 같은 한 성경을 가지고 있으면서 믿는 신조가 다르고 교파가 서로 다른데, 이는 성경의 메시지가 여러 가지로 나뉘기 때문이 아니라 오히려 성경 해석의 차이에서 오는 결과이다. 여기에서 올바른 성경 해석의 필요성을 강조하며 느끼게 되는 것이다. 성경의 올바른 해석은 성경이 기록될 당시의 특성을 제대로 이해할 때에 가능하다. 해석학은 과거에 계시된 본문이 가지는 본질적인 뜻과 그 말씀의 현대적 의미 사이의 간극을 연결시켜주는 역할을 하는 것이다. 존 스토트(John R. W. Stott)는 '다리 놓기(Bridge-building)'라는 용어를 들어 설교에 있어 해석학의 필요성을 강조하고 있다.[18]

해석자가 해석하려고 하는 원저자로부터 지형적, 역사적으로 그리고 문화적으로 떨어져 있을 때 해석은 수월하지 않다. 지형적 역사적 그리고 문화적 차이점이 크면 클수록 해석은 더욱 어려워진다. 더욱이 가장 분명한 것은 언어의 차이이다. 성경은 히

---

18)   문상기, 앞의 책, p.104

브리어와 아람어 그리고 헬라어로 기록되었다. 이러한 여러 가지 차이점을 연결하는 규범을 형성하는 일은 성경 해석학의 가장 중요한 임무 가운데 하나다.

성경은 하나님의 구원 사역의 해석이며, 해석자의 궁극적 관심은 하나님의 구원 사역을 성경을 통해 밝히는 것이다. 성경은 하나님께서 행하셨던 과거의 일, 현재에 행하시는 일, 그리고 장차 미래에 행하실 일들을 우리에게 알려 준다. 그것은 하나님께서 당신이 창조하신 세상을 회복하는 것, 다시 말해 그의 백성을 죄에서부터 구속하시는 것이 바로 성경의 주제가 된다. 그러므로 성경의 주제를 바르게 연구한다면 성경의 저자가 하나님이심을 알게 될 것이다. 그리고 해석자의 관심이 구원 사역의 성취 향하여 전진하고 있을 때 그 사역의 구속적 성격을 이해하게 된다. 성경의 해석자는 하나님 사역의 구속적인 의미를 찾아내는 것이다. 왜냐하면, 성경은 구속 역사의 해석이기 때문이다. 성경을 구속 역사의 해석으로 생각할 때 성경해석자의 활동은 성경에 내재한 해석적 관심과 일치되어야 한다. 그러므로 성경 해석이란 해석을 해석하는 것이 된다. 정리하자면 성경 해석은 구속 사역을 해석해 놓은 성경을 다시 해석하는 신학 활동이 되는 것이다. 여기서 우리는 하나님의 구속 역사와 우리들의 해석 활동 사이에 관계가 있음을 찾아볼 수 있다. 하나님의 구속 역사를 성경이 해석해 놓았고, 우리는 성경을 해석함으로 하나님의 구속 역사를 이해하게 되는 것이다.

해석학의 정의

성경 해석학은 성경학, 즉 성경을 중심으로 연구하는 학문 분과에 속하는 것으로 저자의 바른 기록 의도를 도출해내는 객관적 학문이다. 객관적이라 함은 그 해석이 주관적이거나 개인적 선호의 문제일 수 없다는 의미이다. 또한, 학문이라 함은 과학적 입증이나 사실적 입증이 해석의 가치를 결정하는 것이지 해석자의 권위나 주장의 강도가 결정하는 것이 아님을 의미한다. 따라서 해석학은 일정한 원리와 원칙에 입각한 관찰하에 얻어진 본문의 사실들이 내포하는 의미를 파악한다. 그러함에도 불구하고 성경 본문의 다양한 영역과 언어의 쓰임의 모호성 그리고 역사적 문화적으로 지극히 멀리 있는 지금의 연구자와의 거리는 모든 것을 객관적, 과학적으로 다 답할 수 없는 한계를 가지고 있음도 사실이다. 그러므로 한계의 영역에 대하여는 신학적으로나 인문학적으로 포용하여 의미를 정의할 수 있는 신축성 혹은 예술성이 필요하다. 따라서 성경의 해석학이란 "하나님 말씀의 의미를 설명해내는 과학이요 예술"이라고 말할 수 있다. 해석학이 과학인 이유는 어떤 체계 속에 있는 원리에 의해서 지배를 받기 때문이며, 해석학이 예술인 이유는 그 원리를 적용하는 일이 기계적인 모방이 아닌 기술에 의해서 이루어지기 때문이라는 것이다. 이러한 이유로 해석학은 신학 분야에서 매우 중요한 요소 가운데 하나로 자리매김하게 되었다.

부활하신 주님이 두 제자와 함께 엠마오로 걸어가신 일에 대한 기록에서, 누가는 예수님이 "모세와 모든 선지자의 글로 시작

하여 모든 성경에 기록된바, 자기에 관한 것을 자세히 설명하시
니라"(눅 24:27)고 말한다.

2532 καὶ	756 ἄρχομαι	575 ἀπό	†3475a Μωσῆς	2532 καὶ	575 ἀπό	3956 πᾶς	3588 ὁ
Καὶ	**ἀρξάμενος**	**ἀπὸ**	**Μωσέως**	**καὶ**	**ἀπὸ**	**πάντων**	**τῶν**
접등 이에	동분과중주남단 시작하여	전소 글로	명소남단 모세와	접등 및	전소 의	형소남복 모든	관소남복

4396 προφήτης	1329 διερμηνεύω	846 αὐτός	1722 ἐν	3956 πᾶς	3588 ὁ
προφητῶν	**διηρμήνευεν**	**αὐτοῖς**	**ἐν**	**πάσαις**	**ταῖς**
명소남복 선지자	동직미능단3 자세히 설명하시니라	명대여남복3 (그들에게)	전여 에 쓴 바	형여여복 모든	관여여복

1124 γραφή	3588 ὁ	4012 περί	1438 ἑαυτοῦ
γραφαῖς	**τὰ**	**περὶ**	**ἑαυτοῦ.**
명여여복 성경	관목중복·명목중복 것을	전소 관한	명대소남단3 자기에

여기에서 '모세의 글'은 '모세오경(תּוֹרָה 토라)', '선지자의 글'은
'예언서(נביאים 네비임)', 그리고 '모든 성경'은 모세오경과 예언서를
제외한 구약성경인 '성문서(כתובים 케투빔)'를 가리킨다. 실로 예수
에 관한 기록은 구약성경 곳곳에 많이 나와 있고 성경 전체의 주
인공은 구원의 주님인 예수시다. 부활하신 예수님은 바로 이 구
절에 대한 해석으로 자신이 메시아 되심을 설명해 주고 계신다.
   '설명하다'라고 번역된 용어는 헬라어로 '디에르메뉴오
(διερμηνεύω)'이다. 이 단어에서 앞의 두 글자를 떼어 내고 첫 번
째 모음 'e'를 기음(h음)으로 발음할 경우, '해석학(hermeneutics)'이
라는 용어가 파생된다. 따라서 해석학이라는 것은 해석에 관한

과학을 의미한다.[19]

이 광대한 지식의 세계 속에서 하나님의 말씀에 적용되는 해석학보다 더 중요한 연구는 결코 존재할 수 없다. 이 해석학은 인간에게 주신 하나님의 영원한 계시에 대한 이해를 제공한다. 이러한 점에서 해석학이 부재할 때, 우리는 하나님의 말씀을 잘못 해석할 여지뿐 아니라 진리로부터 거짓이 도출되어 어둠에서 빛으로 이끌어야 할 때에 사람들을 기만하게 된다.

해석학이란 영어로 Hermeneutics이며 이 용어는 헬라어 헤르메뉴오(ἑρμηνεύω)에서 기인 되었다. 헬르메뉴오(ἑρμηνεύω)는 동사로 '해석한다(to interpret)' 혹은 '설명한다(to explain)'라는 뜻이며 해석이라는 명사는 헤르메네이아(ἑρμηνεία)이다. 헤르메뉴오(ἑρμηνεύω)와 같은 뜻으로 사용될 수 있는 용어는 신약에 나타난 다른 단어들은 디에으메뉴오(διερμηνεύω)나 메데르메뉴오(μεθερμηνεύω)를 들 수 있다.[20]

명사 헤르메네이아(2058, ἑρμηνεία)는 헤르메뉴오(ἑρμηνεύω, 2059: 해석하다)에서 유래했으며, '해석'을 의미하고 때때로 '통신, 전달'이나 '말'을 의미하며, 동사 '헤르메뉴오(2059, ἑρμηνεύω)'는 헤르메스(Ἑρμῆς, 2060)에서 유래했으며, (a) '설명하다, 해석하다, 상술하다' (b) '지적(지시)하다, 표현하다' (c) '번역하다'를 의미한다.

해석학(독-Hermeneutik)이라는 단어는 그리스 신화의 헤르메스

---

19) Bernard Ramm, 정득실 역, <u>프로테스탄트 성경 해석학의 교과서 성경 해석학</u>, (서울 : 생명의말씀사, 2019). p. 8
20) 박형용, <u>성경 해석의 원리</u> (서울 : 도서출판 엠마오, 1992), p.9.

에서 유래했다. 여기에서 헤르메스는 신의 뜻을 전하는 사자이다. 인간이 알 수 없는 신들의 이야기를 인간이 알아들을 수 있도록 전달하는 것이 헤르메스의 역할인 것이다. 이 일은 자동적일어날 수 없다. 신과 인간은 직접적인 소통이 불가능하기 때문이다. 사용하는 언어가 다르면 사람과 사람 사이에도 불가능한 의사소통이 전혀 다른 지평에 있는 신들의 언어를 이해하고 신과 소통한다는 것은 언어도단이다. 이것이 가능해지려면 번역, 통역, 해석이 필수적이다. 이것은 하나님의 말씀을 인간의 귀에 전달한다는 점에서 설교자의 역할은 헤르메스와 똑같다고 할 수 있다.

성경 해석의 목표는 하나님의 구속 사역에 대한 과거 기록으로서의 하나님 말씀으로부터 성취된 예수 그리스도의 십자가 죽음과 부활에서 오늘 하나님 나라의 백성 공동체를 향하신 새로운 하나님의 음성으로 다시 듣고 그 음성에 대한 합당한 반응을 끌어내는 것이다.

이러한 성경 해석학은 석의(exegesis)와 매우 밀접한 관계를 형성한다. 그것은 두 분야 모두 본문을 사용하게 되는데, 마치 규칙집(rule book)이 놀이(game)에 관계되는 것과 같이 해석학은 석의(exegesis)에 관계되는 것이다. 규칙집은 반영과 분석과 경험에 의하여 기록되고 놀이는 법칙들의 구체적인 실현을 통해 운영되어 진다. 이러한 법칙들은 놀이가 될 수는 없다. 그러나 놀이는 법칙들이 없으면 무의미한 것이 된다. 성경 해석학은 석의가 아니다. 그러나 석의는 성경 해석학의 인도함으로 과녁을 맞출 수 있게 되는 것이다. 때문에 해석학이 학문이라면 석의는 기술이며, 해석학을 이론이라 한다면 석의는 실제라고 말할 수 있을 것이다. 성경 해석학은 성경 본래의 뜻을 찾아내는 데 필요한 원리들을 성경에 기초하여 찾고 확립하는 학문을 가리키는 것이다.

구속사 성경 해석의 전제와 원리

성경은 특별한 세계관을 소유하고 있다. 그 세계관은 다름 아닌 하나님 중심의 세계관인 것이다. 이는 절대적 존재로서 최고의 가치가 하나님께 있다는 사실을 의미하며, 이는 모든 면에서 기준의 척도가 된다는 것을 의미한다. 예를 들어, 인간은 하나님의 형상대로 지어진 피조물로 정의되며, 역사의 인식은 하나님의 목적이 성취되어 가는 과정으로, 국가란 신성하게 정한 사회의 질서이며, 지식은 하나님이 드러내는 진리로, 그리고 자연은 하나님의 창조물 등으로 규정된다.

성경을 대하는 우리의 전제는 하나님께서 자기 계시의 행위로 기록했다는 것이다. 성경은 하나님의 계시의 말씀인 것이다. "계시로서의 성경은 하나님의 구속적 행위의 역사적 과정을 기록한 것이 그 중심 내용이다." 성경의 이러한 독특한 특성은 "성경 자체가 이미 계시로서의 말씀과 영감성, 무오성, 역사적 점진성, 성경의 단일성 및 통일성을 전제하고 있음을 의미"한다.

역사성의 원리

구속사는 역사성(Historicity)이라는 그 본질적 요소를 가지고 있다. 왜냐하면, 구속사는 역사 속에서 역사와 함께 역사를 통해 전개 되어지는 구원의 사역이기 때문이다. 하나님은 당신이 계획한 구속의 사역을 역사 속에서 이루어 가신다. 구속사적란 하나님께서 구속 사역을 구체적인 역사 가운데 진행시켰다는 것을 파악하는 것이다. 하나님의 구속 사역은 당신의 구속 목적을 위해 세속의 역사까지도 사용하신다. 그러기에 구속사를 올바르게 이해하려면 역사를 바로 아는 것이 중요하고, 구속사가 역사와 어떠한 관계를 맺고 있는가의 역사에 대한 이해가 필수적이다.

"성경 저자들은 자신이 살았던 당시의 역사적, 지리적, 문화적인 배경의 영향을 받았다"라는 것은 틀림없는 사실이다. 이러한 영향이 성경을 기록할 당시와 무관하다 할 수 없고, 성경의 기록 역시 역사와 무관하지 않다는 사실은 배경 연구의 중요성을 한층 명백하게 하는 요소가 된다. 그러나 여기에 문제가 발생한다. 그것은 후대의 해석자가 시간적, 문화적 격차를 안고 해석에 임한다는 사실이다. 후대의 해석자가 연구 결과 찾게 된 배경의 이해는 성경 저자가 살았던 그 당시의 경험과는 거리가 멀 수도 있다는 것이다. 그러므로 해석하는 성경의 내용과 연구한 배경의 내용이 서로 상충 될 때 우리는 항상 성경 편에 서 있어야 한다. 결코, 반대편에 서면 안 된다. 배경의 연구는 성경의 내용을 밝히기 위한 참조의 역할이지 교정시키기 위한 것이 아니기 때문이다.

하나님은 역사 가운데 그리고 역사를 통해서 말씀하신다. 하지만 이것은 하나님의 백성이 하나의 특정 시간에 의해 단단히 매여있다거나 혹은 하나의 특정 사실에 멈추게 되었다는 것을 의미하지는 않는다. 하나님의 백성은 지속적인 이끌림을 받으며 계속해서 미래를 향해 가는 도중에 있다. 지금도 교회는 여전히 같은 상황에 있다. 그리스도 안에서 많은 것이 교회를 통해 성취된 것을 보았고 교회는 여전히 미래의 완성을 향하여 강한 충동을 소유하고 있다.

통일성의 원리

크레이다누스(Greidanus)는 구속사의 통일성에 대한 두 가지 근거로 하나님의 '영원하신 뜻'과 '그리스도'를 들며, "구속사의 중심은 그리스도시라는 것을 누구도 부인하지 못하며 더 나아가서는 이 통일성의 최종 보루는 바로 하나님의 뜻 안에 있다. 한 번 일어났던 사건의 배후에는 모든 것을 작정해서 행동으로, 알파에서 오메가로 창세기 첫 장에서 계시록의 마지막 장까지로 이끌어 가시는 하나님의 뜻이 서 있는 것이다."라고 말하였다. 하나님의 작정과 섭리가 역사의 배후에 있고, 창세기 1장에서 시작하여 요한계시록 22장에 이르기까지 하나님의 구속 운동의 통일성을 일관되게 가지고 있다는 것이다.

구속사적 통일성은 구약과 신약의 불가분리성을 확인하는 동시에 구약의 계시를 신약의 계시에 비추어 해석해야 할 당위성을 강조한다. 다양한 메시지로 신학의 여러 가지 내용 등을 구체적으로 언급하고 있음에도 불구하고, 그 내용의 흐름과 주제가 통일성을 유지하고 있다는 사실은 놀라울 따름이다. 이것은 바로 하나님의 영감에 의하여 성경 말씀이 기록되었음을 다시 한 번 확인시키는 장면이라 하겠으며, 성경의 신구약 각 권은 그 초점의 핵심을 예수 그리스도에 맞추며 서로 분리될 수 없는 통일성을 가진다 할 수 있다.

성경에의 통일된 사상으로 인하여 성경은 그 자체가 최고의 해석자라고 말할 수 있을 것이다. 이 말의 의미는 "하나님은 스스로 해석하는 자이시다"라는 말과 통한다. 그런 의미에서 성경 해석학의 일반적인 법칙인 "불분명한 구절은 쉽고 명백한 구절에 의해 해석되어야 한다"는 말이 옳다고 인정되어 진다. 성경의 어떤 특정한 구절을 해석함에는 항상 성경의 전체적인 뜻이 적용되어야 한다는 것이다.

표면적인 성경의 모순은 우리를 더 깊은 진리로 이끄는 동시에 우리를 겸손하게 한다. 성경을 읽으면서 생기는 의문이나 질문을 두려워하지 말아야 한다. 진리의 하나님에 대한 확신 속에서 그분께 도우심을 구하며 말씀에 귀 기울일 필요가 있다.

구속사의 통일성에 관하여 말하는 것은 이 구속사의 모든 순간이 당신의 구원 계획을 역사 속에서 시행하시는 하나님에 의해 발생한다는 사실을 의미하는 것이다. 더욱이 이러한 통일성은 모든 사건 가운데 논쟁의 여지가 없는 중심점에서 즉 하나님의 아들 예수 그리스도의 인생 여정과 죽음의 과정에서 우리에게 주어졌다는 것이다.

성경 해석학적인 측면에서 종교개혁시대의 교회들은 성경의 통일성을 올바로 인정했다고 생각할 수 있다. 왜냐하면 "오직 성경(Sola Scriptura)"이라는 말 자체가 성경 해석학적인 명제로서 성경의 통일성을 인정하고 있기 때문이다. 따라서 오직 성경은 성경 밖에서 성경 해석의 원리를 찾게 하는 전통을 인정하지 않고 성경 내에서만 해석의 원리를 찾게 하는 역할을 한 것이다.[21]

점진성의 원리

구속사의 점진성이란 하나님의 계시가 단번에 주어지지 않았으며 구속의 역사가 수많은 세월에 걸쳐 펼쳐짐에 따라 주어졌다는 것을 전제하고 있다. 그리고 이 긴 과정에서 계시는 시작점인 구약성경에서부터 전개되어 신약성경으로 이르기까지 그 완성과 성취를 향해 발전하였다고 전제한다. 계시의 점진성을 말할 때, 성경이 의미하는 바는 하나님의 점진적인 활동, 즉 인간의 발원이 아닌 하나님께서 주도권을 가지고 신학적 유아기인 구약을 통해 성숙기인 신약으로 이끌어가심을 말한다. 그렇다고 해서 성숙한 모습이 구약에 없다거나 초보적인 내용이 신약에 없다는 말이 아니다. 계시의 점진성이란 계시의 일반적인 패턴을 가리키는 것이다.

점진적 계시 개념에 대해 클라우니(Edmund Clowney)는 이렇게 설명한다. "성경은 역사의 과정 속에 주어진 계시를 기록하고 있다. 그리고 이 계시는 점진적으로 주어졌다. 그 까닭은, 계시의 과정이 구원의 과정을 동반하기 때문이다. 구원은 언제나 일률적으로 진행되는 것이 아니고 하나님의 활동들로 결정되는 각 시대(epoch)에 따라 진행되므로, 계시도 마찬가지로, 정경인 성

---

21) 박형용, 앞의 책, p.116.

경 안에 나타나고 구분된 바대로 시대적 구조(epochal structure)를
갖고 있다."

　하나님은 당신의 언약 백성에게 당신과 당신의 계획을 점진
적으로 계시해 주셨으며 그 백성과의 관계에서 그 방식을 발전
시켜 오셨다. 이 계획과 관계에 대한 기초가 바로 하나님께서
이스라엘과 맺으신 여러 언약이며 이는 결국, 교회와 맺으신 언
약이다. 하나님께서는 그 진리들을 조금씩 점진적으로 드러내
신 것이다. 과거의 계시가 잘못되었다거나 수정의 필요가 있었
다는 것이 아니라 오히려 더 구체화 되고 분명해진다는 것을 의
미한다.

　신약성경의 계시는 구약성경의 계시를 그 배경으로 삼을 때
비로소 제대로 이해할 수 있게 된다. 그러므로 점진적 계시란 신
약의 계시를 구약의 계시에 비추어서 해석해야 할 필요성을 강
조하는 동시에 구약과 신약의 불가분리성을 확언한다. 이처럼
성경 본문에 대한 이해의 맥락을 넓게 되면, 필연적으로 해석
의 범위에도 인간 저자들의 직접적인 목적에서부터 하나님의 궁
극적인 목적에까지 넓어지게 된다. 우리는 이제 감추어졌던 것
들이 드러난 시대인 오늘에 살고 있다. 언약으로 약속된 것들이
성취된 시대인 것이다. 그래서 불분명한 것들을 분명한 것들을
통해서 볼 수 있는 은혜를 누린다.

성경 해석의 역사적 교훈

성경을 해석할 때 범하는 중대한 실수 중에는 자신이 훈련받은 체계가 유일한 체계라고 믿는 편파주의와 어떠한 전통적이거나 친숙한 해석이 가장 정당한 해석이라고 가정하는 주관주의가 있다는 것이다. 성경의 올바른 해석은 이러한 주관주의와 편파주의로부터 정화되어야 하며 이를 위해 해석에 대한, 역사적인 연구는 매우 적합한 것이라 여겨진다.

테리(Terry)는 다음과 같이 말했다. "성경 해석의 역사에 대한 지식은 성경을 연구하는 학생에게는 무한한 가치를 지닌다. 그 지식은 오류를 방지해 주는 역할을 하며, 진리에 대한 추구와 가장 고귀한 주제와 관련한 인간의 활동과 노력을 보여준다. 또한, 어떤 영향이 하나님의 말씀을 잘못 이해하도록 유도했는지와, 성경의 속성에 대한 잘못된 개념에 의해 자극된 격한 사고가 어떻게 성경의 내용에 관한 다양한 의미와 신비적인 의미를 추구하게 되었는지를 보여준다."

예수님과 사도들은 구약의 말씀을 철저하게 하나님의 말씀으로 믿었고 일점일획까지 그 의미를 해석하는데 충실하였으며, 신약의 말씀은 이 구약의 말씀을 근거 삼아 하나님의 뜻을 기록하였다.

신약에 나타난 구약의 직접 인용과 해설 인용, 그리고 암시를 모두 합한다면 그 내용은 신약 전체의 10% 정도라고 한다. 니콜(Roger Nicole)에 의하면 신약에서 구약을 직접 인용한 곳이 224번이라 하는데 구약이 신약에 많이 인용된 사실은 예수님과 사도들의 구약 이용법을 가르쳐 주는 것이다.

그러나 교부시대를 지나면서 성경 말씀에 대한 해석이 왜곡됨을 보이기 시작했다. 당시의 교부들은 하나님 말씀에 대한 지나친 경외의식으로 말미암아 모든 성경 말씀은 일점일획도 그 해석에 제외되어서는 안 된다는 믿음으로 임하게 하였다. 이러한 믿음은 지나친 문자적(Letter) 해석과 우의적(Allegory) 해석, 그리고 영적(Spiritual) 해석이라고 믿는 신비주의적(Mysterious) 해석의 늪에 빠져들게 했다. 이러한 믿음이 그 긴 천 삼백 년의 중세의 세월을 거쳐 오늘날까지 우리들의 설교에도 그대로 남아 있음을 볼 수 있다.

기독교 변질의 이유 중 가장 큰 하나는 교부들에 의하여 받아들여진 헬라철학을 들 수 있다. 이러한 기독교 사상과 헬라사상의 혼합이 성경 신학의 붕괴를 가져온 것이다.

중세 시대에는 성직자들 중에서도 다수가 성경을 거의 모른 채 살아갔다. 그들이 성경을 알았다고 해도, 그것은 단지 불가타(라틴어) 역본이나 교부들의 저서를 통해서 성경을 알았을 뿐이었다. 일반적으로 성경은 신비로 가득한 책으로 여겨졌고, 오직 신비적인 방식으로만 이해할 수 있는 책으로 여겨졌다. 이 시대에서는 일반적으로 문자적, 교훈적, 알레고리적, 유비적이라는 성경의 사중적 의미가 받아들여졌고, 성경 해석에 대한 원칙은 그들의 전승과 교회의 가르침에 부합되어야 한다는 것으로 확고하게 정립되었다.

이러한 성경 해석은 교권의 권위주의가 더해짐으로서 극에 달하게 되었으며, 이는 과학의 발달과 지리적 발견, 그리고 봉건사회의 붕괴로 이어지는 급격한 사회 변화로 종교개혁의 위대한 새 시대로 옮겨 왔다. 이 시기에는 위대한 종교개혁자들을 통하여 성경이 가지고 있는 본래의 원어적 의미에 초점을 맞추는, 그래서 진정한 하나님의 뜻이 무엇인지를 알려고 하는 성경 해석으로 되돌아가게 되었다.

루터(Martin Luther)

16세기에 있어서 루터(1483~1546)만큼 성경 해석방법의 방향 전환에 큰 공헌을 한 사람은 없다. 그는 가톨릭교회와 교회 회의, 그리고 교황의 권위에서부터 '오직 성경(sola Scriptura)'의 권위에로 방향을 전환 시켰다. 성경만이 최고의 권위를 가진다는 루터의 태도는 Leipzig disputation(1519)에 잘 나타난다.[22]

그는 성경을 자국어인 독일어로 번역함으로써 독일 민족에 큰 기여를 하였다. 또한, 그는 비록 제한된 범위에서이긴 하지만 성경을 강해하는 일에도 참여하였다. 그가 제시한 해석 원칙들은 그가 실제로 행한 석의보다 훨씬 나은 것이었다. 그는 문자적 의미 이외의 어떤 것도 인정하려 하지 않으며 알레고리적인 해석을 원숭이 놀음(Affenspiel)이라고 말하며 경멸하였지만, 그가 경멸한 방법론에서 완전히 벗어날 수는 없었다. 그는 개인의 판단의 권리를 옹호하였고 성경 본문의 배경과 역사적 상황을 함께 고려해야 할 필요성을 강조하였으며 해석자에게 믿음과 영적 통찰력을 요구하였고 모든 성경 대목에서 그리스도를 발견해 내고

---

22) 박형용, 앞의 책, p.65.

자 하였다.

성경 해석의 필요성으로 성령의 조명을 인정하며 성령의 조명 없이는 성경의 올바른 의미를 알 수 없다는 루터의 주장은 옳다.

칼빈(John Calvin)

칼빈은 풍유적 해석에 대해 성경의 뜻을 모호하게 만들려는 사단의 궤계라고 생각했으며 성경은 성경이 해석한다(scripture interprets scripture)고 주장했다.

그는 구약에 나오는 많은 내용이 모형적인 의미를 지닌다고 굳게 믿었지만, 성경의 모든 대목에서 그리스도를 발견해 내야 한다는 루터의 견해에는 동의하지 않았다. 나아가, 그는 메시아적인 것으로 인정할 수 있는 시편의 수를 축소시켰다. 그는 예언서에 대해 역사적 상황이라는 빛 속에서 해석되어야 한다고 역설하였다. 그는 해석자의 가장 큰 덕목으로 간결 명료함을 꼽았는데, 실제로 그러한 덕목을 직접 보여주었다. 또한, 그는 "성경의 저자가 말하고 있다고 우리가 생각하는 것을 그 저자에게 돌리는 것이 아니라 저자로 하여금 저자가 무엇을 말하고 있는지를 말하게 하는 것이야말로 해석자의 제일의 임무"로 여겼다.

그래서 칼빈은 병행 구절(parallelpassages)과 문맥(context), 문법(grammar)과 단어(words)를 연구하여 저자의 뜻을 찾으려고 노력했다. 칼빈의 성경 해석 방법의 핵심은 문법적 해석과 역사적 해석, 그리고 단순 명료한 해석이다.

종교개혁 후기시대에 성경 해석과 신학에 큰 영향을 끼치게 한 것은 인간 이성의 권위적 용법이 점차 활기를 띠게 된 것이다. 따라서 우리의 생각과 행동을 규제하는 일에 계시보다 이성에 의존하게 되었고, 이러한 이성은 계시에 대하여 용납할 수 있는 부분과 용납할 수 없는 부분으로 판단하는 데 사용되게 되었다.

종교개혁 이후 시기 동안에 개신교가 묵은 누룩을 완전히 청산해 내지는 못했었다는 것이 분명해졌다. 그들은 이론상으로는 성경은 성경이 해석자이다(Scriptura Scripturae interpres)라는 건전한 원리를 유지하였다.

그러나 이러한 믿음은 인간 이성 중심의 합리주의(Rationalism)라는 새조류에 밀려, 그 힘을 잃게 되었고, 실존주의, 역사 사학파 들이 활보하며, 자유주의의 물결 속에서 성경 말씀을 조각조각 마음대로 찢어 해석하는 사조들에 휩싸이게 되었다. 이 시기에는 정경비평(Canon Criticism), 본문비평(Text Criticism), 전승비평(Tradition Criticism) 등등과 자료비평(Source Criticism)과 문서설(Document Theory), 특별히 'Q문서'라는 성경비평이 성경의 권위를 훼손하는 길로 나아가게 함으로서, 저들은 인간이 역사의 중심에서 역사의 주체로 자리를 잡는, 그래서 창조주의 자리에까지 교만해지는 자리에까지 이르렀다.

알레고리적 해석도 본문의 원래 의도된 메시지와 분리된 채 그 의미를 추구하는 한계가 있듯이, 지나친 문자적 해석 역시 성경 전체(구약과 신약의 통일성)와 조화를 이루는 문제, 계시의 점진적·유기적 발전이라는 전체의 흐름 가운데에서 본문의 의미를 위치시키는 문제에 있어서 한계가 있다.

성경 본문이 정확 무오한 하나님의 말씀이라고 믿어지던 시대에는 해석자들의 관심이 "하나님께서 본문을 통해 무엇을 말씀

하고 계시는가"에 대해 집중되었지만, 르네상스 이후 인간 이성
이 최고의 위치를 차지하고 헤겔과 다윈의 영향에 처해 있는 해
석자들의 태도는 "이 고대의 히브리 종파의 종교적 의식이 오늘
날 나에게 무슨 의미를 제공해 주는가"라고 성경을 보게 된다는
것이다.

시대의 흐름에 따라 변모된 성경 해석의 역사는 오늘날에도
많은 교훈을 제공한다. 그중에 가장 큰 교훈이라면 하나님은 변
하시지도 변하실 수도 없지만, 인간은 변한다는 사실일 것이다.

원전 중심 구속사 설교 성경 해석에서 설교 작성까지

2.
성경 해석의 방법

성경 해석학의 기초는 '성경은 하나님의 말씀이다'라는 믿음을 기반으로 시작해야 한다. 가장 대표적인 성경 해석방법이 역사적 해석과 문학적 해석, 그리고 신학적 해석이다. 역사적 해석은 성경 본문이 말하는 역사적 사건과 그 내용이 구전되어 기록된 시점까지의 역사적 과정뿐 아니라 기록할 당시 역사적 정황을 종합적으로 고려하는 해석으로, 이때 본문의 의미는 그 상황과 필연적인 관계를 맺고 있기에(meaning in the context), 본문이 형성된 역사적 정황들을 고려함은 본문의 의미를 올바르게 밝히는 해석 과정에서 필수적이다. 문학적 해석은 본문을 최종적으로 읽는 독자의 시점에서 독자가 마주하고 있는 본문 그 자체의 문학(혹은 문법)적인 구조와 맥락에 대해 살피는 것이다. 마지막으로 신학적인 해석은 성경 본문이 역사적 산물과 저술된 문학적 결과물이라는 차원을 넘어 하나님께서 성경 본문을 읽는 독자들에게 말씀하시고자 하는 궁극적 의미를 찾아내는 해석이다.

전통적인 주해(exegesis)에서는 성경 해석이 두 가지 주요 영역,

즉 문법적 영역과 역사적 영역으로 이루어진다고 보았다. 계몽주의 시대에 고등 비평(higher criticism)이 일어나기 전에는 성경 본문을 주로 그것에 담긴 신학(교리)을 찾아내기 위해 연구하였으나 그 후로는 성경 본문에서 주로 역사적 자료들을 찾기 위해 연구하였다. 한편 최근에는 또 다른 전환이 일어났는데 이것은 역사적 영역으로부터 문학적 영역으로 바뀐 것이다.[23]

보다 적절하게 성경 해석을 하기 위해서는 다재다능한 만능선수가 될 필요가 있다. 즉, 언어학(성경 용어들의 의미와 기능), 문헌학(양식과 어법의 분석), 본문비평(신학, 역사, 성경적 저술들의 전승), 문체론, 문법과 어휘 분석, 그리고 불가피하고도 중요한 사회학 범주 등에 관한 것들에도 염두에 두고 연구해야 한다.

문법-역사적 해석

성경 해석에서 '문법적'이라 함은 성경에 사용된 단어와 구절이 무슨 뜻으로 쓰여 사용되었는지를 찾는 것이다. 여기에서 우리는 어원적인 연구의 필요성을 찾게 된다. '역사적'이란 말은 저자가 사용한 용어의 뜻을 역사적인 형편 가운데서 찾아내는 것이다. 다시 말해 저자의 시대와 형편을 연구함으로 저자가 사용한 말의 참뜻을 찾아낸다는 것이다. 여기에서 '문법적'이라는 말과 '역사적'이라는 말의 밀접한 연관성을 발견할 수 있다. 왜냐하

---

23) Sidney Greidanus, 김영철 역, <u>성경 해석과 성경적 설교</u>, (경기도 : 여수룬, 2012). p.106.

원전 중심 구속사 설교 성경 해석에서 설교 작성까지

면, 인간의 언어란 역사적인 형편과 환경에 의해서 그 뜻이 달라
질 수 있기 때문이다.

문법적 해석

하나의 문장 안에 있는 여러 단어들은 그룹을 형성하여 하나
의 사상 체계를 형성한다. 이때 그 사상 체계를 이해하는 열쇠가
곧 문법이다. 웹스터에 의하면 문법은 "주어진 시대의 주어진 언
어에 있어 단어의 구조와 정렬 방식"으로 정의된다. 문법-구문
론적 주해는 단어들이 함께 어우러지는 방식이나, 문장이나 문
단의 구문론은 물론 단어들 자체에 대해서도 개별적으로 또는
구(phrase) 단위로 살펴보는 것이다.

성경은 인간의 언어로 기록되었기에, 무엇보다도 먼저 문법적
으로 해석하지 않으면 안 된다. 해석자는 본문을 연구함에 있어
서 두 가지 방식으로 진행해 나갈 수 있다. 한 가지 방식은 기자
의 사상을 하나의 통일체로 표현해 놓은 문장으로 시작해서, 세
부적인 것들 즉 개별 단어들과 개념들에 대한 해석으로 내려가
는 것이고, 다른 한 가지 방식은 후자부터 시작해서 점차 기자의
사상을 하나의 전체로 표현한 문장을 고찰하는 것으로 올라가는
것이다.

'문법적'이라는 말을 이해할 때 중요하게 생각해야 할 점은 성
경 안에 나타난 문법을 그대로 자신의 문법으로 받아들여 해석
에 임해야 한다는 것이다. 비록 성경이 저자에 의해 세련되게 훌
륭한 문법으로 기록되지 않았다 하더라도 성경 안에 있는 그 문
법 자체로 이해하고 해석에 적용하는 것이 더 중요한 것이다. 문

법은 문장들이 일정한 법칙에 따라 어떻게 서로 연결되었는가를 설명하는 것이다.

본문의 문법을 올바르게 이해한다고 해서 그 의미를 항상 정확히 알 수는 없지만, 문법이 가능성 있는 의미들을 알게 해 주는 건 분명하다. 다양한 단어들 사이의 관계를 무시하는 본문의 의미는 받아들이지 않아야 한다. 그러므로 문법은 성경을 이해하는 데 매우 중요하다. 예를 들어, 성경에서의 단수와 복수를 잘 구별하는 것은 중요한 것이다. 아브라함에게 주신 하나님의 약속에서 '씨들(seeds)'이라고 복수를 표현하지 않고 '씨(seed)'라는 단수로 표현한 것은 갈라디아서 3장 16절에서 보듯이 한 분 그리스도를 의미한다는 것이다. 또한, 세밀히 살펴야 할 것은 그 문장이 평서문인지, 의문문인지, 명령문인지 혹은 수사의문문인지 문장의 형태와 함께 표현된 동사의 시제와 태의 역할에도 주의를 기울여야 올바른 성경 해석이 가능하다.

역사적 해석

성경은 역사 안에 나타난 하나님의 위대한 구원 행동을 담고 있는 계시의 말씀이기에 반드시 먼저 "역사적으로 해석"해야 한다. 그래야 역사라는 동일한 삶의 조건 안에서 살아가는 우리에게도 성경이 구원의 은혜의 수단이 되기 때문이다. 그렇지 않으면 성경은 그저 우리 삶을 위한 도덕적 교훈이나 지혜로운 삶을 위한 처세술이나 힘든 세상을 살아가는 데 필요한 위로의 말씀 정도로, 다시 말해 탈역사적인 종교적 담론으로 격하되기 쉽다. 역사적으로 해석되지 않으면 성경 말씀은 우리 입맛에 맞게끔

재단되어 해석되기 마련이며, 우리는 역사의 현장 가운데서 우리의 순종과 복종을 요구하며 다가오시는 하나님의 계시에 바르게 응답할 수가 없게 된다.

역사적 해석은, 객관적 통제 수단의 방편으로 주관적이거나 독단적인 해석을 방지할 뿐 아니라, 본문이 제시하는 특정 관점을 해석자가 계속 쫓아갈 수 있도록 돕는 적극적인 역할도 한다. 역사적 해석의 이점에 대해 스텐달(Krister Stendahl)은 다음과 같이 제시하였다. "그 첫째 이점은, 변증적 목적으로 성경의 의미를 약화하거나 타협하려는 것을 막아주는, 즉 성경을 현대의 독자들의 종교적 윤리적인 정서와 그들의 관심에 맞게 만들어 더 잘 받아들일 수 있게 하려는 목적으로 의식적 또는 무의식적으로 성경을 현대화하려는 것을 방지한다." 그리고 역사적 해석의 두 번째 이점은, "성경 안에 들어있는 다양성을 증진시키는 것이다."

성경의 사건들은 역사 속 특정 시기에 일어났다. 구약성경의 사건들은 주전 2000년대와 1000년대에 고대 근동에 살던 사람들, 특히 이스라엘 백성의 문화를 반영한다. 신약성경 역시 1세기 팔레스타인과 지중해 지역을 다스린 로마제국의 역사와 문화를 감안하여 해석해야 한다.

역사적 해석은 성경이 쓰일 당시의 역사적 배경 안에서 본문을 해석함으로 본문의 특유한 의도를 찾아 본문의 목적, 저자의 특별한 목적을 발견하려는 것이다. 그러므로 설교자가 성경을 해석할 때, 맞추어야 할 초점은 성경 저자가 선포했던 역사적인 그 상황이 되어야 한다. 따라서 역사적 해석은 역사적 상황 및 배경 가운데서 그 본문의 의미를 결정하려는 해석방법이다.

역사적 해석은 성경 말씀을 그 원래의 의도와 의미에 맞춰 이해하려는 것이므로, 그 말씀을 원래 그대로 들을 수 있도록 도와주는 것이다. 말씀을 읽는 자는 자기 자신을 원래의 청중들의 입장에 서서 그들이 그랬듯이 그 메시지를 들으려고 애써야 한다. 이처럼 자기 자신을 그 오래된 낯선 문화 속에 두면 그는 성경 말씀을 더 잘 이해할 수 있게 된다. 그 까닭은, 이렇게 함으로써 그 본문이 속한 원래의 문화와 지리 등에 비추어서 본문을 이해할 수 있기 때문이다.[24]

홀베르다(B. Holwerda)는 역사적 해석을 종합적 해석이라고 하였다. 역사적 해석을 통하여 해설자는 본문의 기록 동기와 목적, 그리고 최초 수신자들의 상황을 밝혀낼 수 있다. 문화적 상황을 설명하기 위해 해설자는 특정한 관습, 사건, 장소, 그리고 본문 안에 언급되는 이름 등을 다루게 된다. 왜냐하면, 현대의 청중은 그와 같은 것들에 많은 이질감을 가지기 때문이다.

성경은 하나님의 영감으로 무오하게 기록되었지만, 성경 기록에 사용된 언어들은 필연적으로 역사적인 언어들이었다. 하나님께서는 당신의 뜻을 전달하기 위해서 전혀 새로운 언어를 창조하지 않으셨다. 이 말은 성경의 언어들이 당시의 역사적이고 문화적인 영향을 받지 않을 수 없었다는 것이고, 하나님은 역사적 문화적 영향을 받은 이 같은 언어를 그대로 사용하시되 저자들을 영감시키심으로 잘못 없이 기록하게 하셨다는 것이다. 그러

---

24)   Sidney Greidanus, 김영철 역, 앞의 책, p.162.

므로 성경으로 기록된 역사적 문화적 영향을 받은 그 당시 언어를 제대로 풀어 갈 때 하나님의 뜻을 올바르게 이해할 수 있다.

본문을 제대로 이해하기 위해서는, 당시의 역사적 배경 안에서 그 본문이 전달되었던 것처럼 오늘날도 역시 그렇게 전달되어야 한다. 이러한 사실에 대해 요더(Perry Yoder)는 다음과 같이 표현하였다.

> "성경의 말씀들은 그 청중이 처한 상황에서 그들에게 전달되었다. 따라서 그 특정한 역사적 상황을 찾아냄으로써 우리는 그 말씀들이 기록된 이유를 어렴풋이나마 알아낼 수 있다. 그리고 그럼으로써 우리는 기록된 말씀 배후에 있는 어떤 이유나 까닭을 파악하게 된다."

바꿔 말하면, 역사적 해석은 그 구절의 기록 동기와 목적을 파악하기에 유익하다. 역사적 해석이 성경의 말씀을 본래 의도와 의미에 맞추어 이해하려는 것이기에, 그 말씀을 원래 그대로 듣도록 요구한다. 말씀을 읽는 자는 그 메시지를 듣는 본래 청중들의 입장에 자기 자신을 투영하여 그들이 그랬듯이 그 메시지를 들어야 한다는 것이다. 이처럼 자신을 낯선 문화와 배경 속에 두게 되면 성경 말씀의 원래 의도를 더 잘 이해할 수 있게 될 것인데, 그것은 그 본문에 속해 있는 본래의 문화와 지리 등에 비춰 본문을 이해할 수 있기 때문이다.

문법-역사적 해석은 성경의 저자가 처음부터 의도한 의중을 명확하게 파악하는 것을 목표로 한다.

신학(성경)적 해석

신학적 해석은, 성경을 해석할 때 역사적 해석이나 문학적 해석만으로 다소 소홀히 다룰 수 있는 여러 면에서 특별히 성경의 메시지가 하나님으로부터 말미암은 말씀이며 하나님에 대한 말씀임을 강조하는 것이다. 여기에서 사용하는 '신학적'이라는 말은 신학 과목이나 신학 이론을 말하는 것이 아니라 오로지 하나님을 언급하는 것으로 특히 하나님에 대한 계시와 하나님 자신의 계시를 언급하는 것이라는 사실을 분명히 이해할 필요가 있다.

성경은 인간의 이성이나 노력으로 도달할 수 없는 하나님의 자기 주도적인 구원 계시를 담고 있다. 그 구원의 계시는 이성의 힘으로 이해할 만한 지성적인 내용이 아니라 깨달은 자를 자기 백성 삼으시는 하나님의 은혜이며 그 은혜를 누리는 자에게 영생을 부여하시는 하나님의 생명이다.

신학적 해석은 성경 전체의 가르침을 고려하여 각 구절을 해석하는 것이다. 달리 말하면 '성경은 성경으로 해석하라'라고 말할 수 있다. 성경 해석의 원리들을 충실히 따라 해석한 결과물이 성경 다른 곳에 나타난 분명한 가르침에 배치된다면, 자신의 해석을 의심해 볼 만하다. 하나님의 계시인 성경은 그분에 대한 통일된 메시지를 전하고 스스로 모순되지 않아야 한다.

성경의 궁극적 저자가 하나님이시며, 따라서 성경은 서로 모순될 수 없다는 사실은 중요하다. 오직 한 분 하나님만이 성경 전체의 저자이시라면 결코 성경의 내용은 서로 상충 되지 않을 것이고 오히려 상호 보완적인 역할을 하게 될 것이기 때문이다.

그러므로 불명확한 구절은 명확한 구절에 의해서 해석되어야 하는데 그러려면 해석자는 반드시 성경 전체의 내용을 올바로 파악하고 있어야 한다. 그래야만 어떤 특정 구절에서도 그 내용을 똑바로 해석할 수 있게 되는 것이다. 이와 마찬가지로 "성경은 성경으로 해석되어야 한다"는 원리 역시 성경 안에 내재하고 있는 특성인 성경의 통일성에 근거하는 것이며 신학적 해석의 기초가 된다.

성경의 저자는 원저자인 하나님과 그가 선택한 저자인 인간 기록자의 두 주체이다. 하나님은 피조물인 인간에게 하나님 자신과 하나님의 뜻을 펼쳐 보여주기 위하여, 그리고 그의 뜻은 바로 저들 죄인들 중에서 그가 만세 전에 택한 믿는 자들에게 구원에 필요하며 충분한 깨달음을 주기 위하여, 그리고 인간의 역사는 하나님의 구속사에 이끌리어 가고 있다는 하나님의 절대 주권 사상을 깨달을 수 있도록 기록하였음을 인식해야 한다. 그러므로 성경의 말씀에 대하여 신적인 요소, 즉 신학적인 요소가 그 밑바탕에 흐르고 있음을 인식할 필요가 있는 것이다.

성경은 역사나 이차적인 저자들만으로는 제대로 설명되지 않고 오직 제1저자(Auctor primarius)이신 하나님으로 설명되는 많은 부분을 담고 있다. 순전히 역사적이고 심리적인 고찰들만으로는 다음과 같은 사실들을 설명하지 못할 것이다: (1) 성경이 하나님의 말씀이라는 것; (2) 성경은 유기적으로 전체를 이루고 있으며, 그 전체 속에서 성경 각각의 책들이 통합되었다는 것; (3) 구약과 신약의 관계가 예언과 성취, 모형과 원형, 배아와 완숙의 관계로 서로 연관되어 있다는 것; (4) 성경은 명시적 진술만

이 아닌 성경으로부터 유추될 수 있는 선하고 꼭 필요한 추론을 통한 것들도 하나님의 말씀을 구성한다는 것. 이 모든 것을 비추어 볼 때, 통상적으로 행해지는 문법적인 해석과 역사적 해석을 신학적 해석으로 보완하는 것은 지극히 정당할 뿐만 아니라 절대적으로 필요하다.

성경 해석의 본질적인 부분으로 신학적인 해석을 해야 할 주된 이유는, 성경이 그 자체로 '성경은 하나님의 말씀'이라 주장하고 있기 때문이다. 만일 "모든 성경이 하나님의 영감으로 되었다"면(딤후 3:16), 성경을 해석할 때 반드시 하나님의 영감을 고려해야 한다. 성경의 인간 저자들(human authors)을 깎아내리는 것이 아니라 오히려 성경의 신적 저자(divine Author)이신 하나님께서 인간 저자들 안에서 그리고 그들을 통하여 일하셨음을 인정함으로써, 그리해야 한다는 것이다.

신학적 해석은 성경을 통해서 하나님의 음성을 들으려 애쓰는 것이라 할 수 있다. 이 해석은, 단순한 역사적 재구성이나 어구의 의미를 넘어 성경이 담고 있는 본질적인 하나님의 메시지를 분별해내려는 것으로, 예언적이고 케리그마적인 차원에 관심을 집중하고 있으며 그 중심적인 초점이 오직 한 분 하나님을 향하고 있다는 것이다.

신학적 해석에 대하여 특징지을 수 있는 두 가지는 다음과 같다. 첫째, 본문에 나타난 신학적 중요성을 충분히 발견하기 위해서 문법적 의미를 확장한다는 것과 둘째, 주어진 주제 아래 성경의 모든 자료를 종합적으로 엮어낸다는 것이다. 교리적 해석의 정당성은 성경이 하나님에 대한 지식을 포함하고 있다는 가르침

(διδαχη)으로 표현되는 성경의 주장에 의해 뒷받침된다. 성경적 종교는 단지 종교적 경험만이 가리키지 않으며, 또한 그 가르침 역시 종교적 추론들로 이루어진 것이 아니다. 그것은 하나님에 관한 객관적 지식을 근거로 한다. 이를 철학적인 용어로 표현할 때 계시적 유신론(revelational theism)이라고 할 수 있다.

성경의 여러 서사들은 오직 그것들을 하나로 묶는 중심이신 예수 그리스도 안에서만 설명될 수 있다. 해석자는 어떤 서사가 구속사의 저 위대한 중심적인 사실과 어떤 관계에 있는지를 알아낼 때에만 그 서사를 제대로 이해할 수 있다. 이러한 것들로부터 도출되는 결론은 해석자는 단지 성경의 서사 자체에 대한 이해만으로 만족해서는 안 된다는 것이다. 그는 아브라함의 부르심, 야곱의 씨름, 이스라엘이 애굽에서 구원받음, 다윗이 왕위에 오르기 전에 깊은 낮아짐을 통과한 것 등과 같은 사실들의 밑바닥에 있는 의미를 찾아내야 한다. 이스라엘의 역사가 지니는 상징적이고 모형적인 성격이 제대로 다루어져야 한다. 또한, 성경에 나오는 이적들을 해석할 때에 그 이적들이 구속 사역과 밀접하게 연결되어 있다는 것을 잊어서는 안 된다. 그 이적들은 그리스도의 구속 사역을 상징하기도 하고, 장차 다가올 세대의 축복들에 대한 예표이기도 하다. 한마디로 말해서, 해석자는 역사상의 사실들이 구속과 관련된 하나님의 계시 중의 일부로서 지니는 의미를 알아내야 한다는 것이다.

제임스 메이스(James L. Mays)는 전통적 개혁 정신의 신학적 해석을 위한 원리는 세 가지 관념으로 설명된다고 지적했는데, "오직 성경(sola Scriptura), 오직 그리스도(solus Christus), 그리고 오직 믿음(sola fide)"이다. 이것은 성경에서 이끌어낸 개념 또는 원리로서 성경 해석의 과정을 통하여 말씀을 선포할 사명을 가지는 현대 설교자들에게 값진 해석 원리를 제시해 준다.

정경적 접근 방법을 취하는 해석자는 이미 받은 전승 안에 서서, 성경 내용의 시간적 제한성뿐만 아니라 해석자 자신의 시간적 제한성도 충분히 인식한 가운데, 그 전승인 성경의 케리그마적 증거에서, 본문과 독자 간의 역사적 제한성을 극복하고 하나님께로 나아갈 수 있는 길을 분별해내려고 비평적으로 노력한다.

문맥에 의한 해석

성경이 통일된 줄거리를 지니고 있으면서 그 내용이 점진적으로 발전되는 구조임에도 불구하고 여러 종류의 문학으로 독특한 선집 형태를 이루고 있는 사실은, 성경이 위대한 보물이자 도전임을 시사한다. 히브리서 저자를 통해 이 점을 확인할 수 있다. "옛적에 선지자들을 통하여 여러 부분과 여러 모양으로 우리 조상들에게 말씀하신 하나님이"(히 1:1). 예를 들어, 구약성경의 선지서들은 이스라엘을 포함한 이방의 민족들을 향한 심판과 구원의 신탁이 기본이 되며, 내러티브(기사), 계시의 기록, 불평, 대적들에 맞서는 이야기, 상징적 행위에 대한 묘사, 비유, 알레고리, 기도, 설교, 찬양, 논쟁, 죄 고백, 송영 등을 담고 있다. 이 각각의 형식들은 하나님의 메시지를 전달하는 데 기여하고 있는 것이다.

이야기, 설교, 법적 계약서, 시를 불문하고 모든 종류의 문학 형식을 해석하는 데는 우리를 지도해 줄 일반적인 규칙이나 원리가 있다. 그것은 문맥에 비추어 단락을 해석하는 것이다. 성경 해석에서, 문맥이란 보통 우리가 다루는 단락을 둘러싼 전후의 내용을 가리킨다. '문맥(context)'이라는 단어는 라틴어에서 나온 말인데, '본문(text)'과 '함께(con)'라는 뜻이다.

성경이 인간의 언어로 기록되어 우리에게 전달되었다는 이 사실은 문맥의 중요성을 인정하고 강조하게 만든다. 언어란 단어나 구절(phrase)의 표현만으로는 그 역할을 다할 수 없는데, 그것은 같은 어휘라 할지라도 문맥에 따라 다른 뜻을 나타낼 수 있기 때문이다.

마이클센(A. B. Mickelsen)은 성경 해석에 있어서 "문맥을 중요하게 생각하는 것은 기초적인 것"이라고 말한다. 그 이유는 해석자로 하여금 저자의 사상 전체를 조사하게 만들기 때문이요, 다른 사람의 글을 해석한다고 하면서 자신의 사상을 선전하게 되는 그런 부정직한 해석자가 되는 것을 막기 때문이라고 말한다.[25]

모든 성경의 본문은 기술된 위치가 있다. 성경의 본문은 앞뒤의 내용과 반드시 연결되어 있다. 이는 의미 없는 말의 나열이 아니다. 서로 상관된 의미의 연결이다. 그러므로 해석에 있어 문맥의 중요함은 아무리 강조해도 지나치지 않다. 가장 자연스럽고 받아들이기 용이한 해석은 반드시 문맥적으로 그 타당성을

---

25) 박형용, 앞의 책, p.157.

스스로 나타내게 되어있다. 정통신앙을 떠난 이단 교리들이 가장 쉽게 무시하는 것이 바로 문맥인 것은 역설적으로 문맥을 떠난 성경은 쉽게 악용될 위험성을 내포하고 있음을 말해준다.

선택된 본문은 전체의 흐름에서 하는 역할이 있다. 그 역할을 무시한 채 본문의 의미를 연구할 수 없다. 이 단계에서는 본문의 의미를 더욱 구체화하고 확정하기 위해 전체 가운데 선택된 부분으로서의 본문을 고려하는 것이다. 이야기체(narrative)든, 강화체(discourse)든, 나름의 전체적인 흐름의 맥이 있다. 이야기체로 되어있는 경우, 사건의 배경, 발단 그리고 전환, 절정, 마무리 등의 흐름이 있다. 강화체의 경우에도 이야기체만큼 분명한 흐름은 아니더라도 도입, 전개, 결말 등의 흐름이 있다. 이런 흐름 가운데 선택된 본문이 어떤 역할을 하는가를 살펴보아야 한다. 이런 점에서 선택된 본문에 대해 보다 큰 문맥 내에서의 자리매김의 작업을 해야 한다. 우선은 선택된 본문 앞뒤로 가장 가까운 문맥을 보아야 한다.

또한, 우리들이 말씀을 바르게 해석하기 위해서는 그 말씀의 최소 단위인 낱말의 의미에 유의해야 하며, 그 낱말들(Words) 몇 개가 모여 구(Phrase)를 이루어 표현하고 있는 의미에도 관심을 가져야 하는 것은 당연하다. 개별 단어들에 대한 연구에서 가장 중요한 것은 단어들의 어원론적 의미도 아니고 단어들이 점진적으로 얻게 된 여러 가지 다양한 의미도 아니며, 그 단어들이 사용된 문맥 속에서 가지는 구체적인 의미이다.

성경 기록자들은 저들의 뜻을 전달하기 위하여 최소 단위의 주제를 설정하고 이를 쉽게 이해시키기 위해서 최소한도의 문단을 통하여 저들의 뜻을 전달하고 있다는 점이다. 이 말은 성경의 모든 말씀에는 작은 최소 단위의 문단으로 구성되어 있으며 이 최소 단위의 구조는 그 안에 최소의 의미나 주제를 나타내는 구(Phrase)나 낱말들(Words)로 짜여 이들이 서로 상관관계를 가지고 서로 역할을 분담함으로써 문단이 보여주려고 하는 의미나 주제를 구성하고 있다는 점을 고려해야 한다는 말이다.

데이비드 쿠퍼가 말한 해석의 황금률은 옳다. 말씀이 상식적으로 이해될 때 그 안에 숨겨져 있을 것 같은 표면에 드러난 의미와 관계없는 더 심오한 의미를 찾으려고 하지 말라. 표면에 드러난 의미가 하나님이 주신 의미다. 일반적으로 이를 '문자적인 해석'이라고 한다. 문자적인 해석은 표면적 의미를 문맥 안에서 저자의 의도로 파악하는 것이다. 이러한 해석의 황금률이 사라지면 성경을 '하나님의 말씀'이라고 하기 어렵다. 모두가 각자의 역량에 따라 상황에 따라 혹은 상상력에 따라 다르게 성경을 해석하고 그 해석을 하나님의 말씀이라 한다면, 안타깝지만 그것은 '내가 생각하는 하나님의 말씀'은 될 수 있어도 '하나님께서 나에게 주신 말씀'이라고 말할 수는 없다.

우리는 문맥에 따라 일관성 있게 객관적으로 말씀을 해석하고 핵심이 되는 원리를 찾아내 상황에 맞게 적용해야 한다. 내가 임의로 판단해서 나를 위한 것과 나와 상관없는 것을 결정할 수 없다. 문맥 안에서 말씀을 그대로 받아들여야 한다.

성경 해석의 기본적인 원리는 '본문이 품고 있는 의미는 본문이 속한 문맥의 의미와 일치해야 한다.'는 것이다. 단어 자체가 가지는 의미가 다양하기 때문에 해당 문맥 속에서 가장 적합한 의미를 찾는 것이 해석자의 과제다. 문맥 안에서 단어의 뜻을 결정되고 그 단어들이 어우러져 생각을 전달하게 된다.

"단어들은 상호문맥 속에서 작용하며, 문맥으로부터 진정한 의미를 얻는다."(Bock). "의미는 문맥에 의존한다."(Gorman)은 진술한다. 단어의 의미는 문맥 속에서 저자가 의도적으로 중의법을 사용하는 경우를 제외하고는 오직 하나다. 치섬(Chisholm)은 "한 단어의 의미를 특정 문맥에서 파악할 때 해석자는 가능한 의미들 가운데 하나의 의미만을 선택해야 한다."고 주해의 원리를 제시한다. 물론, 어떤 단어나 어구가 문자적인 의미 대신 비유적인(figurative) 의미를 가질 수도 있다. 그러나 이런 경우에도 그 의미는 문맥을 통해서 드러나며, 여전히 단어의 뜻은 기본적으로 하나다. [26]

본문은 철저히 앞뒤 문맥 안에서 이해되어야 한다. 문맥을 떠난 본문의 해석은 편협하고 단편적일 뿐 아니라 위험하기까지 하다. 모든 본문은 문맥을 충분히 고려하고 관찰되어야 바르게 연속성 있게 그리고 깊이 있게 이해되고 전달될 수 있다.

우리는 문맥에 어떤 차원들이 있는지 알아야 한다. 가까이 있거나 직접적인 문맥은 절(또는 본문) 바로 앞뒤에 위치해 있는데, 단락의 나머지 부분이라든가 한두 개 추가 단락 같은 것들이다. 그다음 차원의 문맥은 앞뒤 장 또는 같은 책의 다른 부분을 꼽을 수 있다. 본문, 단락, 섹션, 책, 저자나 장르(역사서, 예언서, 서신서 등), 구약성경과 신약성경에 이르기까지 동심원으로 확장해 가

---

26) 구자수, 앞의 책, pp.57-58.

며 문맥을 생각하면 도움이 된다. 문맥에는 다양한 형태가 있다. 보통, 한 단어의 구체적인 의미는 그 단어를 포함한 문장이나 단락에서 가장 잘 이해할 수 있다. 그럴 때는 문장이 단어의 문맥이 된다. 구(phrase)도 마찬가지다. 하지만 문장은 문장 자체만으로는 모호할 때가 있다. 그 문장이 속한 단락이나 위치야말로 확실한 문맥이라고 할 수 있다.

성경 해석에 있어서 문맥을 중요하게 생각하며 강조하는 것은 결국 성경의 통일성을 인정하는 것이 된다. 성경 전체를 이루고 있는 것이 하나의 통일된 주제를 향하여 문장과 문장이, 문맥과 문맥이 서로 연합하여 된 것이라면, 그 전체 가운데에서 하나님의 온전하신 뜻을 찾는 것이 바람직하기 때문이다.

성경 본문에 대하여 그 문맥인 성경 전체에 비추어 해석되어야 한다는 결론은 구약과 신약의 모든 성경이 원저자이신 하나님께서 통일된 주제에 관하여 기록하신 것이므로 서로 떨어질 수 없는 하나의 책이라는 확신에 근거한 성경의 통일성과, 어떤 글이든 반드시 그 문맥 안에서 이해해야 한다는 원칙에서부터 나온다. 이러한 결론은 결국 성경을 성경에 대조해야 할 원리의 요구인 것이다. 바꿔 말한다면, 해석자는 본문의 원래 의도와 의미에 대하여, 그 본문의 의미를 반드시 성경 전체의 빛을 비춤으로 확증해야 하며, 필요하다면 그것을 확장시킬 수 있어야 한다는 것이다.

제2부

성경 해석과정으로서의
원전 연구

제3장

성경 원전 연구의
과제

종교개혁자 마틴 루터는 "원어들이 남아 있지 않았다면, 복음은 불가피하게 부패할 것이다."라고 말했다.

구약성경은 히브리어(유대인의 언어)로 기록된 것은 물론이고 예수님과 그의 제자들도 역시 이 히브리 방언(아람어)을 사용했다. 또 대부분의 신구약성경이 유대인이 살았던 팔레스타인 땅을 중심으로 일어난 사건들을 기록하고 있다. 한마디로 말해서 성경은 유대인의 종교와 문화를 담고 있는 유대인의 책이라는 것이다. 때문에, 바른 성경해석은 이것을 인정하는 데서부터 시작된다.

우리는 신앙 공동체로서 성경을 읽을 때 본문에서 가능한 한 많은 신학적 내용을 끌어내기를 바란다. 그 결과, 아주 세세한 내용들까지 신학적 의미를 지닌 것으로 해석하는 경향이 있다. 현재의 우리와 성경시대의 이스라엘 백성의 사고방식의 차이를 예의 주시하지 않으면, 우리는 자칫 우리 자신의 문화적 선입관과 관점, 세계관으로 본문의 신학적 의미를 해석하려는 경향을 갖게 된다. 좀 더 확장된 고대 근동 세계 전체에 대한 이해는 종종 이스라엘 문화에 대한 창문 역할을 할 수 있기에 중요하다.

설교가 성령의 사역이 되어야 하는 것은 성경이 하나님 말씀의 계시로 인정되지만, 성경의 말씀을 오늘의 하나님 말씀으로 해석하는 데 있어서 성령의 감동하심이 있어야 하기 때문이다.

"모든 성경은 하나님의 감동으로 된 것으로 교훈과 책망과 바르게 함과 의로 교육하기에 유익하니"(딤후 3:16)

3956	1124	2315	2532	5624	4314	1319
πᾶς	γραφή	θεόπνευστος	καί	ὠφέλιμος	πρός	διδασκαλία
πᾶσα	**γραφὴ**	**θεόπνευστος**	**καὶ**	**ὠφέλιμος**	**πρὸς**	**διδασκαλίαν,**
형주여단	명주여단	형주여단	접대	형주여단	전목	명목여단
모든	성경은	하나님의 감동으로 된 것으로		유익하니	하기에	교훈과

4314	1650	4314	1882	4314	3809	3588	1722
πρός	ἔλεγχος	πρός	ἐπανόρθωσις	πρός	παιδεία	ὁ	ἐν
πρὸς	**ἔλεγχον,**	**πρὸς**	**ἐπανόρθωσιν,**	**πρὸς**	**παιδείαν**	**τὴν**	**ἐν**
전목	명목남단	전목	명목여단	전목	명목여단	관목여단,형대관	전여
	책망과		바르게 함과		교육		로

1343
δικαιοσύνη
δικαιοσύνῃ·
명여여단
의

성경에 대한 사도 바울의 'πᾶσα γραφὴ θεόπνευστος'라는 강력한 선포는 성경의 모든 기록이 하나님의 감동으로 되었다는 것이다.

'θεόπνευστος(2315, 데오프뉴스토스)'는 데오스(θεός, 2316: 신, 하나님)와 프네오(πνέω, 4154: 불다, 숨쉬다)에서 유래했으며, '하나님의 호흡'이란 문자적인 의미에서 '하나님의 감동(영감)을 받은', '하나님에 의해 감동된'이란 의미를 지닌다.

우리가 원어를 배우고 연구하려는 목표는, 원어에 대해 개인적으로 판단할 수 있는 능력을 갖추어 연구하여 고찰된 견해에 도달하는 것이다. 그러나 주의할 것은 어떤 성령의 은사나 개인적인 경건 그 자체가 바른 해석을 보장해주지 않는다는 점을 인식하는 것이다. 다시 말해 원어를 통해 성경을 해석하려는 이유는, 우리에게 자신을 드러내기 원하시는 하나님을 좀 더 바르게 잘 아는 일이다.

이미 살펴본 바와 같이 성경 해석의 방법은 문법적-역사적 해석과 신학적 해석, 문맥에 의한 해석을 위해서 원어의 연구가 필수적이다.

1.
원전 연구의 필요

　성경은 원래 히브리인들에 의하여 히브리어로 기록되었고, 거기에는 수천 년 전 메소포타미아와 이집트의 고대 셈족 문화가 그 바탕을 이루고 있다. 지금 우리에게 주어진 한글 성경은 20세기에 한국의 문화 속에서 한국의 성경학자들에 의하여 한국어로 번역된 책이다. 하나님께서 수천 년 전에 이스라엘 민족에게 처음 말씀하셨고 그들이 이해했던 말씀의 진정한 의미를 우리가 알기 위해서 성경이 기록된 언어와 문화 등 총체적인 배경에 대하여 알아야 한다는 것은 당연하다.

　원어의 연구는 성경을 최대한 원래의 뜻 그대로 올바르게 해석할 수 있는 능력을 키워준다. 모든 번역을 해석이라고 말할 수 있는데, 그 이유는 원어와 완벽하게 들어맞는 각 나라의 어휘, 문법 혹은 관용어들이 존재하지 않기 때문이다. 즉 번역어로 완벽하게 대체할 수 있는 언어가 없다는 의미이다.

　더욱이 문명의 이기로 인해 문법 표기가 되어있는 원전 분해 성경이 보급되고 보편화 되면서 원어 성경에 조금만 관심을 기울이면 어려운 문법을 공부하지 않고서도 원전을 해석할 수 있게 되었다는 점에서 원어 연구의 필요성을 이야기하지 않을 수 없다.

히브리어의 경우 간결하고 소박하며 직관적일 뿐만 아니라 감각적인 언어라는 사실은 대부분 단순하고 직선적인 방식으로 진술되는 열렬한 감정과 신앙생활과 관련하여 장엄한 진리를 표현하기에 적합하다는 것인데 이를 다른 언어로 번역하게 되면 히브리어 특유의 생동감 넘치는 활동 중심적인 문장의 힘과 운율을 표현할 수 없을 뿐만 아니라 일반적인 정보나 무미건조한 훈계만을 전달하는 문장으로 전락하는 경우가 많다. 그렇기에 원어 연구의 필요는 원어의 한 단어에 여러 가지 복합적 의미가 내재해 있을 뿐만 아니라 우리말 한 단어에 다양한 원어가 대응되며 문법의 체계와 문장의 구조가 확연히 차이가 나기 때문이다. 또한, 원문 고유의 독특한 수사법의 특징을 살려내지 못하여 원어 특유의 맛을 살지지 못하고 원어의 강조점을 나타내지 못할 뿐만 아니라 번역상의 일부 오류를 피하기 위해서라도 원어의 연구가 필요하다는 것이다.

오늘날 한국교회를 볼 때 교역자들의 수고가 많고 그 열심이 대단한 것을 본다. 하지만 평신도들이 교회 예배에 참석하며 느끼는 공통적인 생각은 설교의 내용이 너무 빈약하다는 것이다. 평신도들은 기분 좋게 예배에 참석하러 왔다가, 목회자의 설교가 너무 산만하고 내용이 빈약하다는 사실에 실망하고 허전한 마음으로 돌아간다. 만일 교역자가 현재의 노력과 수고에 설교의 내용만 좀 더 보완한다면, 훨씬 더 많은 교인에게 은혜를 끼칠 수 있을 것이라는 아쉬운 생각이 들 때가 많다. 이처럼 교인들은 목사에게서 좋은 설교를 원하는데, 목사는 이것을 대충 해치우고 다른 것으로 승부하려는 것은 지혜롭지 못한 태도라고 생각된다.

종교개혁을 주도했던 마틴 루터(Martin Luther)는 "성경을 원어로 연구함으로써 하나님의 은혜를 발견, 그 은혜를 통해 죄에서 자유함을 얻을 수 있다는 진리를 깨달았다."라고 하였다.

원전 연구의 목적과 자세

원어를 주장하는 것은 단지 원어 공부(연구) 자체만을 목적으로 하는 것이 아니다. 원어 연구의 주된 목적은 오늘날 우리에게 주어진 말씀을 통하여 자신을 계시하는 하나님을 깊이 아는 것에 있다.

성경해석에서의 가장 근본적인 문헌학적 전제는 모든 해석이 타당하고 또 믿을 만하려면 반드시 원어가 그 바탕이 되어야 한다는 것이다. 교회사에 있어서 칼빈의 주석들을 과학적이고 문헌학적인 최초의 주석으로 간주한다. 그것은 기독교 신앙의 가장 주된 교리들이 성경의 타당하고 책임 있는 해석의 기초에서 정립되려면 그것은 오직 원어만이 가능하기 때문이다. 이것이 건강한 학문의 원리이다. 현대어 혹은 자국어로 번역된 성경만을 가지고 해석하며, 설교하는 목회자들은 항상 자신과 원전 사이에 있는 장벽을 둔 채 작업을 할 수밖에 없다. 성경을 가르치고 설교하는 사람의 중요한 책무는 성경 본문의 의미를 정확히 파악하고 전달하는 것이다. 그러하기에 이를 인식할 뿐 아니라 이 일에 충실해야만 한다. 이 과정을 통하여 얻게 되는 결과물은 훌륭한 설교의 자료가 되기에 충분하고 설교 자체가 되는 경우도 많다.

현재 우리가 소유하고 있는 성경은 번역본으로, 원문의 의미에 맞게 번역되지 못한 부분이 있으며, 바로 번역됐다 하더라도 그 뜻이 확실하게 전달되지 못하는 경우도 인정할 수밖에 없다. 예를 들어, 현재 우리가 사용했던 개역 한글판 성경의 마태복음 1장 1절은 "아브라함과 다윗의 자손 예수 그리스도의 세계라." 라고 번역하였다. 여기에서 '세계'란 무슨 말일까? 보통의 사람들은 그저 '세상(world)'이라고 생각하기 쉬울 것이다. 그러나 이 단어의 헬라어 원어는 '비블로스 게네세오스(βίβλος γενέσεως)'로서 '기원 또는 발생의 책' 곧 '족보'라는 의미를 나타낸다.

976 βίβλος ΒΙΒΛΟΣ 명주여단 -(책)라	1078 γένεσις γενέσεως 명소여단 세계-	2424 Ἰησοῦς Ἰησοῦ 명소남단 예수	5547 Χριστός χριστοῦ, 명소남단 그리스도의	5207 υἱός υἱοῦ 명소남단 자손	1138 Δαβίδ Δαβίδ, 명소남단 다윗의	5207 υἱός υἱοῦ 명소남단 (자손)
11 Ἀβραάμ Ἀβραάμ. 명소남단 아브라함과						

원어 명사 비블로스(976, βίβλος)는 고대의 어형 뷔블로스(셈어 게발 [구블라 Gubla])에서 파생된 것으로 이 단어는 본래 파피루스 식물, 또는 그 식물의 섬유질 줄기를 의미하였는데, 단지 파

피루스라는 기본 의미로만 사용된 것이 아니라 기록에 사용되는 진흙판, 가죽 양피지에 사용되었고 그 위에 기록한 것에 대해서도 사용되어 결국, 이 단어는 '두루마리(scroll)', '책(book)', '기록(writing)'이라는 뜻을 나타내며 후에는 '증서(deed)', '편지(letter)', '명령서(order)'라는 뜻까지 나타내게 되었다. 또한, 명사 게네시스(1078, γένεσις)는 기노마이(γίνομαι, 1096: 생겨나다, 일어나다)에서 유래했고, (a) '근원, 출처, 기원' (b) '출생' (c) '기원에 따르는 것, 곧 존재, 삶이나 생애'를 의미하는 것을 알 수 있다.

21세기는 전문적인 지식이 요구되는 사회이다. 과학자에게는 과학에 대한 전문적인 지식이 요구되고, 의사에게는 의학에 대한 전문적인 지식이 요구되듯이, 목회자에게는 깊은 경건과 훌륭한 인격의 바탕 위에 성경에 대한 전문적인 지식이 요구된다. 그런데도 그저 번역 성경만을 가지고 이 일을 하겠다는 것은 마치 영어도 모르면서 셰익스피어를 가르치고, 한문을 알지도 못하며 논어와 맹자를 논하겠다는 것과 마찬가지이다. 사람들이 하나님의 말씀을 들으러 교회로 오는 것은 목회자에게 이런 전문 지식이 있다고 믿는 까닭이다. 그런데도 이 전문 분야를 소홀히 하고 다른 것들을 통해 목회하겠다는 것은 마치 의사가 의술 외에 다른 것으로 손님을 끌려는 것과 비슷하다.

이 시대는 과거에 비교해 원어 연구가 많이 수월해진 것이 사실이다. 또 원어로 설교 준비하는 것도 얼마든지 가능한 때가 된 것도 가상이 아닌 현실이다. 원어 주석을 보지 않아도 어느 정도까지는 해독이 가능하다는 말을 감히 하고 싶을 정도다. 심지어 원어 주석은 자기가 연구한 것을 비교하며 확인하는 정도의 참

고용으로 써도 될 정도로 시대적 자료준비나 활용이 너무 편해졌다. 컴퓨터 프로그램을 활용할 경우 실제로 20년 가까이 적용한 임상을 통해 나이 60이 넘는 신자들도 가능하다는 것이 확인되었다.

오늘날엔 하나님께서 얼마든지 쉽게 원어를 해석하여 깊고도 올바른 의미를 찾을 수 있도록 여러 가지로 방면으로 허락하셨음에도 불구하고, 목회자가 원어를 제대로 연구하지 않는 것은 중대한 나태의 죄에 속하지 않겠느냐고 반문하고 싶을 정도다. 사실 원어를 연구하여 하나님의 말씀을 준비할 기회가 있다는 것은 목회자로서는 얼마나 행복한 일인가? 우리 앞서 원어를 연구하고 여러 가지 사전이나 자료를 만든 선진들의 수고는 후손인 우리에게 말할 수 없는 감사의 조건들이다.

원어의 연구는 히브리어의 의미와 문법을 통해 현대 번역으로 온전한 전달이 어려운 표현들을 더 잘 이해하고, 성경 번역과 주석 작업에 많은 도움을 얻을 뿐 아니라 성경에 나타나는 다양한 문학적 양식들을 더욱 생동감 있게 접할 수 있게 한다. 또한, 히브리어를 통해 구약성경 이외의 고대 히브리어 자료들이나 다른 셈어들로 기록된 자료들을 접하는 기회를 늘려가며, 나아가서 성경의 세계를 고대 근동의 세계라는 폭넓은 무대 속에서 더욱 구체적으로 이해하는 언어적 기초를 다질 수 있게 될 것이다.

에드먼드 클라우니(Edmund Clowney)에 따르면 "성경에 나타나는 묵상은 성령이 주신 말씀을 통해 마음의 중심에서 하나님에 대해 깊이 있게 생각하는 영적 훈련이고, 이는 예배와 지혜를 위한 것이다." 하나님은 모든 지혜의 근원이시고, 성경(기록된 말씀)

과 예수님(살아있는 말씀)을 통해 자신의 지혜를 드러내시기 때문에, 성령을 통해 하나님의 말씀을 묵상하는 것은 지혜를 얻는 길이며, 자연스럽게 예배로 이어지게 된다.

원어 연구방법의 문제점들

원어 성경을 연구하고 해석하는 것이 무슨 특별권한이 있다거나 능력 때문인 양 자랑할 것이 아님을 인식해야 한다. "나는 원어 성경을 가지고 신앙생활 한다."라는 지나친 특권의식을 가지는 것부터가 교만의 발로이다. 다만 하나님을 사랑하고 그분의 말씀을 사랑하기 때문에 다른 사람이 껄끄러워하는 원어까지도 다루는 것뿐이란 정신을 가지고 더욱 겸손하고 온유한 심정으로 말씀을 대하고 원어를 대하여야 할 것이다.

원어 성경을 바로 이해하고 다루기 위해 먼저 잘못된 원어 해석의 방법들을 몇 가지 소개하고자 한다.

단어 연구에만 지나치게 몰입하는 경우

이 방식은 하나의 단어를 꼬리에 꼬리를 무는 방식으로 찾아가는 방법을 취한다. 어근과 유래한 단어를 찾아가며, 비교하라는 단어들과 어군 등을 찾는 방식으로 단어의 개념을 연구하여 그것을 전체에 적용하는 방식이다. 그러다 보니 나중에는 그 단어의 개념이 정확하게 무엇인지 헷갈릴 정도로 방대해지거나 모호해지는 경우가 많다. 같은 단어라도 문맥과 상황에 따라 다른 의미가 적용될 수 있는데, 같은 의미만을 일률적으로 고집하는 것은 굉장한 문제점이다. 한 단어의 정확한 뉘앙스를 찾기 위해 일정 부분 열거한 방법을 사용할 수는 있다. 그러나 이것이 오히려 함정이 될 수도 있다는 사실을 명심해야 한다는 것이다.

한 예를 들어본다면, 공통된 어근의 서로 다른 두 개의 단어를 연결시키는 경우가 있는데 다음과 같다. 빵은 히브리어로 '레헴'인데, 이 단어의 어근인 '라함'은 '전쟁'을 의미하는 히브리어 '밀하마'와 같다는 것이다.

레헴(3899, לֶחֶם)은 라함(לָחַם 3898: 먹다)에서 유래하였고, '음식 food, 빵 bread'을 의미하며, 한편 밀하마(4421, מִלְחָמָה)는 라함(לָחַם, 3898: 싸우다, 전쟁하다)에서 유래했으며, '싸움, 전쟁, 전투'를 의미한다. 여기에서 공통된 어근인 라함(3898, לָחַם)은 1. 라함(동사)은 기본 어근이며, '싸우다, 전쟁하다'를 의미하고, 2. 라함(동사)은 기본 어근이며, '음식으로 사용하다, 먹다'를 의미하는 것으로 두 가지 서로 다른 의미가 있음을 알 수 있다.

그러나, 전쟁과 빵이 동일한 어근을 사용하기 때문에 관련이 있으므로 '전쟁은 빵을 얻기 위한 것'이라고 전제한다면, 이것은 단어의 의미를 지나치게 어근을 중심으로 표현한 자의적 해석이 된다. 어근(어원)은 모호한 표현의 의미를 심층 시킬 수 있는 도구로 중요하지만, 단어나 표현 자체가 시대의 발달에 따라 전혀 다른 새로운 의미로 사용되는 경우를 주의해야 한다. 특별히 복합어의 뜻을 짐작하려면 그 뜻이 문맥 안에서 지지를 받아야만 한다.

단어마다 하나의 의미가 있다고 생각하는 경우

단어마다 하나의 의미만을 고집하는 경우를 조심해야 한다. 구약성경에서 연약한 남자를 강조할 때 '에노쉬(אֱנוֹשׁ 582)'를 사용하고, 성숙한 남자를 강조할 때는 '이쉬(אִישׁ 376)'를 사용했다는 주장은 상당히 억지스럽다. 왜냐하면, 다니엘서 7장 13절에서 아람어 형태로 사용된 '에노쉬(אֱנָשׁ)'는 "구름 타고 오는 인자 같은 이"를 가리킨다. 그는 연약한 존재가 아니라 하나님의 영원한 왕국을 주관하는 권세를 얻으시는 분이기 때문이다.

야고보서에 많이 사용되는 '시험(πειρασμός)'이라는 단어를 그 예로 살펴보고자 한다. 원어 사전의 사전적 의미는 "πειρασμός(3986, 페이라스모스)는 페이라조(πειράζω, 3985: 시도하다, 시험하다, 유혹하다)에서 유래하였고, (a) '시도' attempt, '시험' test, '시련' trial, '실험' experiment, 의학적인 '검사'나 '시험', (b) '유혹' temptation을 의미한다."이다.

"내 형제들아 너희가 여러 가지 시험을 당하거든 온전히 기쁘게 여기라"(약 1:2)

3956	5479	2233	80	1473	3752	3986
πᾶς	χαρά	ἡγέομαι	ἀδελφός	ἐγώ	ὅταν	πειρασμός
Πᾶσαν	χαρὰν	ἡγήσασθε,	ἀδελφοί-μου,		ὅταν	πειρασμοῖς
형목여단	명목여단	동명과중디복2	명호남복	명대소단1	접종	명여남복
온전히	기쁘게	너희가-여기라	형제들아	내	거든	시험을

4045	4164
περιπίπτω	ποικίλος
περιπέσητε	ποικίλοις,
동가과능복2	형여남복
만나	여러가지

"시험을 참는 자는 복이 있나니"(약 1:12 a)

3107	435	3739	5278	3986
μακάριος	ἀνήρ	ὅς	ὑπομένω	πειρασμός
Μακάριος	ἀνὴρ	ὃς	ὑπομένει	πειρασμόν·
형주남단	명주남단	형대관주남단	동직현능단3	명목남단
복이 있도다	자는		참는	시험을

야고보서 1:2과 1:12 말씀에서의 '시험'은 '시련, 어려움, 난관, 역경'이란 의미로 사용된 것은 의심의 여지가 없다. 야고보서의 수신자인 신자들은 박해를 피해 흩어진 자들이기 때문에 먼저 그들의 최대 관심사인 시험에 대하여 "여러 가지 시험을 당할 때 그 시험을 기쁘게 여기라"는 말과 함께 "시험을 참는 자에게 복이 있다"라고 권면하는 것이다.

"사람이 시험을 받을 때에 내가 하나님께 시험을 받는다 하지 말지니 하나님은 악에게 시험을 받지도 아니하시고 친히 아무도 시험하지 아니하시느니라"(약 1:13)

3367	3985	3004	3754	575	3588	2316
μηδείς	πειράζω	λέγω	ὅτι	ἀπό	ὁ	θεός
Μηδεὶς	πειραζόμενος	λεγέτω,	Ὅτι	ἀπὸ	τοῦ	θεοῦ
형대기주남단	동분현수주남단	동명현능단3	접종	전소	관소남단	명소남단
말찌니	시험을 받을 때에	사람이-하지		께		하나님

3985	3588	1063	2316	551	1510	2556
πειράζω	ὁ	γάρ	θεός	ἀπείραστος	εἰμί	κακός
πειράζομαι·	ὁ-	γὰρ-	θεὸς	ἀπείραστός	ἐστιν	κακῶν,
동직현수단1	관주남단	접종	명주남단	형주남단	동직현능단3	형대관남복/(중)
내가-시험을 받는다			하나님은	시험을 받지 아니	하시고	악에게

3985	1161	846	3762
πειράζω	δέ	αὐτός	οὐδείς
πειράζει-	δὲ	αὐτὸς	οὐδένα.
동직현능단3	접대	명대주남단3	형대기목남단
시험하지-하시니라		친히	아무것도-아니

그러나, 야고보서 1:13에서 '시험'이란 단어는 '시련'이 아닌

'유혹'이라는 의미로 사용되었다고 보는 것이 더 타당할 것이다. 왜냐하면, 그 '유혹'은 하나님에게서 비롯된 것이 아니라 오히려 사람이 자기 속에 있는 죄악의 기질인 욕심에 미혹되어 발생하는 것(14절)으로 그 책임이 인간에게 있는 것이다. 그러므로, 'πειρασμό'라는 각각의 단어에 원래 의미가 내재 되어있는 것이 아니라 그 의미는 단어가 위치한 문맥에서 결정된다고 할 수 있다. 단어는 의미의 가능성만을 지니고 단어의 의미와 쓰임은 단어 자체가 가진 의미보다는 문장과 문맥에 의해 결정되는 경우가 더 많기 때문이다.

알파벳을 분해하여 단어를 해석하는 경우

히브리어 문자는 뜻글자로 하나님의 의도하심을 알파벳과 문자에 암호처럼 의미를 부여해 놓았다는 것이다. 예를 들어, 히브리어 에레츠(אֶרֶץ)는 상형문자로서 알파벳 자체가 지닌 의미로 분해하면, 'א'는 '황소'로 신적인 요소나 시작의 요소가 함축되어있고 'ר'는 '머리'로 진리가 채워질 장소의 핵(중심)으로서 머리 또는 꼭대기의 역할을 나타내며 'ץ'는 '낚시 바늘'로 진리를 수행하는 요소를 선택하는 역할을 한다고 주장한다.

땅을 의미하는 '에레츠'의 사전적 의미는 "에레츠(776, אֶרֶץ)는 기본 어근이며, '땅, 지구, 육지, 대지, 영토'를 의미한다."이다.

"천지와 만물이 다 이루어지니라."(창 2:1)

6635	3605	776	8064	3615
צְבָאָם:	כָּל־	וְהָאָרֶץ	הַשָּׁמַיִם	וַיְכֻלּוּ
명남단:남3복	접.명남단연	접관.명여단	관.명남쌍	와접.동푸미남3복
-물이	만-	-지와	천-	이루니라

원전 중심 구속사 설교 성경 해석에서 설교 작성까지

그런데, 알파벳의 분해로 에레츠(אֶרֶץ)의 각 알파벳이 가지고 있는 의미를 중심으로 해석하면 '땅이란 신적인 요소가 함축된 머리로서의 진리를 수행하는 역할을 하는 것'이라고 말한다. 물론 알파벳의 고대 의미를 적용할 필요가 있을 때가 있다. 그것은 단어 자체가 만들어진 배경과 뉘앙스를 알고자 할 때 그렇다. 그러나, 알파벳 하나하나의 의미를 분해하여 암호처럼 적용하여 퍼즐 맞추기 식으로 해석하는 것은 무리가 따른다. 왜냐하면, 단어의 의미는 그 문맥에서 완성되기 때문이다. 단어 하나만으로는 의사 전달에 한계가 있고 단어의 결합으로 문장이 만들어지면서 다양한 의미가 생성되기 때문이다.

문법적인 해석과 아울러 문자적 단어적 해석의 필요를 부인할 수 없다. 물론, 영적인 해석과 적용이 필요한 부분도 마찬가지이다. 그러나 해석에서 중요한 것은 분명한 일관성과 객관성이 따라야 한다는 것이다. 성경을 빙자하여 자기만의 주장을 내세우는 것은 이미 정당한 해석이라 할 수 없으며, 성경을 자기주장에 이용한 것에 불과한 행위와 다름없다. 원어가 아니라 그 이상의 어떤 것을 다룬다 할지라도 원칙을 벗어나게 되면 탈선하기 마련이다. 해석자는 원저자의 의도를 훼손하지는 않을까 삼가 조심하는 자세가 필요한데, 실제로 원어 및 기타 어떤 언어를 다른 언어로 번역하고 해석한다는 것은 두렵고 떨리는 일인 것이다. 교만한 자는 반드시 패망할 것이며, 말씀을 혼잡하게 하는 자도 역시 마찬가지이다.

2.
원전 해석을 위한 준비와 방법

　현존하는 성경의 권위 있는 원천적인 자료는 어쩔 수 없이 원어 성경이다. 목회자가 주어진 본문을 하나님의 말씀으로 철저하게 주해하기 위해서는 말씀을 원어로 연구하는 방법 이외에 다른 것이 없다.

　성경 본문의 의미가 우리에게 명확하게 드러나지 않기 때문에 본문의 의미에 접근할 때 우리는 해석의 필연성을 인정하게 된다. 여기서 본문을 다룰 때 조심스럽고 겸손한 자세로 임해야 한다. 하나님께서 주신 진리의 말씀을 이해하기 위하여 성령의 도우심을 구하며, 해석(주해)의 활동에 있어서 조심스러워야 하며 철저한 훈련이 요구된다는 사실을 기억해야 한다.

　해석의 문제에 있어서 친한 사람과의 사이에는 오랜 시간의 축적으로 오해의 소지가 많이 줄어들 수 있다. 그러나 성경 본문 자체는 우리와 시간적으로, 지리적으로, 문화적으로 그리고 언어적으로 상당한 간격이 있는 것이 사실이며 이 간격을 쉽게 간과해서도 안 된다. 이 간격을 좁히기 위한 노력이 필요한데, 시간적(역사적) 간격, 지리적 간격, 문화적 간격, 언어적 간격을 좁히기 위한 노력이 동반되어야 만이 하나님이 우리에게 전달하려고 했던 진리에 접근(approach)할 수 있게 될 것이다.

설교자가 설교를 위해 원어를 참조하는 데에는 대략 3가지 정도의 방법으로 요약해 볼 수 있을 것이다. 먼저는 원어 구문(syntax)의 분석을 통해 전체 맥락을 중심으로 관찰하는 방법이고, 그다음은 단어(특히 동사)의 문법분해(parsing)를 통해 숨겨진 뉘앙스를 주의 깊게 살피는 방법이며, 마지막 최종적으로 사전을 활용하여 단어의 기본적인 원어 의미를 찾는 방법이다. 이 세 가지의 방법은 단독으로 사용되기보다 통합적으로 이루어지는 것이 바람직하다.

성경 원전에서 문장의 어순이 귀한 정보를 나타내는 경우가 종종 있다. 잘 알려진 예로 강조하고 싶은 단어를 문장의 앞으로 보내는 것이다. 특별히 명사 문장의 기능은 동사 문장과 구별되기도 한다. 이런 특징들이 한글 성경으로 번역되면서 제대로 표현되지 못하고 사라져 한글 성경만 보면 원문의 어순이 강조하는 바를 놓칠 수 있다. 또한, 히브리어는 독특한 액센트(분리/연결) 체계를 가지고 있어서 문장 안에서 의미 단위를 나눈다든지 혹은 주제의 흐름을 파악할 때 도움이 된다. 평행법적 표현이나 대구 형식도 유익한 도구가 될 수 있다. 설교자는 히브리어·헬라어의 언어와 문법을 어렵게 이해하려 하기보다 관련 자료들을 잘 활용해서 필요한 정보를 본문에서 얻어내는 것이면 충분하다. 이것은 관심의 영역이며 도구의 영역이다. 관심과 도구만 갖추어지면 누구라도 얼마든지 설교에 원문을 담아내고 원문으로 설명하고 증명하며 또 적용하는 설교자가 될 수 있다. 문법분해와 구문 구조의 반복적 활용은 그 빈도가 높을수록 자연스럽게 암기되는 유익도 있다.

기본적인 준비

하나님의 말씀을 이해하는 데 성령의 도우심은 단연 필수적이다. 그렇다 하더라도 성경 본문을 해석해야 할 때 성령의 조명하심이 언어 전달의 원리에 따라야 할 필요성을 대체하지는 않는다. 성경 해석이 필요한 이유는 창조주 되신 하나님께서 말씀하신 것을 그의 피조물인 인간이 이해해야 하기 때문이다.

히브리어는 다른 언어와는 다른 특별한 요소가 있다. 그것은 '하나님의 말씀'이 히브리어로 기록된 것이다. 히브리어는 하나님의 말씀을 담아내는 그릇으로 유대인들은 하나님의 말씀을 열방에 전하는 그릇으로 작정 된 것이다.

히브리어는 구약 시대에 이스라엘 민족이 사용하던 언어로서 고대 근동 지역의 아람어, 우가릿어, 페니키아어, 아카드어 그리고 오늘날까지 사용되고 있는 아랍어 등과 함께 셈어 어족에 속한다. 성경 히브리어는 이스라엘 족장들의 흥미진진한 이야기들, 이스라엘 백성의 삶을 종교적으로 규정하던 여러 율법들, 유다와 이스라엘왕국의 파란만장한 역사, 예언자들의 열정적인 선포와 외침, 지혜자들의 심오한 격언과 깊은 사색 및 여러 고대

원전 중심 구속사 설교 성경 해석에서 설교 작성까지

시인들의 아름답고 감동적인 시 등 다양한 문학적인 형식을 통해 표현된 하나님의 말씀을 담은 구약성경의 언어이다. 또한, 성경 히브리어는 랍비시대 히브리어와 함께 현대 이스라엘 국가의 공용어인 현대 히브리어의 주된 기초를 이루는 언어이기도 하다.[27]

분석적 언어는 근본적으로 단어의 순서를 강조하는 언어이다. 이것은 문장에서 나타나는 어순 자체가 바로 문장의 의미를 문법적으로 이해하는 방식이라는 사실을 의미한다. 예컨대, 영어는 거의 어순에 따라 이해되는 언어다. 여기서 성경을 연구하는 학생에게 중대한 사실은 히브리어가 바로 이런 분석적 언어라는 (영어처럼 심하게 어순에 의존하지는 않지만) 점이다.[28]

또한, 한 단어가 여러 종류의 어형 변화를 통해 많은 의미를 동시에 담을 수 있는 헬라어는 그 변형의 정도가 심한 종합적 언어에 해당한다. 히브리어나 헬라어의 근본적인 언어적 구조를 파악한 다음에 비로소 각 단어를 대할 때 원뜻에 가까운 '감을 잡을 수' 있게 된다. 이 언어들이 그 의미를 어떻게 표현하는지를 알게 될 때, 그 언어에 대한 살아있는 감각, 곧 언어의 성향이나 특성을 파악할 수 있는 것이다.

성경을 기록한 언어에 대한 배경과 의미를 파악하는 것은 성경의 본질을 이해하는데 매우 중요한 것이다.

---

27) 박미섭, 성서 히브리어 문법, (서울 : 도서출판 기혼, 2016.). p. ⅰ.
28) Bernard Ramm, 정득실 역, 앞의 책, p.175.

구약 히브리어 이해

구약을 해석하는 것은 오직 기록된 성경들을 해석하는 작업이다. 이것은 기사와 율법, 예언에 적용되며, 의심 없이 찬송시와 같은 다른 자료에도 동일하게 적용된다. 율법은 명백한 규범으로서 이스라엘 행위의 조정을 위한 역할을 한다. 시가서와 지혜서는 오경을 개인 생활과 관련하여 해석한 것이고, 역사서와 예언서는 오경을 민족적 차원에서 해석한 것으로 이해할 수 있다. 이는 계시의 진전이란 차원에서 단순한 인용이 아니라 해석에 기초한 진전이라고 보는 것이 사실이다. 최초의 구약해석은 후기의 필자들에 의해 초기의 글들을 깊이 숙고하고 연구하고 적용하여, 강해, 인용하는 형태로 이미 구약 자체 내에서 나타났다. 구약 안에 있는 구약 예언의 연구와 재인용은 다니엘 9:24-27에서 명백하게 예증이 된다.

히브리어 동사의 특성은 문장의 맨 앞에 위치하며 행동이 발생한 시간(time)보다 행동의 형태(aspect)를 중시한다는 것이다. 행동이 '언제(when) 일어났느냐'보다 '어떻게(how) 일어났느냐'를 강조하는데 시간의 개념이 분명치 않아서 글의 흐름을 통해 시제를 가늠해야 할 필요가 있는데 이를 "Tense(시제)-Mood(양태)-Aspect(상)을 함께 보여주는 TMA 구조"라 불린다.

히브리어 문장 구성은 문자적 번역에서 볼 수 있듯 극단적으로 단순하여 '그리고'라는 접속사가 쉴 사이 없이 나오는 것을 볼 수 있으며, 히브리어의 말투는 다른 문장을 종속시키지 않는 같은 위치에 놓고, 동사가 하나하나 규칙적으로 뒤따르는 형태여서 마치 어린아이들의 대화를 연상시킨다.

원전 중심 구속사 설교 성경 해석에서 설교 작성까지

우리말이나 영어의 동사에서는 시제(tense)와 더불어 태(voice)를 중요시한다. 그래서 우리말과 영어에는 능동태(active voice)와 수동태(passive voice)가 있으며, 헬라어에는 중간태(middle voice)가 더해진다. 히브리어에도 능동태와 수동태와 중간태가 있지만 태(voice)란 말을 쓰지 않고 어간(stem)이란 말을 쓴다. 어간(stem)이란 말의 줄기라는 뜻이다. 히브리어 동사에는 말의 줄기가 되는 세 가지 동사의 형태가 있다. 단순동사, 강조동사, 사역동사이다. 그리고 이 세 가지는 각각 능동태와 수동태와 중간태로 분류된다. 이렇게 해서 만들어진 7개의 어간이 있는데 그것이 바로 칼, 닢알, 피엘, 푸알, 히트파엘, 힢일, 홒알이다.[29]

[표 1] 히브리어 동사의 어간

구분	단순동사	강조동사	사역동사
능동태	단순능동 Qal(칼)	강조능동 Piel(피엘)	사역능동 Hiphil(힢일)
수동태	단순수동 Niphal(닢알)	강조수동 Pual(푸알)	사역수동 Hophal(홒알)
중간태	※ 닢알이 중간태로도 쓰임	강조재귀 Hitpael(히트파엘)	

신약 헬라어 이해

신약성경을 기록하는 데 사용된 헬라어, 즉 신약 헬라어는 넓게는 코이네 헬라어에 속한다. 코이네 헬라어란 알렉산더 대왕

---

29) 지종엽, <u>히브리어 성경해석 구문론으로 하라</u>, (서울 : 비블리아, 2019), p.99.

에 의해 확장되어 세계 제국으로 등장한 헬라제국의 언어로서 세계화된 헬라어이다. 따라서 그리스 본토에서 사용된 헬라어보다는 단순화된 언어이다. 코이네의 모체는 알렉산더가 사용하던 아틱(Attic) 방언이지만, 그의 병사들이 사용한 방언의 영향을 받았다. 신약성경이 기록된 1세기에 로마제국의 공용어는 라틴어가 아니라 코이네 헬라어였다. 이처럼 세계화된 헬라어로 신약이 기록되었다는 것은 초대교회의 세계 선교 정신을 반영한다. [30]

신약성경 헬리어의 어순은 영어의 어순과 비슷하지만 다른 점은 영어보다 배열이 자유롭다는 것이다. 글쓴이의 의도에 따라서 단어의 위치와 배열을 마음대로 바꿀 수 있다. 우리말이나 영어에서는 어순이 바뀌면 의미 전달에 문제가 생길 수 있지만, 어순에 상관없이 단어의 위치가 바뀌어도 의미가 통할 수 있는 것이 고대 헬라어의 특징이다. 그러므로 헬라어 성경의 저자는 단어의 위치를 어순과 다르게 자기 마음대로 배치함으로 메시지의 강조점을 나타낼 수 있었다. 헬라어 성경에서 단어의 위치 변경은 일반적으로 다음과 같은 방식으로 이루어진다. (1) 문장 중에서 가장 강조하는 단어는 문장의 앞에 올 수 있다. (2) 두 번째로 강조하는 것은 문장의 맨 뒤에 올 수 있다. (3) 같은 단어나 서로 관련이 있는 단어를 모아놓음으로 강조할 수 있다. (4) 어원이나 발음이 유사한 단어를 사용함으로 강조할 수 있다. (5) 각운과 같은 시적 운율을 통해 강조할 수 있다.

---

30) 신현우, <u>신약 헬라어 주해 문법</u>, (경기도 : 킹덤북스, 2021), p.8.

신약을 해석함에 있어서 가능한 해석의 방법들을 몇 가지 제시하고자 한다. 첫째, 어느 한 구절을 해석할 경우 여러 가지 다양한 연구방법들이 모색되어야 한다. 본문 연구 및 언어연구, 배경연구, 문맥 연구, 자료, 양식 등이 중요한 역할을 한다. 둘째, 본문 이야기를 함축적인 의미를 지닌 역사의 안목으로 보는 '역사적' 차원과 저자 자신의 이해를 바탕으로 그 의미를 충분히 전달하는 '저자의' 차원, 그 이야기로부터 해석자가 타당한 통찰력을 얻을 수 있는 이른바 '해석자의' 차원으로 인식하는 것이고, 셋째, 본문이 원저자가 의도한 것이 최초의 독자들에게 무엇을 의미하는가를 발견하는 것이다. 넷째, 본래의 독자들에게 부여된 본문의 의미를 초월해서 오늘날 우리를 위한 의미에까지 얼마만큼 도달할 수 있을까를 찾는 것이다.

원전의 분석과 해석

성경을 해석하려는 사람은 본문을 기록한 원저자가 그 본문에 부여한 의미가 무엇인지를 밝히려는 노력에서부터 시작한다. 일반적으로 대게의 학자들은 그 본문이 의도하는 바를 밝히는 가장 바람직한 길로 문법적·역사적 방법을 통하는 것이라 동의하고 있다. 이렇게 할 때 본문은 원래 그 말씀이 주어졌던 역사적 삶의 상황에 비추어지게 되며 그 단어들이 가장 보편적으로 의미하던 것들을 찾게 된다.

원어를 다루며 해석한다는 것은 결국 문장을 해독하는 일이다. 때문에, 원저자의 의도를 따라 기록된 문장을 해석해내는 일이 가장 중요하다. 원어적 언어의 표현은 바른 이해와 심미적인 감명을 주기 위한 당시의 문화에 잘 맞게 표현되었지만, 다른 언어에로의 번역을 통하여 이러한 표현들이 무시되고 소홀히 다루어진 부분을 인식해야 한다. 오늘날 우리 앞에 놓여 있는 번역된 말씀에는 언어가 가진 다각적으로 표현하는 기능으로서 당시의 본래 문학적 표현이 깨어지고 말았으며, 그로 인해 오늘날 다른 언어로 번역된 성경의 말씀은 오직 그 의미만이 남아 있다는 점을 인식해야 한다는 것이다. 따라서 우리는 성경의 의미를 구조 안에서 나타나는 의미의 상관성에 주목하여 분석할 때, 바른 해석의 길로 나아갈 수 있다는 것이다.

낱말들이 언어의 기본 단위라 한다면 사고의 기본 단위는 문장이다. 물론 언어를 단어와 문장으로 나누는 것은 인위적인 구분이지만 모든 연구에 있어서 부분과 전체를 동시에 다루어야 할 필요가 있다. 비록 성경 단어의 어원적 연구도 매우 중요한 일이지만, 단어는 홀로 쓰이는 것이 아니라 어떤 특정한 문장이나 문맥 속에 있으므로, 어떤 경우에는 문맥 자체가 그 단어의 어원 연구보다 그 뜻을 훨씬 더 명료하게 밝혀준다.

해석자는 구문론에 대한 일반적인 지식을 갖추어야 한다. 문법은 문장들이 어떻게 일정한 법칙에 따라 서로 연결되는가를 설명하고 구문론(Syntax)은 한 문장의 구조에 대하여 설명하는 전문적인 용어이다. 히브리어나 헬라어를 배운다는 것은 이러한 언어들의 구문론에 익숙해진다는 것을 의미한다. 중요한 것은 일련의 문법적 법칙들보다는 히브리어나 헬라어의 성격에 대한 감각이다.

구문을 파악하는 일은 성경을 바르게 해석하는 데 반드시 필요한 중요한 단계이다. 모든 언어는 각각 다 특유의 구조가 있다. 글을 쓰는 사람은 자연스럽게 자신이 사용하는 언어 속에 담겨 있는 구조를 활용하게 되어있다. 모국어의 경우 굳이 구문을 분석하지 않더라도 글쓴이의 의도에 대해 어느 정도 이해할 수 있다. 그러나 외국인의 입장에서는 문장의 구조를 모르면 글쓴이의 의도를 자연스럽게 이해하기가 쉽지 않다. 영어를 해석할 때도 구문과 문법을 제대로 공부하지 않고서는 문장을 제대로 이해하지 못하는 것과 같은 이치이다. 더구나 우리말 성경은 고대의 히브리어와 헬라어로 쓰여진 것을 현대의 한국어로 번역한 것이기 때문에 현대의 성경해석자들은 반드시 본문의 구조와 구문을 분석해야 한다.

문장의 구조는 외면적인 구조(Surface Structure)와 내면적인 구조(Internal Structure)로 나눌 수 있다. 이러한 전제는 하나님의 말씀인 성경 말씀에서도 그대로 적용되어 진다. 왜냐하면, 하나님께서는 당신이 택하신 인간 기록자들을 통하여 그 말씀을 듣는 청중들이 하나님의 말씀을 쉽고 분명하게 이해시키기 위한 불가피한 것이었기 때문이다.

성경을 올바르게 해석하는 데 있어서 꼭 필요한 중요한 단계로써 문장의 구조를 파악하는 일은 재차 강조해도 지나치지 않다. 문장의 구조를 앎으로 우리는 성경 말씀이 의도하고 있는 참 의미에 바르게 접근할 수 있게 된다. 몇 개의 절로 많은 문장이 복합적으로 얽혀 있게 되면, 그 문단의 주제와 강조점이 무엇인

지 정확하게 알기 어렵다. 이때 우리가 그 문단에 대한 구조를
제대로 파악하게 된다면, 그 주제와 강조점이 확실히 밝혀낼 수
있기에 이를 쉽게 이해할 수 있을 뿐 아니라 이에 더하여 하나님
과 성경 기록자의 기록 의도와 목적을 깨닫게 되어 자신 있게 그
문단을 해석할 수 있게 되고, 이는 결과적으로 확신에 찬 말씀의
선포가 가능해진다고 하겠다.

성경을 해석할 때 그 구조 분석을 철저하게 해야 하는 성경은
구약의 시편과 신약의 서신서들이다. 시편은 다양한 시적 구조
에 따라 기록되었고 서신서는 정교한 문법적, 수사학적 구조에
의해 매우 치밀하게 기록되었기 때문이다. 따라서 시편의 연구
는 다양한 시적 구조에 대해 잘 살펴야 하고, 신약의 서신서 연
구는 문법적, 수사학적 구조를 철저하게 분석해야 한다.

"술 취하지 말라 이는 방탕한 것이니 오직 성령으로 충만함을
받으라"(엡 5:18)는 말씀의 구문을 살펴보자.

2532 καί 접대	3361 μή 부 말라	3182 μεθύσκω 동명현수복2 취하지	3631 οἶνος 명여남단 술	1722 ἐν 전소 이는	3739 ὅς 형대관여남단	1510 εἰμί 동직현능단3 것이니	810 ἀσωτία 명주여단 방탕한	235 ἀλλά 접우 오직
καὶ	μὴ-μεθύσκεσθε	οἴνῳ,	ἐν	ᾧ	ἐστιν	ἀσωτία·	ἀλλὰ	

4137 πληρόω 동명현수복2 충만을 받으라	1722 ἐν 전여 의	4151 πνεῦμα 명여남단 성령
πληροῦσθε	ἐν	πνεύματι,

본문에 쓰인 동사의 사전적 의미는 다음도 같다.

술 취하지 말라 - μὴ μεθύσκεσθε οἴνῳ,(메 메튀스께스테 오이노)의
동사 메뒤스코(μεθύσκω - 동명현수복2)는 메뒤오(μεθύω, 3184: 술 취하

다)에서 유래했으며, '술 취하게 하다'을 의미한다.

오직 성령으로 충만함을 받으라 - ἀλλὰ πληροῦσθε ἐν πνεύματι(알라 플레루스테 엔 프뉴마)의 동사 플레로오(πληρόω - 동명현수복2)는 플레레스(πλήρης, 4134: 충분한)에서 유래했고, (a) '채우다, 가득하게 하다, 사람을 태우다(배에), 넘치게 하다, 충만하다', (b) 비유적 의미로, '채우다(감정, 지식)', '충족시키다, 진정시키다(욕구 등)', (c) 비유적 의미로 '완성하다, 완전하게 하다, 이행하다(지시, 약속), 성취하다(수동태, 예언 등)', (d) 비유적 의미로 '완전히 지불하다, 그 길을 달리다'를 의미한다.

"술 취하지 말라"와 "오직 성령으로 충만함을 받으라."라는 명령형 수동태인 문법구조의 표현은 매우 유사하면서도 전혀 다른 충만함에 이르는 길을 보여주고 있다. 문장의 주어가 무엇이며 주동사가 무엇이고, 이에 대한 목적어가 무엇이며, 이것을 보완하는 보어가 무엇인가를 분석적으로 파악하는 것은 곧 목적의식을 가지고 본문을 읽는 설교자의 필수적 태도일 것이다. 더구나 문장과 문장을 이어주는 연결어가 '그러므로'인지 '그러나'인지는 앞뒤의 문장의 관련성과 반전을 비교하는 중요한 역할을 한다. 더 나아가서 문장의 여러 가지 형태의 구조를 통하여 기록의 목적을 분석하기도 한다. 성경의 기록이 인물의 전기적 기록형태를 가지고 있으면 그 본문은 기, 승, 전, 결의 구조를 가지며, 이 본문이 어느 영역에 어떻게 표현된 것인지를 파악하게 된다. 때론 여호수아의 행전이 가나안에서 여리고로, 그리고 아이 성으로 연결되는 지리적 특성을 가지는 것과 같이 본문의 구조가 지리적 설명으로 연결된 경우에는 그 지역에서 일어난 사건들이 보여주는 기록의 목적이 있다. 더 나아가서 로마서의 경우 인물 중심이나 시공간의 이동에 따른 구성이 아닌, 어떤 신학적 의미의 문장구조로 기록되어 있다. 이런 경우 설교자는 본문의 신학적 의미와 흐름의 전개를 유심히 살펴야 한다. 또한, 그 의미 속에서 저자이신 하나님의 목적이 무엇인지를 파악해야 한다.

선택된 본문은 주로 작은 단위의 덩어리(linguistic unit)이지만 이는 독립된 본문이 아니다. 그 본문은 그 전후 문맥 내에, 그 책 전체 내에, 구약 전체 내에(혹은 그 전 단계로 율법서, 역사서, 시가서, 선지서 등의 큰 범주 내에), 나아가서 신약과의 관계 속에 그리고 신학(조직신학)의 범주 내에 그 관련성이 있기 마련이다. 이런 점에서 전체의 맥락 내에서 그 본문이 어떤 역할을 하는지 자리매김이 이루어져야 그 본문이 독립적으로가 아니라, 전체 내의 부분으로서 의미를 지니게 된다.

성경을 해석하는 일에 단지 언어만이 아니라 당대의 역사와 그들의 문화적 배경도 알아야만 한다. 개혁주의 해석학은 문법적일 뿐만 아니라 역사적이며 문화적인 요소들까지 포함한다. 성경을 해석하는 데 있어서 역사적, 문화적 배경을 다루어야 하는 것은 거의 의무적이다. 신약 해석에 있어서 랍비 문헌들을 도외시되는 것마저 잘못된 경향이라고까지 말한다. 시간이 흐르면서 신약의 참된 배경은 그리스(로마)가 아니라 팔레스타인이라는 것이 드러나기 시작했다. 그래서 고전 헬라어보다 아람어를 알아두는 편이 더 중요하다는 점이 부각 되었다. 이는 예수님 당시 사람들이 주로 사용했던 언어가 바로 아람어였다는 것으로, 오늘날의 신약 전문가들의 주장은 고전 헬라어와 그 문화를 알아야 할 뿐만 아니라 고대 유대교와 고대 팔레스타인 그리고 아람어에도 정통해야 한다는 것이다.

　성경을 이해하는 데 있어서 문예적 접근의 필요성에 대해서는 이론의 여지가 있을 수 없다. 이는 성경의 모든 표현이 사실상 어떤 문학(문예)적 양식에 따라 이루어지기 때문이다.

원전 단어의 연구

　일반 번역 성경들은 대부분 의역을 한 경우가 많기에 원문의 본래 의미와 다른 번역을 자주 접하게 된다. 그래서 단어 연구가 필요하다. 단어 연구는 사전적인 의미를 찾는 것이 아니라 성구 사전(성경 안에서 쓰인 용례)을 통한 연구가 더 중요하다. 1차적으로 사전적 의미를 파악한 후, 그 단어가 다른 성경에 어떤 의미로 쓰였는지를 연구해야 한다. 그래서 1차적으로 직역이 필요하다고 말하는 것이다. 헬라어를 번역하다 보면 "보다", "사랑", "알다" 등 단어의 본의를 찾아 번역어로 옮기기 어려운 한계를 경험할 수 있다. 왜냐하면, 그런 의미를 내포한 단어들이 여럿 나타나기 때문이다. 그래서 문장과 문맥에 적합한 단어의 의미를 찾는 일에 주의하며 노력을 기울여야 할 것이다.

　예를 들어, 우리말 성경에 '사람'으로 번역된 12가지의 히브리어 단어가 있는데, 각각의 단어는 모두 독특한 의미가 있다. '아담(120, אָדָם)'이 흙으로 빚어진 인간의 기원을 반영한다면 '이쉬(376, אִישׁ)'는 다른 피조물과 대조되는 인간의 존엄을 반영하고,

'에노쉬(582, אֱנוֹשׁ)'는 병약한 인간의 연약함을 반영한다는 것이다.

אָדָם(120, 아담)은 아다마(127, אֲדָמָה - 흙, 토지, 땅)와 연관이 있는데, 그것은 아돔(119, אָדֹם - 붉다)에서 유래한 것으로 어원적 유사성을 가진다는 것이다. 아담이 '아돔'과 연관이 있다는 것은 아마도 '적신'이라는 말처럼 인간 본래의 피부색으로서 붉은색과 관련이 있을 것이며, '아다마'와 연관이 있음은 붉은 흙으로 만들어졌음을 나타내는 것이라 할 수도 있겠다.

특별히 언어의 신적 기원을 인정한다는 것은 성경을 해석하는 데 매우 중요한 것이다. 언어의 기원이 하나님이라는 사상은 우리에게 창조자와 피조물의 구분을 명확하게 할 뿐 아니라 언어를 통해 어떻게 진리를 표현할 수 있느냐 하는 질문에 대한 답도 제시하는 것이다.

어원학적 단어 연구

본문에 나오는 단어의 의미를 가장 바르게 파악하는 길은 헬라어 히브리어 성경과 사전을 활용하여 원어적 의미를 파악하는 것이다.

어원이라 함은 하나의 낱말이 형성된 과정을 통해 의미를 이해하려는 시도이다. 헬라어나 히브리어 낱말에 대한 어원학적 분석은 제한적 가치를 지닌다. 그러나 어떤 경우에는 낱말을 이해하는 데 결정적인 도움을 준다. 더욱 중요한 것은 헬라인들이 낱말들을 결합한 전형적인 방식을 연구함으로써 낱말의 의미를 가늠하는 법을 배우는 것이다. 한 예로 '감독(bishop)'이란 말은 헬라어로 에피스코포스(1985, ἐπίσκοπος)에서 유래한 단어이다.

이 단어는 '위에'를 의미하는 전치사(ἐπι)와 '보다'라는 뜻의 동사 스코페오(σκοπέω)가 결합 된 것이다. 따라서 이 말의 뜻은 '위에서 내려다보는 사람(overseer), 어떤 특별한 공직에 있는 사람, 관리인이나 감독' 등을 가리킬 수 있다.

신약성경에서 하나님의 하시는 일로서 '오미코노미아'가 "경륜"이라는 단어로 일관되게 번역되어 사용되고 있다.

여기에서의 '경륜'은 헬라어 '오이코노미아(3622, οἰκονομία)'의 번역으로서, 어원적으로 '집'을 의미하는 '오이코스'와 '관리하다' '할당하다' 등의 뜻을 가진 '네메인('법, 규칙, 원칙'을 의미하는 '노모스'가 파생됨)'이 결합 된 합성어로 명사 '오이코노미아(οἰκονομία)'는 '오이코노메오(οἰκονομέω, 3621: 청지기로 일하다, 관리하다)'에서 유래했고, (a) '가정 관리'라는 의미에서, (b) '국가 통치(경영)'이란 의미로 확대되어, (c) 마침내 한 직책을 맡음으로 생기는 모든 종류의 활동에 대해 사용되고, 관리자의 직무, 관리, 감독, 경영, 행정을 의미한다. 따라서 이 '오이코노미아'는 집을 잘 관리하는 행위를 의미하는데 그 집이란 가정, 기업일 수도 있고 나라, 세계, 우주도 될 수 있다. 성경에서는 이 용어가 크게 둘로 구분되어 이해될 수 있는데, 하나님의 '오이코노미아'와 성도의 '오미코노미아'이다.

> "내가 내 자의로 이것을 행하면 상을 얻으려니와 내가 자의로 아니한다 할지라도 나는 사명을 받았노라"(고전 9:17)

1487	1063	1635	3778	4238	3408	2192	1487	1161
εἰ	γὰρ	ἑκὼν	οὗτος	πράσσω	μισθός	ἔχω	εἰ	δέ
εἰ-	γὰρ	ἑκὼν	τοῦτο	πράσσω,	μισθὸν	ἔχω·	εἰ-	δὲ
접종 하면	접종	형주남단 내 임의로	형대지목남단 이것을	동직현능단1 내가-행	명목남단 상을	동직현능단1 얻으려니와	접종 할지라도	접대

210	3622	4100
ἄκων	οἰκονομία	πιστεύω
ἄκων	οἰκονομίαν	πεπίστευμαι.
형주남단 임의로 아니한다	명목여단 직분을	동직완수단1 나는-맡았노라

사람의 행위로서의 '오이코노미아'는 세 군데의 사건(눅 16:2-4; 고전 9:17; 골 1:25)에서 5회 사용되고 있고, '청지기 직무', '직분', '사명'으로 번역되고 있다. 여기에서 중요한 점은 이 '오이코노미아'가 자기 집이 아닌 다른 사람의 집을 관리하는 행위를 표현한다는 사실이다. 결국, 성경에서 쓰이는 사람의 행위로서의 '오이코노미아'란 하나님의 집을 경영하는 행위이다. 따라서 '청지기직'으로의 번역이 적절한 것이다. 하나님께서 자신에게 맡겨주셨다는 분명한 의식을 가지고 그분의 계획을 잘 이해하여 그분의 뜻을 구현하는 맡겨진 자로서 '집 경영'을 해야 한다.

비교 분석적 단어 연구

비교연구를 통해 단어의 의미를 살피는 것이다. 간단히 말해, 히브리어 또는 헬라어 용어 색인을 사용해서 성경에 사용된 모든 용례를 살펴봄으로써, 그 단어가 의미하는 바를 찾는 것이다. 만일 우리가 성경이 어떤 단어를 얼마만큼 또 어떻게 사용하고 있는지를 알면, 현재의 문맥에서 그 단어가 뜻하는 바에 대한 '감(feel)'을 쉽게 잡을 수 있다. 다른 한편으로는 그 단어가 얼마나 다양하게 사용되는지 알 수 있어서, 해석자가 초보적이고 피상적인 이해에서 벗어날 수 있도록 돕는다. 예컨대, 혼 (soul)이나 영(spirit)과 같은 말들은 복잡한 용어이기 때문에, 이 단어들을 둘러싸고 일어나는 피상적이고 터무니없는 발상들은 각 용례들을 살피는 세심한 비교연구를 통해서만 정정될 수 있다.[31]

어떤 협소한 무리들은 하나님께서 한 단어에 한 가지 의미만을 부여하셨고, 그 의미가 성경 전체에 일관되게 적용된다고 주장한다. 이에 대해 카이퍼(Kuyper)는 "개념들 사이에 아주 날카로운 구분이나 한 단어가 갖는 의미의 획일적 적용은 성경에는 아주 이질적인 것"이라고 정확하게 지적했다.

단어의 비교연구에 있어서 또 다른 면의 동의어 연구로 저자가 어떤 한 단어를 다른 단어와 동의어로 취급하는 것을 목격하면, 그 단어의 의미가 무엇인지 추측할 수 있게 된다. 예를 들면, 마태복음 20:21에서는 그리스도께서 '그의 나라에' 앉으신 것으로 표현하였고, 마가복음 10:37에는 '주의 영광 중에서' 앉으신 것으로 표현하였다. 따라서 이 두 표현은 동일한 개념이라 할 수 있다. 마태복음 18:9에는 '영생에' 들어간다고 표현했는데 비해, 마가복음 9:47에서는 '하나님의 나라에' 들어간다고 표현했다. 결국, 이 두 표현도 틀림없이 동일한 것을 의미한다고 볼 수 있다.

동의어의 연구가 가져다주는 유익은 어떤 문맥에서 쓰인 다소 불분명하고 이해하기 어려운 용어나 표현이 또 다른 문맥에

---

31) Bernard Ramm, 정득실 역, 앞의 책, p.169.

서 뚜렷하게 사용된 경우의 도움을 얻어 그 용어나 표현을 바로 이해할 수 있도록 돕는다는 데 있다.

어떤 단어들이 동의어이고 어떤 표현이나 구절들이 서로 유사하게 사용되었는지 알면, 성경주해의 명확성이 한층 높아질 뿐만 아니라 우리가 신학을 이해하는 방식에 대해서도 새로운 주의를 갖게 된다. 주목한 바와 같이 성경이 단어 사용의 유연성을 보인다면 우리의 신학도 이러한 유연성을 반영해야 할 것이다. 다른 말로 우리가 성경의 한 단어에 많은 의미를 지나치게 밀어 넣으면, 그 단어 속에 담으려 했던 신학에 모순이 되는 다른 동의어들을 마주할 때 당황하게 된다.

문화 위주 단어 연구

단어들은 문화적 배경에 따라 연구될 필요가 있다. 헬라어의 오이코스(3624, οἶκος)는 집(house)을 가리키고, 오이키아(3614, οἰκία)는 가족(household)을 가리킨다. 하지만 오늘날 우리가 이해하는 가족의 개념과 1세기 그리스도인들이 집이나 가족을 이해하는 것이 다를 수 있다. 당시는 '집'이나 '가족'이란 개념 안에 가축들까지도 포함하는 사례가 있었다. 따라서 우리는 먼저 단어들이 당시의 그리스도인 문화 속에서 어떤 의미를 지니고 있었는지 살필 필요가 있다. 신약이나 구약에 쓰인 단어 배후에는 종종 특정한 문화적 배경이 있을 수 있으며, 그 단어의 풍성한 의미를 알려고 한다면 그 문화적 배경을 알아야 한다.

"또 누구든지 너로 억지로 오 리를 가게 하거든 그 사람과 십 리를 동

행하고"(마 5:41)

2532 καί	3748 ὅστις	4771 σύ	29 ἀγγαρεύω	3400 μίλιον	1520 εἰς	5217 ὑπάγω	3326 μετά
καὶ	**ὅστις**	**σε**	**ἀγγαρεύσει**	**μίλιον**	**ἕν,**	**ὕπαγε**	**μετ'**
접대	형대관주남단	명대목단2	동직미능단3	명목남단	형기목중단	동명현능단2	전소
또	누구든지	너로	억지로-가게 하거든	오리를	(한)	동행하고	

846 αὐτός	1417 δύο
αὐτοῦ	**δύο.**
명대소남단3	형대기목중복
그 사람과	십리를

동사 ἀγγαρεύω(29, 앙가류오)는 파사어에서 유래했으며, '강제로 봉사케 하다, 억지로 ~시키다, 강요하다'를 의미한다. 주님은 여기서 전달이나 교통수단을 강제로 움직이는 파사의 관습을 생각나게 한다. 주님은 어느 정도의 거리를 동행하거나 심부름을 시키는 공적인 권위에 대항하기보다는 그 두 배의 거리라도 순순히 복종하라고 가르치신 것이다. 당시의 파사(페르시아) 관행을 배경으로 하신 말씀이라는 것을 통해 올바른 의미의 해석이 가능하게 된다는 것이다.

동족 어군 및 고대 역본을 통한 단어 연구

단어들은 동일어족의 다른 언어나 고대 번역본을 통해서도 연구할 수 있다. 동일어족은 서로 그 근원이 같은 언어들을 가리킨다. 히브리어의 동일어족은 아라비아어, 아람어 같은 언어들을 가리킨다. 좀 더 전문적인 연구를 원하는 사람들은 히브리어 성경을 아람어로 의역해 놓은 탈굼과 시리아어로 된 페시타 등을 연구하면 된다.

구약이나 신약이 역사적 시기로는 지금의 우리보다 훨씬 더 가까운 성경 시대에 이미 다른 언어로도 번역되었는데, 이것들을 통해서 그들이 어떻게 히브리어나 헬라어 단어들을 번역했는지 또 해석했는지 살필 수 있다.

제 4 장

히브리적인
성경 해석

원문을 제대로 이해하고 해석하는 과정에는 또 다른 걸림돌이 있다. 그것은 히브리 민족의 특성인 그들만의 문화와 사고방식에 대한 지식이다. 그들이 사용하는 관용어라든가, 어떤 문제에 대해 어떻게 생각하고 이해하는지 등에 대한 사전지식이 없으면, 그들의 언어로 쓴 성경을 제대로 해석한다는 것은 불가능하다. 자칫 자기방식의 해석에 빠져 엉뚱한 말을 할 수도 있는 위험이 따른다. 신약 역시 헬라어로 기록되었다고 하더라도 언어만 헬라어이지 사고방식은 여전히 히브리적 사고방식으로 이해한 내용을 기록한 부분들이 포함되어 있기에, 어쨌든 히브리적 사고방식을 안다는 것은 필요하고 매우 중요하다. 따라서 히브리적 사고방식을 이해하는 데 필요한 사전지식을 습득하는 것이 그만큼 성경 해석에 도움이 된다는 것을 알고 준비하면 좋겠다.

하나님은 계시 과정에서 우리의 수준에 맞도록 자신을 낮추시고, 우리와 같은 인성을 입으시고, 우리에게 친숙한 언어와 비유를 사용하시어 자신을 표현하셔야 했다. 당시 문화의 공통 요소중 많은 것들을 채택하여, 때로는 각색하고, 때로는 완전히 변화시키거나 변형시킴으로써 하나님의 목적들을 성취하는 데 이용하신 것은 놀라운 일이 아니다. 사실상 그렇게 하지 않으셨다면 오히려 더 놀라울 것이다. 의사소통이 이루어지려면 공통의 인습과 이해를 공유해야만 하는 것이다.

성경은 히브리 사고를 기본으로 하나님 자신의 성경을 기록한 책이다. 성경은 하나님께서 히브리 사고로 직접 설교하신 내용이다. 이 말은 하나님께서 자신이 세상을 경영하시고 구원하시는 내용을 바탕으로 창세 전부터 마지막 시대의 심판까지 대하드라마로 구성하여 히브리 사고의 문장으로 담아내고 있다. 결국, 우리가 성경을 믿는다고 하더라도 헬라 사고만을 가지고 접근한다면 하나님의 뜻을 바로 알기는 어렵다. 그러므로 히브리 사고를 알면 알수록 성경 말씀에 담겨 있는 하나님의 의도를 알 수 있도록 여러 가지 간격들을 좁혀주는 역할을 한다고 보면 틀림없다. 우리가 히브리 사고를 알려면 키아즘 즉, 히브리 문장구조를 아는 것이 필수적이다.

1.
히브리적 사고와 문화

　어떤 사람들이 글을 쓰게 된다면 그것이 무엇이든 그들의 문화적 배경이 나타나기 마련이다. 그들의 문화는 그들이 자신을 표현하는 방식을 형성하고 결정하게 되고 채색하는 등 영향을 준다. 심지어 어떤 작가가 그가 몸담고 있는 문화에 대하여 저항하며, 그로부터 끊임없이 이탈하려 하거나 통렬한 비판자가 되려고 할지라도, 결코 그 자신의 문화에서 벗어날 수는 없다. 왜냐하면, 문화에 대한 비판으로 그가 발 디디고 서 있는 그곳이 바로 그가 비판하는 문화의 한 부분일 수 있기 때문이다. 그러므로 성경 해석에서 문화를 연구하는 것은 필수불가결하다.

　성경은 하나님의 말씀을 기록한 경전으로 히브리인에 의하여 쓰여졌고, 그 내용은 전부 히브리 사고와 사상이 담겨 있는 책이다. 우리가 성경을 잘 이해하려면 하나님이 하신 말씀이 기록 되어진 배경과 사상을 담고 있는 히브리 문장구조를 잘 아는 것이 필요한데 이것이 바로 히브리 사고라는 틀이다.

　예수님께서 이 땅에 처음 오셨을 때 예수님을 따르는 제자들은 유대인들이었다. 초대교회의 지도자들도 역시 유대인들이었다. 그들이 읽었던 성경은 '타나크'였다. '타나크(תנ״ך)'는 유대인들의 히브리어 성경을 가리키는 단어로 '율법(תורה 토라)' '선지서(נביאים 네비임)' '성문서(כתובים 케투빔)'의 히브리어 첫 글자를 합하여 만든 단어이다. 타나크는 우리가 '구약'이라고 부르는 성경과 동일한 내용이 기록되어 있다. 초대교회의 사도들은 이 타나크를 가지고 예수님께서 메시아(그리스도)이심을 가르쳤다.[32]

유대인들은 심지어 구약에 기록된 성경의 히브리어 가장 작은 글자와 거기에 찍힌 점 하나에서도 하나님께서 숨겨두신 의미를 발견하려 한다는 것이다. 예수님께서도 그것을 말씀하셨다.

"진실로 너희에게 이르노니 천지가 없어지기 전에는 율법의 일점일획도 결코 없어지지 아니하고 다 이루리라"(마 5:18)

281	1063	3004	4771	2193	302	3928	3588	3772	2532 3588
ἀμήν	γὰρ	λέγω	σύ	ἕως	ἂν	παρέρχομαι	ὁ	οὐρανός	καὶ ὁ
ἀμὴν-	γὰρ	λέγω	ὑμῖν,	ἕως-	ἂν	παρέλθῃ	ὁ	οὐρανὸς	καὶ ἡ
접문	접종	동직현능단1	명대여복2	접종	접동	동가과능단3	관주남단	명주남단	접대 관주여단
진실로		이르노니	너희에게	전에는		없어지기		천	

1093	2503	1520	2228	3391	2762	3756	3361	3928	575	3588
γῆ	ἰῶτα	εἷς	ἤ	μία	κεραία	οὐ	μή	παρέρχομαι	ἀπό	ὁ
γῆ,	ἰῶτα	ἓν	ἤ	μία	κεραία	οὐ-	μὴ	παρέλθῃ	ἀπὸ	τοῦ
명주여단	명주중단	형기주중단	접대	형기주여단	명주여단	부	부	동가과능단3	전소	관소남단
지가	점	일	이라도	일	획	반드시	아니	없어지지-하고		의

3551	2193	302	3956	1096
νόμος	ἕως	ἂν	πᾶς	γίνομαι
νόμου,	ἕως-	ἂν	πάντα	γένηται.
명소남단	접종	접동	형대주중복	동가과중디단3
율법			다	이루리라

32) 이상준, 히브리어 속에 숨겨진 복음, (서울 : 이스트윈드, 2019). pp.12-13.

'점'으로 번역된 '이오타'는 헬라어 '이오타(ι)'를 가리키는 것으로, 히브리어에서 가장 작은 글자인 '요드(י)'를 가리키는 것으로 볼 수 있다. 그리고 '획'으로 번역된 '케라이아'는 히브리어 글자의 뜻을 보다 분명하게 하려고 병기되는 작은 점이나 선을 가리키는 것으로 보인다. 본문에서 '일점일획'이란 표현은 구약 율법 가운데 아주 작은 부분이라도 그것을 소홀히 할 수 없는 하나님이 주신 진리의 말씀으로서 반드시 다 이루어질 것을 나타낸다.

인류학적인 의미로 문화란 특정한 사람들이 자신의 생활을 유지하는 물리적이며 사회적인 모든 방식과 수단이다. 우리는 성경 시대의 다양한 문화 형태를 재창조하고 이해하기 전까지 성경의 풍성한 의미들을 제대로 이해한다고 할 수 없다. 예컨대, 아브라함 시대에 존재했던 남편과 아내와 첩과 자녀 사이의 관계 구조는 발굴된 점토판들에 의해 밝혀지고 있다. 아브라함의 하갈에 대한 대우는 이러한 관계에서 볼 수 있는 의례적인 행위 (protocol)였던 것이다. 요셉이 바로를 만나기 전에 수염을 깎은 것이나 바로의 반지를 받은 것 그리고 목에 금 사슬을 두른 것 등도 애굽의 관례에 따른 것으로 이해된다. 주님의 비유들에 나타난 다양한 모습들은 그 당시 사람들의 관례와 풍습에서 나왔다. 그러므로 비유에 대하여 좀 더 나은 이해는 그 당시의 유대 문화에 대한 지식에 의존하게 된다.

히브리 사고와 헬라 사고의 비교

우리가 사물을 인식하고 분석하고 받아들이는 데에는 헬라 사고와 히브리 사고로 양분하여 그 역사가 발전하였다. 사물을 인식하고 분석하는 데 탁월한 헬라 사고는 역사적으로 히브리 사고를 이해하는 데 가장 좋은 기초가 되기도 하지만 가장 큰 간격을 가지고 왔다. 그 이유는 헬라 사고가 역사적으로 볼 때 인문학과 수사학을 발전에 공헌한 것은 틀림없기 때문이다. 헬라 사고로 길들어져 있는 대부분 사람이 히브리 사고로 들어가는 데 많은 도움과 도약을 주는 것은 사실이다. 하지만 분석적이고 과학적이며 이성적인 헬라 사고가 종합적이고 전체적인 히브리 사고로 몰입하는 데에 많은 제약과 한계를 가져온 것도 사실이다.

히브리 사고와 헬라 사고를 비교하여 '세계' 개념에 대한 전통을 살펴본다면, 그 하나인 헬라의 전통으로 볼 때 그들의 세계는 순환한다. 예를 들어 만물의 본질을 불이라고 생각한 헤라클레이토스에 의하면, 어느 때가 되어 불이 모든 세계를 태워 버리게 되고 그것을 바탕으로 새로운 세계가 다시 시작되는 반복이 일어난다는 것이다. 시작도 끝도 없이 돌고 도는 것이 바로 이 세상(코스모스)이라는 것이다. 코스모스는 공간적인 관점이 강조되는 순환적인 '세상'을 가리키게 된다. 다른 하나는 히브리인들의 전통으로 그들에게 세계는 시작과 끝이 있는 직선이다. 이 세계(에온)는 어떤 한 방향으로 나아가 끝이 나고 다른 세상이 시작된다는 것이다. 에온은 시간적 관점이 강조되는 '세상'을 가리킨다. 이런 직선적 세계 이해에서만 역사 개념이 살아날 수 있다.

기독교 신앙은 바로 이런 히브리 역사 개념을 그대로 받아들였다. 이 세상은 제자리에서 순환하는 게 아니라 종말을 향해 나아가고, 생명이 완성되는 종말이 온다고 말이다.

학자들은 종종 헬라적 사고와 히브리적 사고를 다음의 도표와 같이 대조적으로 제시하기도 한다.

[표 2] 헬라적 사고와 히브리적 사고의 비교

헬라적 사고	히브리적 사고
정적(static)	동적(dynamic)
이론적 사고	실천적 사고
단계적 사고	반복적 사고
분석적 사고	통합적 사고
개체 중심	관계 중심
인간 중심	신 중심
상대주의	절대주의

그리스(헬라) 문화가 이성을 중심으로 한 인본주의와 개인주의 문화가 주를 이룬다고 한다면, 히브리문화는 신 중심의 신본주의와 공동체 문화를 이룬다고 할 수 있다. 헬라적 사고의 관점으로 보면 진화론이 당연하다고 생각할 수도 있는 까닭이다.

헬라사고로 성경을 해석하는 현상은 유대인들이 예수를 믿지 않게 된 직후부터 시작하여 아주 오랜 시간 계속되었다. 이런 현상이 히브리 사고로 방향이 바뀌기 시작한 것은 200년 전에 유대인들의 소수가 예수를 믿으며 신학자들이 나오면서부터이다.

그들로 인해 사도들과 바울이 가진 히브리 문장구조로 성경을 해석하는 새로운 시각을 갖게 되었는데, 이러한 히브리 문장구조의 틀로 성경을 깊이 연구 발전시키는 일련의 과정을 통해 히브리 사고의 성경 해석의 원리를 마련하기에 이르렀다. 이렇게 히브리 사고의 틀로 성경을 해석하는 히브리 사고는 마침내 하나님의 때가 이르러 어려운 현실의 상황 가운데 세상에 다시 등장하게 된 것이다. 유대인 신학자들은 구약성경을 해석하는 독특한 원리인 그들의 히브리 사고로 신약성경을 해석하는 데까지 적용하여 성경 해석의 또 하나의 체계를 갖추어 가기 시작했다.

몸(σῶμα)의 헬라식 사고

몸의 개념과 더불어 영혼의 개념이 발달함에 따라 멸망하는 것과 불멸하는 것을 구분하여 서로 다른 것으로 간주하게 되어 몸에 대하여 사슬 또는 무덤으로 간주하게 되었다. 이 개념은 플라톤에게서 더욱 발전되는데, 곧 몸은 선재한 영혼의 거처에 불과하며 영혼을 몸으로부터 자유케 하는 것이 바로 죽음이라는 것이다. 또한, 몸이라는 상징은 우주(cosmos)라는 개념으로 적용되기도 하는데, 이는 사람도 유사하게 소우주(microcosm)로 대표될 수도 있다. 이와는 대조적인 주장으로 아리스토텔레스는 몸이 우선되며 영혼은 몸에 의하여 특별한 것이 된다고 말했다. 결과적으로 영혼과 육체의 결속이 분리될 수 없다는 것이다. 또한, 아리스토텔레스는 유기적 조직체라는 의미로 국가의 특성을 설명하기 위하여 소마를 사용하였다. 스토아 철학자들은 전통적으로 몸과 정신의 이분법(dichotomy)을 주장하였다. 엄밀히 말하여 에픽테투스(Epictetus)의 경우는 몸(body)이라고 하기보다 육(살 Flesh)과 영혼으로 구분했다. 영혼은 몸 전체에 침투하여 그 감각을 인상으로 전달하며, 생기의 본질(animating principle)로서 영혼의 위치는 마음이 될 수도 머리가 될 수도 있다. 그러나 '소마'에 있어서 전체라는 기본 개념은 남아 있었다. 스토아 철학자이며 황제인 마르크스 아우렐리우스(Marcus Aurelius)는 인간이 세 부분으로 이루어졌다는 개념으로 다음과 같이 말했다. "너희는 세 부분으로 구성되어 있는데 이는 몸(body)과 프뉴마(영, 영혼)와 누스(마음, 이성)이다." 이 사상은 신플라톤주의와 함께 더욱 발전함에 따라 영혼(soul)과 반대되는 것으로 몸의 가치를 더욱 낮게 평가하게 되었다.

히브리 사고방식

우리가 히브리 사고라고 말하는 까닭은, 하나님께서 히브리인을 선택하여 그들에게 하나님의 말씀인 성경을 맡겼기 때문이며, 그들이 생각하고 말하는 사고방식이 결국 이방인인 우리가 성경을 이해하려 할 때 중요하게 다가올 수밖에 없다는 것이다.

"태초에 하나님이 천지를 창조하시니라."(창 1:1)

776	853	8064	853	430	1254	7225
אֶרֶץ	אֵת	שָׁמַיִם	אֵת	אֱלֹהִים	בָּרָא	רֵאשִׁית
וְאֵת הָאָרֶץ׃		אֵת הַשָּׁמַיִם	אֵת	אֱלֹהִים	בָּרָא	בְּרֵאשִׁית
관.명여단	접.대격	관.명남쌍	대격	명남복	동.칼완남3단	전.명여단
지를		천		하나님이	창조하시니라	태초에

'**창조하시니라**'에 해당하는 히브리어 원어는 '빠라(1254, בָּרָא)' 인데 이 단어의 어원은 불명확하나, 대략 '자르다(cut)', '새기다 (carve)', '낳다 또는 출생하다(bear or born)', '먹다(eat)', '양육하다 (bring up)', '살이 오르다(get weight)'라는 뜻으로 쓰였다. 특별히 '빠라'는 '만들다', '지어내다'라는 뜻으로 쓰일 때 오직 하나님과 만 관련되어 쓰였다. 그리하여 그 이전과는 자르듯이 완전히 단 절된 상태에서 전혀 새로운 것을 만드시고 또 있게 하시는 하나 님만의 절대 주권적 행위를 나타낸다(신 4:32; 시 98:12; 사 43:1; 렘 31:32).[33]

창세기 1:1에 '창조하다'라는 단어를 이해할 때 히브리인들은 우리와 다른 의미로 받아들인다. 우리는 하나님께서 세상을 창 조하셨다고 할 때 단순하게 '만들다'라는 의미로 이해하는 것이 전부이다. 그 이상의 뜻으로 유추하거나 비약하기가 어려운 것 이 우리 이방인들이 가지는 한계이다. 하지만 유대인들은 '창조 하다'란 단어를 하나님께 새로운 질서를 이 세상에 만드신 것으 로 당연하게 받아들인다. 이는 하나님께서 시간과 공간, 만물과 우주의 질서를 정연하게 만드신 행위로 이해한다는 것이다.

우리말 성경이 "태초에 하나님이 천지를 창조하시니라"고 번 역한 것은 우리말의 어순으로 불가피한 일이지만, 실제로는 이 해석이 동사의 중요성이 강조된 문장이라고 말할 수 없다. 여기 서 하나님이 강조하시는 것은 바로 세상을 창조하신 자신의 행 위에 동사를 문장의 처음에 배치하여 자신의 의도가 드러난다고

---

33) 한성천, 김시열, <u>옥스퍼드 원어성경대전 001:창세기 1-11장</u>, (서울 : 제자원, 2006), p.46.

볼 수 있다. 하지만 우리는 지금까지 '창조하다'는 동사보다는 창조하신 분과 창조하신 내용에 더 초점을 두고 성경을 해석하는 실수를 범했다.[34]

하나님은 자신의 말씀을 유대적인 문화와 환경 속에서 주로 유대인들을 통해 기록하게 하셨다. 따라서 히브리적 사고방식을 무시하고 소홀히 한다면, 그것은 결과적으로 기독교 신앙을 파괴하는 것과 다름없다. 이방인인 우리가 그들의 문화 속으로 들어가 그들의 시각으로 성경을 볼 때, 비로소 그들의 사상이 얼마나 힘이 있고 풍요로우며 다양한지를 발견할 수 있다. 그것은 그 자신의 본연의 뉘앙스들과 모습들을 가지고 있기 때문이다.

우리가 하나님의 말씀인 성경을 제대로 이해하기 위해서는 성경을 기록한 히브리인이 누구인가에 대하여 아는 것은 필수적인 요소가 아닐 수 없다. 히브리인들은 세상이 창조된 직후부터 지금까지 수천 년 동안 하나님의 선택된 민족으로 성경과 함께 존재해왔고, 자신들의 전부로 성경만을 고수하고 살아온 이 땅의 유일한 민족이기 때문이다. 그들이 살아가는 목적이 다름 아닌 하나님이 주신 말씀인 성경을 그대로 보존하고 지키며 후대에 전하기 위한 것이라는 사실은 놀랍다. 그들은 신약 시대에 예수를 믿지 않아 구원받지 못함에도 불구하고 아직도 성경을 생명으로 알고 그 말씀을 자녀에게 온전히 전수하는 것만이 구원의 길로 믿고 살아가는 독특한 민족이다. 그러하기에 히브리인이 누구인지를 아는 일은 성경과 하나님을 아는 데 절대적인 요

---

34) 김형종, <u>히브리 사고 베이직</u>, (서울 : 도서출판 솔로몬, 2015) p.146.

소가 아닐 수 없다는 것이다.

성경을 기록한 기자들은 상당히 역동적인 그리고 행위 중심적인 어휘들을 사용한다. 이스라엘은 움직이는 하나님을 따라가는 삶이었다. 히브리 언어 자체에 대한 20세기 학자들의 확증은 다른 언어로는 그렇게 많은 것을 그토록 간단하게 옮길 수 없는 것을 가능하게 했다는 것이다. 단지 어휘 수가 적어서 한 단어에 많은 뜻을 담아 사용했던 고대 언어 정도로 치부해서는 안 된다는 이야기이다. 루터는 히브리어에 대해 가장 풍부한 어휘를 가지고 있는 최고의 언어라는 찬사를 보낼 정도였다. 그는 "신약성경도 비록 헬라어로 기록되기는 했지만, 헤브라이즘과 히브리적 표현으로 가득 차 있다. 따라서 그 누구도 히브리어를 알지 못하고는 성경을 바로 이해할 수 없다고 말해도 과언이 아니다. 히브리인들은 샘에서 물을 퍼마시고, 헬라인들은 샘에서 흐르는 개울을 마신다면, 라틴계 민족들은 하류에 고인 웅덩이에서 물을 퍼서 마신다"라고 말한다.

히브리인들의 활동 중심적 삶의 방식은 히브리어 문장구조에서도 잘 나타난다. 영어는 보통 명사나 주어를 문장에 초두에 두고 그다음에 활동을 묘사하는 단어를 위치시킨다. 예를 들면, God said(하나님이 말씀하셨다)로 표현하는 것이다. 그러나 히브리어 화법은 정반대로, וַיֹּאמֶר אֱלֹהִים ("말씀하셨다 하나님이" 창 1:3)로 표현한다. 또한, 히브리어에서는 강조하는 말을 가장 앞에 둔다. 그러므로 히브리어를 듣거나 읽는 사람은 주어를 파악하기도 전에 즉시 동사 형태를 따라 어떤 상태 혹은 행동을 했는지 파악할 수 있게 되는 것이다.

우리가 한글로 번역된 동사와 원어 성경에 나타난 동사를 비교할 수 있다면 그것은 바람직하고 좋은 일인 것은 틀림없다. 설령, 원어에 대한 지식이 부족하다 하더라도 동사를 중심으로 해석하는 방식을 통한다면 준비된 설교자가 될 수 있다. 그러나, 우리가 동사를 중요하게 생각하지 않고 다른 단어에 관심을 기울일 때 성경의 해석이 엉뚱한 방향으로 흘러가게 될 것이다. 어떠한 본문이라도 가장 큰 비중은 동사를 중심으로 해석하고 연구해야 바른 설교를 하게 된다. 성경의 원어인 히브리어와 헬라어는 글 전체가 모두 동사를 중심으로 집중되어 있다. 구체적으로 신·구약성경의 글의 구성은 언제나 어순에서 동사가 먼저 나오고 그다음에 주어가 나오게 되는데, 이러한 사실을 아는 목회자가 많지 않다.

삼각의식 구도

히브리 사람들의 의식 안에는 삼각 구도 개념이 존재한다. 삼각 구도의 사고라는 말은 히브리인이 어떤 사물이나 추상적인 개념을 인식할 때 세 가지 관점으로 보는 의식을 말하는 것이다. 구체적으로 예를 들면 사람은 어떤 존재인가를 인식할 때, 히브리인은 자연스럽게 대신 관계, 대아 관계, 대타 관계의 세 가지 개념으로 정리하여 의식한다는 것이다. 히브리인에게 사람은 하나님과의 관계로 개념이 정리되어야 하는 첫 번째 의식과 자신이 스스로 의식하는 대아 관계에서 정의할 수 있는 둘째, 마지막으로 다른 사람과의 관계인 대타 관계에서 그가 어떤 사람인가로 개념이 정리되어야만 정확히 정의할 수 있다는 것이다.

원전 중심 구속사 설교 성경 해석에서 설교 작성까지

이러한 히브리 사고의 삼각의식 구도는 어떤 개념을 말할 때 세 가지로 구분하여 이해하는 것을 말하는 것으로 이것을 쉽게 말하자면 만약 성경에 몇 가지 개념이 연속해서 나타날 때, 삼각 의식 구도로 이해해야 한다는 말이다. 구체적인 예로 우리가 성 령의 아홉 가지 열매라고 이해하는데 히브리인들은 이것을 세 개의 개념으로 묶어서 이해한다는 말이다. 즉 성령의 아홉 가지 열매가 세 가지 개념으로 이해하고 있다는 말이다. 엄밀히 말하 면 성령의 열매에 대한 세 가지 개념으로 분류할 수 있다는 것이 우리가 이해할 수 없는 히브리 사고의 원리들이다.

하베림 고르 이스라엘

이것은 '모든 유대인은 한 형제이다'라는 의미의 히브리어이 다. 유대인 공동체는 그 모든 구성원이 상호 사회적인 연대 책임 을 가진다는 그들만이 가지는 특별한 히브리 사고방식이다. 이 에 반해 우리 사회는 누구나 자기 자신에게만 책임을 지우면 그 만이라는 의식이 지배적인데 이것을 우리는 개인주의라고 말한 다. 하지만 이러한 차이가 그 결과로는 엄청난 차이로 나타난다 는 사실이다. 유대 민족적 연대감은 타민족에게서 찾아볼 수 없 는 대단히 끈끈한 결속력이 있다.

히브리 사고의 한 사람은 그 사람만을 가리키는 것이 아니라 대표성을 띤다는 사실을 발견할 수 있는데, 한 사람, 한 가정, 한 민족은 오롯이 그것만을 가리키는 것이 아니란 말이다. 가인과 아벨의 제사의 가인과 아벨도, 하나님의 은혜를 입은 노아나 하 나님의 부르심을 받은 아브라함도 대표성으로 보아야 할 이유가 그것이다.

히브리 관용적 표현

하나님의 긴 코

"여호와께서 그의 앞으로 지나시며 선포하시되 여호와라 여호와라 자비롭고 은혜롭고 노하기를 더디 하고 인자와 진실이 많은 하나님 이라"(출 34:6)

5674	3068	5921	6440	7121	3068	3068	410
עֲבֹר	וַיהוָה	עַל־	פָּנָיו	וַיִּקְרָא	יְהוָה	יְהוָה	אֵל
와접.동칼미남3단	고유	전	명남복.남단3	와접.동칼미남3단	고유	고유	명남단
지나시며	여호와께서	으로	그의 앞	반포하시되	여호와로라	여호와로라	하나님이로라

7349	2587	750	639	7227	2617	571
רַחוּם	וְחַנּוּן	אֶרֶךְ	אַפַּיִם	וְרַב־	חֶסֶד	וֶאֱמֶת׃
형남단	접.형남단	형남단	명남쌍	접.형남단연	명남단	접.명여단
자비롭고	은혜롭고	더디하고	노하기를	많은	인자와	진실이

'노하기를 더디 하신다.'라는 표현의 히브리 원문 직역은 '긴 코(אֶרֶךְ אַפַּיִם)'이다. 여기에서 אֶרֶךְ(750, 아레크)는 구문 형태의 에레 크(אֶרֶךְ)로만 쓰여 독립적으로 사용되지 않으며, 이 단어는 '긴' long을 의미하고 '참을성 많은' long suffering이라는 의미로 번역 된다. 히브리 관용구인 '긴 코'는 분노를 잘 참는 사람 혹은 천천 히 화를 내는 사람을 묘사할 때 사용한다(잠 14:29). 반대로 '짧은 코(קְצַר אַפַּיִם)'는 참을성이 없는 사람이나 성급하게 화를 내는 사람

에게 쓰는 관용구이다(잠 14:17).

"노하기를 더디 하는 자는 크게 명철하여도 마음이 조급한 자는 어리석음을 나타내느니라"(잠 14:29)

200	7311	7307	7116	8394	7227	639	750
אִוֶּלֶת	מֵרִים	ר֫וּחַ	וּקְצַר־	תְּבוּנָה	רַב־	אַפַּיִם	אֶרֶךְ
명여단	동히분능	명여단	접.형남단연	명여단	형남단연	명남쌍	형남단연
어리석음을	나타내느니라	마음이	조급한 자는	명철하여도	크게	노하기를	더디 하는 자는

"노하기를 속히 하는 자는 어리석은 일을 행하고 악한 계교를 꾀하는 자는 미움을 받느니라"(잠 14:17)

8130	4209	376	200	6213	639	7116
יִשָּׂנֵא׃	מְזִמּוֹת	וְאִישׁ	אִוֶּלֶת	יַעֲשֶׂה	אַפַּיִם	קְצַר־
동니미남3단	명여복	접.명남단연	명여단	동칼미남3단	명남쌍	형남여연
미움을 받느니라	악한 계교를 꾀하는	자는	어리석은 일을	행하고	노하기를	속히 하는 자는

영어권 사람들이 성급한 사람을 hot-head(뜨거운 머리), 화를 급하게 내는 사람을 short-fuse(짧은 도화선)로 사용하는 것과 비슷한 표현이다. 이상에서 알 수 있는 것은, 하나님의 긴 코의 의미가 가지는 신학적 중요성은 크다 할 수 있다. 하나님의 긴 코(인내)의 속성으로 인하여 그분의 백성은 멸망하지 않는다(시 103:8-10). 신약에서도 이 같은 하나님의 속성으로 인한 우리의 복된 모습에 관해 이야기하고 있다는 것을 알 수 있다(참고. 벧후 3:9).

"또 우리 주의 오래 참으심이 구원이 될 줄로 여기라 우리가 사랑하는 형제 바울도 그 받은 지혜대로 너희에게 이같이 썼고"

"καὶ τὴν τοῦ κυρίου ἡμῶν μακροθυμίαν σωτηρίαν ἡγεῖσθε, καθὼς

καὶ ὁ ἀγαπητὸς ἡμῶν ἀδελφὸς Παῦλος κατὰ τὴν δοθεῖσαν αὐτῷ σ
οφίαν ἔγραψεν ὑμῖν,"

명사 μακροθυμία(3115, 마크로뒤미아)는 마크로뒤모스
(μακροθυμώς, 3116: 인내하는, 오래 참는)에서 유래했다.

일상생활의 모습과 관련된 관용어

מַשְׁתִּין בְּקִיר(벽에 대고 오줌 누는 자)
"아합의 온 집이 멸망하리니 이스라엘 중에 매인자나 놓인 자나 아합
에게 속한 모든 남자는 내가 다 멸절하되"(왕하 9:8)

'마쉬틴 뻬키르(מַשְׁתִּין בְּקִיר)'는 문자 그대로 '벽에 오줌을 누는 자'
란 의미다. 이는 어른 아기 할 것 없이 남자를 가리키는 관용어
다. קִיר(7023, 키르)는 어원이 불분명한 보통 돌로 형성된, 그러
나 때로는 기타 재료로 사용된, 넓게 균형 잡힌 수직 구조 '벽
wall'을 의미하고 שָׁתַן(8366, 샤탄)은 기본 어근이며, '소변을 보다
urinate'를 의미하는데 히필 분사가 사용되어 '소변보는 (자)' 즉

남자에 대해 사용되었다. '남겨 두지 않다(לֹא־הִשְׁאִיר)'나 '끊어 버리다(וְהִכְרִתִּי)'와 함께 쓰인 이 관용적 표현은 씨를 멸하는 강한 의미로 한 집안에 대한 철저한 진멸을 표현할 때 사용되었다.

לְהָסֵךְ אֶת־רַגְלָיו(발을 가리다)

"길 가 양의 우리에 이른즉 굴이 있는지라 사울이 뒤를 보러 들어가니라 다윗과 그의 사람들이 그 굴 깊은 곳에 있더니"(삼상 24:3)

'레하쎄크 에트 라그라이우(לְהָסֵךְ אֶת־רַגְלָיו)'는 '발을 가린다'는 표현으로 하나의 완곡어법이다. 그것은 긴 겉옷 자락으로 하체를 가리고 용변을 보는 동작을 일컫는 말이다. 이런 일은 구약에 두 번 나오는데, 한 번은 사사기 3:24에서 모압 왕 에글론이 에훗에 의해 죽임을 당할 때 나오고, 다른 하나는 사울 왕이 다윗을 쫓다가 굴에 들어가 용변을 보려고 할 때 쓰였다.

에훗에게 살해당한 모압 왕 에글론이나 굴로 들어간 사울 왕이 완전히 혼자였고 무방비 상태의 위기 상황임이 잘 묘사되었다.

슬픔과 관련된 관용어

구약성경에서 '굵은 베'라는 표현이 회개와 슬픔의 나타내는 표현으로 자주 사용되는 것을 발견할 수 있다. 슬픔이나 회개의 때에 왕(왕하 6:30), 선지자(사 20:2), 백성(욘 3:5, 6, 8)들이 '굵은 베옷을 입는다'라고 묘사하는 것이다.

חָגַר שַׂק (굵은 베옷을 걸치다)

'하가르 샤크'는 '베옷을 걸치다'라는 문자적인 뜻 외에 '슬퍼하다, 애곡하다'는 관용적 의미로 사용한다. שַׂק(8242, 사크)는 '굵은 베나 베옷'에 대해 사용되는데, 굵은 베옷은 ① 슬픔(창 37:34, 삼하 3:31, 왕하 6:30, 욥 16:15, 사 15:3, 렘 4:8, 렘 6:26, 렘 49:3, 애 2:10, 겔 7:18, 겔 27:31, 욜 1:13, 암 8:10). ② 회개(단 9:3-6, 욜 1:8, 욜 1:13, 욘 3:5, 욘 3:6, 욘 3:8). 국가적인 슬픔이나 회개의 때에 짐승에게도 굵은 베를 입혔다(욘 3:8). ③ 복종(왕상 20:31, 왕상 20:32). ④ 원통함(왕하 19:1, 사 37:1) ⑤ 겸비(왕상 21:27) ⑥ 항의(에 4:1-4). ⑦ 금식(사 58:5)을 표현한다. '굵은 베'로 만든 옷은 슬픔(창 37:34; 삼하 3:31)과 회개(단 9:3-6; 욘 3:6)를 나타낸다. 종종 금식을 수반한다(시 35:13; 느 9:1). 종교적 예식(사 58:5)으로 사용된 것으로, 사람의 죽음을 슬퍼할 때(삼하 3:31; 삼하 21:10)와 상대방에게 호의를 얻으려는 간절한 방편으로 동원되었다(왕상 20:31). 신약에서 이 표현(περιβεβλημένοι σάκκους)은 계시록 11:3에 나온다. 이 기록은 아마도 죄악이 가득한 불신시대를 향한 두 증인의 슬프고 어두운 회개와 심판의 메시지를 암시하는 것으로 보인다.

원전 중심 구속사 설교 성경 해석에서 설교 작성까지

שַׂק וָאֵפֶר (굵은 베옷을 입고 재를 뒤집어쓰며)

‘샤크 바에페르’는 슬픔을 표시하는 베옷과 재를 묶어서 표현함으로 강한 슬픔을 나타낸다. אֵפֶר(665, 에페르) ‘흐트러 뿌린다’는 의미를 갖는 사용하지 않는 어근에서 유래. ‘재’ ashes를 의미하며 ‘고통과 슬픔(시 102:9, 애 3:16, 사 61:3)’에 대해 사용되었고 특별히 금식과 연계하여 사용된 것이 강조를 뒷받침한다. 이 관용어는 신약 복음서에서 회개와 관련하여 사용되기도 했다(마 11:21; 눅 10:13). (참고. 마태복음 11:21- ἐν σάκκῳ καὶ σποδῷ μετενόησαν)

죽음과 관련된 관용어

신구약성경에 기술된 무수한 히브리식 표현들은 우리 같은 타문화권에 속한 사람들에게 오해를 불러일으킬 소지가 다분하다. 그들에게는 자연스러운 표현이겠으나 이방에 속한 우리에게는 이해가 어려울 수밖에 없다. 마태복음 16:18에 나오는 ‘음부의 권세’로 번역된 부분은 문자적으로 ‘음부의 문(πύλαι ᾅδου)’이란 뜻으로 구약의 ‘스올의 문(שַׁעֲרֵי שְׁאוֹל)’을 문자 그대로 옮긴 것이다.

שַׁעֲרֵי שְׁאוֹל (스올의 문), שַׁעֲרֵי־מָוֶת (사망의 문)

‘샤아레 세올’은 사망이 지배하는 영역을 가리킨다. 히브리어 세올 혹은 스올(7585, שְׁאוֹל)은 불분명한 어원으로 그 의미는 ‘죽은 자의 거처, 음부’이며, 헬라어로는 하데스가 이에 해당한다. 죽은 자가 죽은 후에 거하는 처소로서의 개념으로 가장 흔히 쓰는 말로 일반적으로 지하 세계를 가리킨다. 우리말 성경은 '음부'라고도 번역했지만 '스올'이라고 음역한 곳도 있다. KJV에서는 이 단어를 '무덤'(31회), '지옥'(31회), '구덩이'(3회)로 다소 모호하게 번역했으며, ASV, RSV, NASB는 모두 'Sheol(스올)'로 번역했다. 히브리인들은 죽은 자가 거하는 암울한 지하 세계에 대한 실체적 장소의 개념을 분명히 가지고 있었다. 사망의 권세가 주님을 이기지 못할 것이라는 사상은 성경 여러 곳에서 나타난다.

יֵאָסֵף אֶל־עַמָּיו (자기 백성들에게 모아지다)

'예아세프 엘-암마이우'는 '열조에게로 모이다'(한글 개역, '열조에게로 돌아가매')라는 표현은 자주 '죽다' 혹은 '죽음'이란 뜻으로 사용되었다. 히브리인들의 매장 풍습은 커다란 굴을 판 후, 그곳에 작은 묘실을 만들어 가족무덤으로 사용한다. 각 묘실에 매장한 시신이 썩어 뼈만 남으면 후손들이 그 뼈들을 모아 무덤 한쪽에 파놓은 커다란 구덩이에 쌓아두는 것이다. 이처럼 뼈들은 계속 차곡차곡 조상들의 뼈 위에 '더해지게' 또는 '모아지게' 되는데 여기에서 아싸프(622, אָסַף)는 죽음에 의해 '모이다'라는 의미로 사용된 것이다.

2.
히브리 문장구조(키아즘)

　모든 글과 말에 구조가 있는 것과 마찬가지로 성경 말씀 또한 구조적으로 짜여 있음을 인식하는 것은 중요하다. 성경 기록자들의 의사를 바르게 전달하기 위한 또 듣는 자들이 그 의미를 바로 이해하기 위한 특별한 구조적 관점을 가지고 기록하였음을 인식해야 한다는 말이다. 우리들은 말을 할 때나, 의미를 기록할 때에 나름의 체계적이고 조직적으로 말하며 기록함으로써 이 말을 듣는 사람들이나 이 글을 읽는 사람들이 쉽고 분명하게 이해할 수 있게 한다. 때문에, 이것이 전달자가 유의해야 할 가장 기본적인 요건이 된다. 모든 말과 모든 책의 언어적 표현은 그것이 비록 아주 짧고 간단한 것이라 할지라도 구조를 가지고 조직적으로 그리고 체계적으로 그 뜻을 전달하게 된다. 이는 우리들의 말과 기록이 요리책의 레시피(Recipe)를 설명하는 경우와 마찬가지로, 합리적이고 논리적으로 그 의사 전달자의 의사를 바르게 표현함으로써 듣는 청중과 보는 독자들이 쉽고 명확하게 그 의미에 접근할 수 있도록 하기 위함에 그 근본적인 목적이 있는 것이다.

키아즘(Chiasm)에 해당하는 병행구조는 많은 구약성경과 다른 히브리어(셈어) 문서들에서 언급되어지고 있다. 이는 독일 신학자 '룬트'에 의해서 신약성경에 나타난 것이 제시되었으며 히브리 민족(셈어족)으로부터 서방으로 문화적인 유산으로 이어지게 되었다. 독일 신학자 '바레이'는 히브리병행구조로부터 자신의 병행구조를 세웠으며, 그는 신약성경에 있는 문학적인 구조의 형태를 분류하였다. 그는 키아즘을 연구하고 결론 내리기를 도치구(Inversion)형태야 말로 성경에서 발견되는 가장 일반적이고 보편적인 구조라고 말했다.[35]

키아즘(대칭 병행 순환)은 하나님의 말씀이 쉽게 그리고 명확하게 기억되어야 할 목적을 충족시킬 수 있는 표현 방법으로서 최선의 구조였다. 이 구조의 흐름은 이 말이 의미하고 있는 그 뜻대로 한 문단 안에서의 각 단위 부분들의 의미가 서로 대칭되고 병행되고 순환됨으로서 반복과 강조와 보완적인 설명을 통하여 하나님의 말씀을 가장 쉽게 가장 확실하고 명확하게 기억하게 할 수 있었던 것이다.

그러나, 신약성경에서 헬라어의 수사학 양식의 관점을 가지고 관찰해도 히브리 문장구조(chiasmus)라고 알려진 문학 양식에 관한 연구가 발견되지 않았다. 이 특수한 문학적 양식은 성경 사전에 의해 "내향적 병행구조"라고 불린다. 이것은 브리그(Briggs)와 몰튼(Moulton)의 작품에서 언급되었다. 그러나 본격적인 체계화 작업은 정통 유대인으로 신학자였던 로우스(Lowth)에 의해서

---

35) 김형종, 앞의 책, pp.66-67.

히브리 문장구조의 비약적인 발전과 함께 설교에 적용하게 되었다. [36]

신약성경이 전통적인 헬라문화뿐만 아니라 히브리 유산이 함께 융화되어 있다는 로우스의 유대적인 배경은 책상에서 성경을 연구하는 이방인 신학자들의 것과는 커다란 차이가 있을 수밖에 없었다. 그가 구약성경을 해석하던 자기 민족의 원리들로 히브리적인 문장구조에 관심을 가지고 신구약성경에 적용했기 때문에 키아즘의 비약적인 발전이 가능했다고 보면 틀림없는 사실이다. 이때부터 전통적인 해석방법인 기존의 헬라 수사학을 배제하고, 유대인의 문학 양식인 히브리어 병행구조를 현대까지 발전시킴으로 성경의 이해가 진일보하게 되었다. 따라서 성경에 나타나는 병행구조는 그것이 산문이든 운문이든 간에 히브리 문장구조의 핵심임을 알아야 한다.

히브리 사고 성경 해석 원리는 대략 200년 전부터 예수를 믿기 시작한 유대인들(메시아닉 쥬)에 의해서 히브리 문장구조의 새로운 시각으로 자신들의 문학적 시각을 회복하려는 목적으로 성경에 접근하여 연구하기 시작한 것에서 유래한다.

초기 키아즘을 연구하는 학자들은 '히브리 문장 병행구조'가 학자들에 따라 약간씩 의미가 다른 여러 가지의 용어로 다음과 같이 사용되고 있다. 일반적으로 히브리 병행구조를 연구한 신학자들의 분류에 의하면 다음과 같다. 그들이 연구한 이름은 대칭 구조, 도치 병행구조(Inverted parallelism), 내향적 병행구조

---

36) 구자수, 앞의 책, p.314.

(Introverted parallelism), 회귀구조(regression), 원격 병행구조(봉투구조)(envelope figure), 대응 구조(correspondence)등 여러 가지로 연구한 학자들마다 다른 이름으로 자신의 책에 붙였다.[37]

다음은 이 분야에 공헌한 학자 닐스 빌헤름 룬트(Nils Wilhelm Lund)가 찾은 대표적인 키아즘의 구조적 실례이다.

에베소서 4:4-5 문장구조 분석
A. ἓν σῶμα(몸이 하나)
B. καὶ ἓν πνεῦμα(성령이 하나)
C. μιᾷ ἐλπίδι(한 소망)
D. εἷς κύριος(주도 하나)
C'. μία πίστις(믿음도 하나)
B'. ἓν βάπτισμα·(세례도 하나)
A'. εἷς θεὸς(καὶ πατὴρ πάντων)(하나님도 하나)

공통 낱말로 "하나"라는 점에 초점을 맞추면서 몸이 하나인 것과 같이 하나님도 한 분 하나님이심에, 성령이 한 분인 것 같이 성령께서 주시는 세례로 하나라는 점에, 소망과 믿음도 하나라는 점이 대칭 병행 순환되고 그 주제적 자리에 있는 주도 한 분이라는 점에 강조를 두고 있다. 이 구조는 키아즘(대칭 병행 순환) 구조 중 가장 단순한 낱말에 공통적 초점을 맞추어, 조직적이며 체계적이며 논리적인 흐름을 보여주고 있는 좋은 성경적 실례이다.

---

37) 김형종, 앞의 책, p.67.

원전 중심 구속사 설교 성경 해석에서 설교 작성까지

히브리 문장구조의 이해

성경의 말씀은 파피러스나 양피지의 두루마리에 기록되어 있기는 하지만 그 용도는 눈으로 보기 위해 기록된 언어, 즉 문어체(Written Language)로 기록된 것이 아니라, 말하고 귀로 듣는 구어체 언어(Verbal or Spoken Language)로 기록되었다는 점을 인식해야 한다. 문어체는 눈으로 보는 글이며, 구어체는 귀로 듣는 말이다. 따라서 구어체는 당연히 문어체보다 그 표현이 길지 않으며, 간단명료하여, 쉬울 수밖에 없다. 왜냐하면, 귀로 들어 이해하는 것은 간단하고 명료하며, 쉽지 않으면 이를 바르게 이해하고 기억하기가 어렵기 때문이다. 이는 하나님의 말씀이 문어체가 아니라 구어체로 주셨는지에 대한 분명한 해답이 된다.

히브리 문장구조는 곧 하나님의 메시지를 담은 구조라고 할 수 있다. 성경은 히브리 문장구조라는 형식으로 하나님의 의도가 담아 기록되어 있으므로, 우리는 히브리적인 사고로 생각하고 해석해야 할 필요를 가진다. 하나님의 계시인 성경에서 하나님의 뜻(의도)을 찾아 해석해야 하는 이유는 그대로 순종하며 살기 위해서다. 그것이 하나님이 자기 백성들에게 성경을 계시해 주신 목적이기 때문이다. 성경 자체가 이미 하나님의 뜻으로 밝혀진 부분이 많다. 그런 부분은 재해석할 이유가 없으며, 단지 적용할 부분만을 시대에 적합한 용어를 찾아 전하고 실천하면 될 것이다.

히브리 문장구조는 특징적인 몇 가지 형태를 가지고 있는데, 예를 들면 교차구조라고 부르는 AB/B'A'의 형태가 성경에 가장 많이 나타난다. 이 형태는 앞에 나와 있는 내용이 뒤에서 대칭적 구조를 가지고 같은 의미를 반복할 뿐 아니라 부연 설명을 하게 된다.

히브리 문장구조의 '키아즘의 병행구조'는 현시대에서 보면 비효율적이고 문장이 너무 복잡하게 보일 수 있다. 그렇지만 우리가 이것을 가볍게 취급하고 간단히 넘길 문제가 아니다. 특별히 히브리 문장구조가 이렇게 독특한 양식을 갖고 있는 것은, 성경을 읽는 사람들의 입장에서 기억하기 쉽고 강렬한 인상을 심어줄 수 있기 때문이다. 현대는 문서가 발달하였으나 그 당시는 구전 문화로 모든 것이 구전에서 구전으로 전해진 점을 감안하면 더욱 그렇다. 이런 당시 문화적인 약점을 보완하기 위해서 히브리 문장구조는 아주 독특한 특성을 가질 수밖에 없었던 것이다. 그러므로 히브리 문장구조는 그 특성상 한번 들으면 쉽게 잊어버릴 수 없는 구조로 형태를 갖추게 되었다. 그 이유는 당시 히브리인들에게 성경은 모든 사람들의 필수적인 법과 질서를 가진 경전이었기 때문이다. 따라서 우리가 히브리 문장구조를 모르면 본문을 정확히 해석할 수 없는 결론에 이르게 된다.[38]

다음의 문장구조를 살필 때 중앙(가운데)부터 밖으로 확산시키며 관계를 서로 보완하는 대칭적 히브리 문장구조가 사용된 것을 알 수 있다.

---

38) 김형종, 앞의 책, pp, 95-96.

원전 중심 구속사 설교 성경 해석에서 설교 작성까지

골로새서 3:3-4
A. ἀπεθάνετε γάρ, (너희가 죽었고)
B. καὶ ἡ ζωὴ ὑμῶν(너희 생명이)
C. κέκρυπται σὺν τῷ Χριστῳ (그리스도와 함께 감추어져 있음이니라)
D. ἐν τῷ θεῷ· (하나님 안에서)
C'. ὅταν ὁ Χριστὸς φανερωθῇ, (그리스도께서 나타나실 그 때에)
B'. ἡ ζωὴ ἡμῶν,(우리의 생명이신)
A'. τότε καὶ ὑμεῖς σὺν αὐτῷ φανερωθήσεσθε ἐν δόξῃ. (너희도 그와 함께 영광 중에 나타나리라)

현대에 와서 성경의 구조와 키아즘(대칭 병행 순환) 구조에 대한 획기적이며 종합적인 연구를 한 학자는 룬트(Nils Willhelm Lund)와 부링거(Œ. W. Bullinger), 그리고 웰치(John W. Welch)를 그 공로자로 소개할 수 있다. 룬트는 1942년 그의 논문인 "Chiasmus in the New Testament"와 다수의 논문을 통하여 성경에 나타나고 있는 키아즘(대칭 병행 순환) 구조를 확신적으로 제시하여 오늘날 많은 학자들이 이 분야에 대한 연구를 할 수 있도록 자극제와 촉진제 역할을 하였다. 또한 웰치(Welch)는 1978년 "Chiasmus in Antiquity"라는 책을 출간하여 그동안 연구된 여러 업적들을 수록하였다. 또한, 옥스퍼드 대학 출판부는 1922년 부링거의 감수 아래 "The Companion Bible"을 출간하였는데, 이 책은 창세기로부터 요한계시록까지의 성경 전 권을 키아즘(대칭 병행 순환) 구조의 원리에 따라 말씀을 분석 구획하였다. 이 책의 구조구획은 다소 고전적인 색깔이 짙으나 그 방대한 성경 전체를 이렇게 구

조적으로 구획하고 있다는 것은 참으로 대단한 역사였음을 결코 부인할 수 없다.[39)]

히브리 문장구조는 성경의 한 문장 안에서 각 단어가 교차적으로 배열되어진 것을 지칭하는 용어로 히브리 문학에 나타나는 문장의 기본 형태이다. 히브리 문장의 원리인 교차구조는 두 가지 요소로 나타나게 되는데 이는 역(반의)과 병행이 그 기본이 된다.

고대 문학적 표현의 두드러진 표현 방법은 반복(Repetition)적인 것인데, 이는 병행구 원칙(The principle of parallelism)의 사용이라든가, 쓸데없는 것(Redundancy) 같이 보이는 사족을 다는 것, 더 나아가서 대칭적(Chiastic) 표현까지도 이 범주에 속한다고 하겠다.

실제로 우리가 히브리 문장구조의 패턴을 보면 하나님께서 본문에서 말씀하고자 하는 내용을 구체적으로 설명되어 있기 때문에 우리가 히브리 문장을 알면 하나님의 의도를 찾는 것은 너무도 자연스러운 일이 아닐 수 없다.

디모데전서 1:9
A. ἔχων πίστιν (가지라 믿음과)
B. καὶ ἀγαθὴν συνείδησιν, (선한 양심을)
B'. ἥν τινες ἀπωσάμενοι (어떤 이들은 이 양심을 버렸고)
A'. περὶ τὴν πίστιν ἐναυάγησαν· (믿음에 관하여는 파선하였다)

39) 서영환, 앞의 책, pp.139-140.

한 단락의 성경 말씀이 어떠한 구조, 다시 말하면 어떠한 문학적 형태를 가지고, 무엇을 강력히 표현하려 하는지를 구조 분석이라는 과정을 통해서 우리들이 이해함으로 해서, 우리들은 성령님이 무엇을 말하며 무엇을 의미하고 있은 지를, 성경 기자가 무슨 의도를 무엇을 강조하여 우리들에게 보여 주려 하는지를 정확하게 이해함으로서, 성경 말씀의 참 의미를 이해하고, 이에 더 나아가서, 그들의 부르짖음과 그들의 숨결을 이천 년 후인 오늘 우리들이 느낄 수 있게 되는 것이다.

단문 히브리 문장구조의 종류

히브리 문장구조에는 확실히 절과 간 사이에 병행구조가 있다. 여기서 각 문장의 단락들은 그 글의 중심 문단으로부터 서로 병행하고 대칭되는 구조를 가지고 있다. 신학자들은 이러한 대칭에 대해서 '병행'이라고 부른다. 히브리 문장구조는 아래의 여러 가지 구조들이 교차 병행되어 하나님의 말씀으로 생생하게 구성되어 있다. 히브리 문장구조는 이 몇 가지 기본적인 병행에서 파생되어 다른 여러 가지의 다양한 병행구조가 포함된다. [40]

기본적인 히브리 문장구조의 형태를 알고 있으면 성경에 나타나는 다른 형태의 것들은 어렵지 않게 적용할 수 있게 된다.

---

40) 구자수, 앞의 책, p.315.

동의적 병행

근대 최초로 유대인 신학자인 로우스는 "히브리 문장 병행구조로 대응하는 곳에 묘사된 단어는 서로 차이가 있어도 실제로 그 의미는 같은 것으로 보아야 한다."고 정의했다. 좀 더 쉽게 설명하자면, 동의적 병행구조는 문장이 서로 대응되어 같은 의미를 나타내지만, 단어의 반복을 피하고 이해를 돕기 위해 유사한 의미의 다른 용어를 사용해서 구체적인 뜻을 설명한다는 것이다.

시편 8:4
מָה־אֱנוֹשׁ כִּי־תִזְכְּרֶנּוּ וּבֶן־ (사람이 무엇이기에 주께서 그를 생각하시며)
אָדָם כִּי תִפְקְדֶנּוּ׃ (인자가 무엇이기에 주께서 그를 돌보시나이까)

예시된 본문은 사람과 인자가 그리고 생각과 돌봄이 동의적으로 병행되어 있다. 시편이나 잠언에서 이런 동의적 병행이 많이 나타나는데 그 이유는 같은 문장이나 단어의 단순 반복보다 그 뜻을 더 분명히 하고 강조하는 데 서로 대응되는 문장이나 단어를 통해서 비슷하게 표현하는 것이 더 효과적이기 때문이다.

반의적 병행

반의적 병행은 문장구조 안에서 서로 대칭으로 병행되어 있으나 서로 간에 단어나 감정이 반대되는 경우를 말한다. 히브리 문장구조에서 반의적 병행구조가 자주 나타나는 이유는, 서로 반대되는 개념을 언급하기 때문에 성경을 읽는 사람이 다른 해석

없이도 쉽게 그 의미를 파악할 수 있도록 하기 위해서이다. 주로 잠언에서 자주 쓰는 방식으로 히브리 문장에서 동의적 병행과 함께 반의적 병행은 매우 중요한 문장구조의 형태이다.

잠언 27:6-7
נֶאֱמָנִים פִּצְעֵי אוֹהֵב (친구의 아픈 책망은 충직으로 말미암는 것이나)
וְנַעְתָּרוֹת נְשִׁיקוֹת שׂוֹנֵא: (원수의 잦은 입맞춤은 거짓에서 난 것이니라)
נֶפֶשׁ שְׂבֵעָה תָּבוּס נֹפֶת (배부른 자는 꿀이라도 싫어하고)
וְנֶפֶשׁ רְעֵבָה כָּל־ מַר מָתוֹק: (주린 자에게는 쓴 것이라도 다니라)

위의 문장은 친구와 원수가 서로 대조적으로 병행되어 있으며 더 발전하여 친구는 충고할 때 충직한 마음으로 출발하지만, 원수의 가식적인 사랑의 행위는 거짓에서 시작하는 것이라고 반의적으로 설명한다. 계속해서 배부른 자와 주린 자가 대조적으로 병행되고, 꿀과 쓴 것이 반어적으로 병행되어 그 의미를 아주 선명하게 드러내고 있다.

종합적 병행

로우스에 의하면 키아즘은 히브리 문장구조인 병행구조가 건축물의 형태와 유사하다고 하였다. 그 이유는 단어와 단어, 문장과 문장 사이에 동의적 병행이나 반의적 병행이 직접 존재하지 않지만, 본문의 전체 문장과 각 부분들의 주제를 더욱 분명하게 보여주기 위해서, 서로 대칭 및 동질적으로 종합적인 내용이 병행의 구조를 가지는 형태다. 이것은 명사는 명사에게, 동사는 동사로, 의문사는 의문사로, 구성 요소들은 구성 요소들에게, 반대는 반대로, 질문은 질문으로 등 유사성이나 동일성이 상호 간에 종합적인 형태로 병행이 되는 형태를 말한다.[41]

히브리 문장구조에서 종합적 병행구조의 사용은 한 문장 안에서 다양하고 복잡한 의미들을 종합적인 병행을 통해서 독자가 성경을 쉽게 이해하도록 배려하기 위함이다.

시편 1:1
אַשְׁרֵי הָאִישׁ אֲשֶׁר לֹא הָלַךְ (복 있는 사람은 악인들의 꾀를 따르지 아니하며)
בַּעֲצַת רְשָׁעִים וּבְדֶרֶךְ חַטָּאִים לֹא (죄인들의 길에 서지 아니하며)
עָמָד וּבְמוֹשַׁב לֵצִים לֹא יָשָׁב׃ (오만한 자들의 자리에 앉지 아니하고)

본문은 단어나 동사가 직접 대칭은 되지 아니하나 비유적이거나 은유적인 같은 사상을 가지고 전개됨을 알 수 있다. 여기서 시편 기자는 어떤 점진적인 병행과 종합적인 병행을 동시에 나타내되 히브리 문장구조를 사용하여 좀 더 쉽게 이해할 수 있도록 돕고 있다. 구체적으로 살펴보면, 복 있는 사람이 어떤 상태에서 살아야 하는지를 실제적으로 묘사하고 있다. 복 있는 사

---

41) 김형종, 앞의 책, pp. 80-81.

람은 악인의 꾀를 좇지 아니하고, 더 나아가 죄인의 길에 서지도 아니하고, 오만한 자리에 앉지 않는다는 행동의 동사를 통해서 복 있는 자가 어떤 자리에 있는 것인가를 구체적으로 설명하고 있다. [42]

시편 기자는 복 있는 사람은 그 사람이 어떠한 자리에 있는가에 따라 그곳이 의인과 함께하는 복된 자리가 될 수도, 복과 상관없는 죄와 악인들의 자리가 될 수 있다는 것이다. 그러므로 복 있는 자가 있어야 할 자리는 악인과 죄인, 오만한 자들이 있는 자리가 아닌 의인의 자리에 있을 때라야 "하나님으로부터 축복을 받을 수 있다"라고 히브리 문장구조의 종합적인 병행을 통해서 설명하는 것이다.

시편 1편은 복 있는 사람과 그렇지 않은 사람 즉, 의인과 악인에 대하여 종합적인 병행을 통해 설명한다. 악인의 꾀를 따르며 죄인의 길에 서고 오만한 자들의 자리에 앉는 것은 복된 자리라 할 수 없고 진정한 복 된 자리는 하나님의 은혜를 누리며 그 열매를 얻는 자리라는 사실을 경험적으로 알고 고백하는 것이다.

교차적 병행

교차적 병행은 제브에 의해 내향적 병행구조로 제시된 4번째 구조로 대칭적 병행구조라고도 말하는데, 이는 줄이 긴 장문의 문장에서 글의 중심에서부터 시작하여 첫 줄과 마지막 줄이 병행되고, 둘째 줄과 마지막 전 줄이 병행되는 방식으로 전체가 배

---

42) 구자수, 앞의 책, p.318.

열된 형태를 말한다. 히브리 문장구조를 연구한 신학학자들이 이러한 '히브리 문장 병행구조'를 CHIASMUS라고 불러왔다. 히브리 문장구조(키아즘)는 그 문장에 나타나는 글의 형태를 따라서 저자의 의도를 쉽게 파악할 수 있게 한다. 그래서 키아즘 병행구조는 신구약성경의 모든 문장에 망라해서 적용할 수 있는 히브리 문장구조의 핵심적 원리라 할 수 있다.

마태복음 6:24
A. Οὐδεὶς δύναται δυσὶ κυρίοις δουλεύειν· (한 사람이 두 주인을 섬기지 못할 것이니)
B. ἢ γὰρ τὸν ἕνα μισήσει, καὶ τὸν ἕτερον ἀγαπήσει, (혹 이를 미워하고 저를 사랑하거나)
B'. ἢ ἑνὸς ἀνθέξεται καὶ τοῦ ἑτέρου καταφρονήσει. (혹 이를 중히 여기고 저를 경히 여김이라)
A'. οὐ δύνασθε θεῷ δουλεύειν καὶ μαμωνᾷ. (너희가 하나님과 재물을 겸하여 섬기지 못하느니라)

키아즘의 교차적 병행은 가장 빈번히 쓰이는 형태로 긴 문장이 아닌 다소 짧은 문장에서 즐겨 쓰인다. 예시된 본문에서 A는 한 사람이 두 주인을 섬길 수 없음을 언급하고 A'는 부연적 설명으로서 한 사람을 우리(성도)로 적용, 두 주인은 하나님과 재물로 확정적 해석을 하는 형태의 교차적 병행구조이다. 실제로 키아즘을 모른다면 두 주인이 무엇인가를 고민할 수밖에 없지만, 본문은 우리에게 하나님이 주인이 되거나 아니면 재물이 주인이 될 수밖에 없다고 선언하고 있다. 결국, 사람은 하나님을 섬기든지 아니면 재물을 섬기는 존재이지 둘 다 섬길 수 없도록 지어졌

원전 중심 구속사 설교 성경 해석에서 설교 작성까지

기에, 우리는 섬길 대상을 선택해야 하는데 주님은 하나님을 섬기라고 암시적으로 압박하고 있다는 것이다.

교대적 병행

교대적 병행은 전반부의 내용이 그대로 후반부에서 같은 순서로 전개되는 것을 말한다. 이런 히브리 문장 병행구조 형태의 문장이 반복되면서 성경의 저자가 자신의 의도를 자연스럽게 그 뜻을 밝힘으로 이 본문을 해석하는 사람으로 하여금 다르게 해석하는 실수를 막고자 함이다. 예를 들어, 성경의 저자는 교대적 병행의 구조를 통해서 자신이 A라고 말한 것은 A'라는 의도이기 때문에 다른 의미로 해석하지 말라고 말하는 설교의 문장구조이다. 그러므로 히브리 문장구조에서 교대적 병행의 짝을 찾으면, 무엇을 설교할 것인지를 저자 자신이 분명하게 말하고 있기 때문에, 우리가 엉뚱한 내용으로 설교할 수 없게 해 준다.[43)]

마태복음 7:7-8
A. Αἰτεῖτε, καὶ δοθήσεται ὑμῖν·   (구하라 그리하면 너희에게 주실 것이요)
B. ζητεῖτε, καὶ εὑρήσετε·   (찾으라 그리하면 찾아낼 것이요)
C. κρούετε, καὶ ἀνοιγήσεται ὑμῖν.   (문을 두드리라 그리하면 너희에게 열릴 것이니)
A'. πᾶς γὰρ ὁ αἰτῶν λαμβάνει,   (구하는 이마다 받을 것이요)

---

43) 김형종, 앞의 책, p.86.

B'. καὶ ὁ ζητῶν εὑρίσκει,
    (찾는 이는 찾아낼 것이요)

C'. καὶ τῷ κρούοντι ἀνοιγήσεται.
    (두드리는 이에게는 열릴 것이니라)

　　교대적 병행의 문장구조는 병행이 나타날 때 같은 순서를 따
라 반복 설명하는 형식으로 기록된다. 위의 문장의 예는 잘 알
려진 내용으로 ABC-A'B'C'의 순서로 구성된 교대적 병행구조이
다. 먼저 알아야 할 것은 ABC는 기도에 대한 하나님의 변하지
않는 약속임과 동시에 명령형 동사로 기록되어 있다. ABC가 모
든 보편적 사람들에게 약속하는 하나님의 명령형 약속이라는 사
실이다. 여기서 "구하라, 찾으라, 두드리라."의 명령형 동사는 히
브리 문장구조의 매우 독특한 특성을 지니고 있다. 그것은 명령
형 동사가 약속한 하나님의 말씀이라고 하더라도 그 약속의 명
령대로 순종을 전제하고 그와 동시에 순종할 때 그 말씀의 결과
물이 실행되도록 설정되었다는 점이다. 따라서 우리가 아무리
"구하라, 찾으라, 두드리라."라는 말씀을 수만 번 암송하며 가슴
에 품고 있다 할지라도 이 말씀은 아무런 일도 할 수 없다는 것
이다. 그 이유는 명령형 동사는 히브리 사고에서 순종할 때 일하
도록 설정되었기 때문이다. 실제로 ABC 단계는 기도와 응답에
대해 약속하는 명령이며 응답 자체는 A'B'C'의 단계를 통해서 우
리가 그 약속의 말씀을 믿고 기도할 때 성취되는 응답이며, 실천
하는 자들이 경험하는 세계임을 알아야 한다. 이것이 본문의 히
브리 문장의 교대적 구조를 통해서 하나님께서 자기 백성을 가

르치시려는 분명하고 확실한 목적이다.

우리가 기도하라는 약속을 붙잡고 직접 기도하는 그 시간이 하나님께서 기도에 응답하시는 타이밍이다. 하나님은 기도나 순종이나 믿음에 대하여 아는 것에는 어떠한 반응도 하지 않으신다. 도리어 우리가 기도하고, 순종하고, 믿음의 반응을 보일 때 일하신다. 이것이 하나님의 약속에 대한 명령형 동사가 지닌 실행 원칙이다. 하나님은 지금도 여전히 기도하고 순종하고 믿음의 반응을 보이는 자를 찾으시고, 그 사람과 함께 세상을 변화시키는 사역을 진행하신다. 이 원칙이 바로 하나님이 제정하신 히브리 사고의 명령형 동사가 가지는 전제이자 원칙이며, 처음부터 마지막까지 변할 수 없는 진리이다.

장문 히브리 문장구조의 종류

지금까지의 획일적인 형태만을 고집하는 사람들의 선입관을 깨고 성경에 새롭게 접근하고 새롭게 해석할 수 있는 획기적인 틀이 마련되었다. 성경이 히브리 문장구조로 되었다는 사실이 우리에게 무엇을 가르치는지 어떠한 의미가 있는지를 알아야 한다. 이는 성경에 대해 지금까지 우리가 알고 있던 것처럼 하나님의 말씀이면서 이제 한 걸음 더 나아가 하나님께서 주시는 설교의 형태를 가진 문장구조로 각 시대에 주어졌다는 사실이다. 그러므로 우리가 성경을 대할 때 하나님의 말씀이 설교라는 문장구조 형식으로 우리에게 주어졌기 때문에 성경 자체가 이미 하나님에 의해서 설교되어진 말씀으로 받아야 한다. 그렇다면 우리가 지금까지 하나님의 말씀을 무조건적인 해석과 주석으로 오늘날의 환경에 적용을 가미하여 설교한 모든 행위에 대하여 되물어 보아야 마땅하다. 목회자는 자신의 의도와 의지를 따라 해석한 설교를 이제 내려놓고 하나님의 설교한 문장구조를 가지고 말씀을 선포하는 자리로 돌아와야 한다. 장문의 히브리 문장구조를 키구조와 새로운 형태의 브이구조로 구분 분류하여 언급하고자 한다.

히브리 문장의 키(X, Chi)구조

히브리 문장구조의 가장 기본적인 형태는 교차 병행구조라고 부르는 키구조이다. 이 형태는 신·구약성경의 많은 분량이 키구조의 형태라고 보면 틀림없다. 이것은 히브리 문장에서만 나타나는 형태로 다른 언어에서는 그 유래를 찾아보기가 어렵다. 만약 우리가 이런 히브리 문장구조로 글을 쓰는 것은 불가능하지만, 성경을 번역하다 보면 이런 구조로만 번역이 가능하게 되어 히브리 문장의 형태로 글이 구성된다. 성경이 이런 형태로 기록될 수밖에 없었던 이유는 바로 하나님의 말씀이 설교의 형태로 듣는 사람의 입장에서 기록된 글이기 때문에 필연적인 결과였다. 결국, 이런 히브리 문장구조의 형태는 하나님의 사고로만 기록할 수 있는 유일한 글의 형태라고 볼 수 있다. 설교 형식의 문장에서는 반복과 점층적인 상승과 설명이 필수적인 것이기 때문에 이런 히브리 사고의 문장구조가 당연한 일이 아닐 수 없었

다.[44]

키아즘 구조는 고대 문헌에서도 쉽게 발견할 수 있는 표현 방법이었어도 지금까지 많은 학자의 관심을 받지 못했다. 오히려 이러한 구조 자체를 인정하려고도 하지 않았다. 그러나 성경을 많이 읽다 보면, 무의식적으로 기억되고 연상되면서 그 의미를 깨닫는 경험을 하게 되는데, 그래서 우리의 선진들은 말씀의 통독을 권장한 것이다. 그러나 여기에서 강조하려는 점은 말씀의 통독에 의한 기억만으로는 그 한계가 있기에 조직적이고 체계적인 연구가 필요하다는 것이다.

이미 잘 알려진 키 구조의 예들은 생략하겠지만 이러한 히브리 사고의 문장 형태가 나올 때 해석자는 세심한 주의를 기울일 필요가 있다. 키구조의 해석은 성경 자체가 이미 해석적인 문장의 구조로 설명을 하고 있으므로 해석자는 그 구조를 분석하는 것만으로 설교의 내용을 모두 준비한 것이라고 보아도 무방하며 그러하기에 자신의 의도를 개입시키지 말아야 할 분명한 이유가 된다.

히브리 문장의 순차적 구조(V구조)

순차적 병행구조는 헬라적 사고에 익숙한 사람들이 가장 쉽게 접근할 수 있는 문장구조다. 히브리 문장구조에서 순차적 병행은 긴 본문 안에서 각 절별로 병행적 구조가 같은 패턴으로 계속되는 것을 말한다. 예를 들면, A와 A'가 순서적으로 설명되고,

---

44) 김형종, 앞의 책, p. 92.

계속해서 B와 B'의 패턴으로 C와 C', D와 D'로 연속적으로 설명되는 구조이다. 이런 구조는 헬라사고에 익숙한 이방인들에게 복음을 전하기 위해 만들어진 특별한 구조로서 순차적 병행구조는 이야기 형태의 글에서 많이 나타나고 있다. 히브리 문장구조의 순차적 병행은 지금까지 획일적인 형태만을 고집한 사람들의 선입관을 깨고, 새롭게 성경에 접근하고 해석할 수 있는 획기적인 틀을 제공하고 있다.[45]

V구조의 본문의 예는 다음과 같다.

누가복음 16:17-31 문장구조 분석	
A. 한 부자(19절)	A'. 한 거지 나사로(20절)
B. 그 부자의 죽음(22절)	B'. 그 거지도 죽음(22절)
C. 그 부자가 음부에서 고통(23절)	C'. 거지는 아브라함의 품에(23절)
D. 아버지에게 처음으로 간구(24절)	D'. 하늘 아버지의 대답(25절)
E. 또 다른 간구 (영혼 구원)(27절)	E'. 아버지의 또 다른 대답(29절)
F. 모세와 선지자들에게 들으라 (29, 31절)	

본문은 히브리 문장의 순차적 구조를 명확하게 보여준다. 비록 히브리 문장의 순차적 구조에 대해 전혀 모르는 사람이라 하더라도 저자가 작성한 본문의 구조만으로, 이 본문을 통해 하나님께서 무엇을 말씀하고 있는지를 발견할 수 있을 것이라 확신한다. 특히 본문은 처음에 도입된 두 사람의 대칭적 관계는 서로

---

45) 구자수, 앞의 책, p.323.

대비되어 말씀하고자 하는 의도를 잘 드러내고 있으며, 중반부에 나타나는 천국과 지옥의 병행이 하나님의 의도를 더욱 분명하게 드러낼 뿐 아니라, 후반부에서의 부자와 주님의 대화를 주목할 때 이 땅의 사람들을 구원하는 방법에 관한 이야기로 마무리 짓고 있는 것을 볼 수 있다. 이렇듯 도표로 표현된 히브리 문장의 순차적 구조는 그 주제나 제목의 언급만으로도 하나님께서 의도하는 것이 무엇이며 무엇을 말씀하고자 하시는지를, 누구든지 이것을 보는 사람들이 알 수 있도록 구성된다는 것이 그 특징이라고 할 수 있다.

V구조의 문장 형태는 특별히 논리성이 강한 서신서에 가장 두드러진 현상이라고 보면 된다. 그 이유는 서신서가 주로 내러티브 문장이 아닌 서술적인 문장으로 된 설교의 형태이기 때문에 이런 구조로 작성할 때 좀 더 쉽게 이 편지를 읽어주고 들려주고 이해하는 데 훨씬 더 효과적인 문장의 형태이기 때문이다. V구조의 키아즘의 해석은 키구조의 해석보다는 우리에게 좀 더 친숙하고 익숙한 형태로 접근할 수 있다. 성경의 기록자가 이미 설교로 해석해서 적어 놓았기 때문에, 설교자가 억지로 해석하려고 애쓰지 않고도 쉽게 설교할 수 있는 형태이다.[46]

V구조의 형태의 문장은 이방인인 우리의 문장의 사고와도 아주 친숙한 문장으로 찾기에도 어려움이 없다. 성경의 기록자가 단순하게 한 문장을 설교하고 연속해서 바로 다음 문장에 자신의 해석을 달아 놓은 형태로 찾기도 쉬울 뿐 아니라 접근하기도

---

46) 김형종, 앞의 책, pp. 93-94.

쉬운 글 형태가 분명하다. 설교자가 성경을 연구할 때 V구조만 찾게 되면 성경의 원저자가 이미 기록해 놓은 순서대로 완전한 설교의 뼈대가 나타나기에 해석하려고 억지로 힘쓸 필요 없이, 설교자는 단지 그 내용 순서의 흐름을 따라 잘 적용하여 설교하기만 하면 된다.

성경에서 V구조의 문장 형태를 많이 접하게 되어 익숙해지면 순차적 V구조가 다시 키구조의 문장 형태로 도치된다는 사실도 발견할 수 있을 것이다.

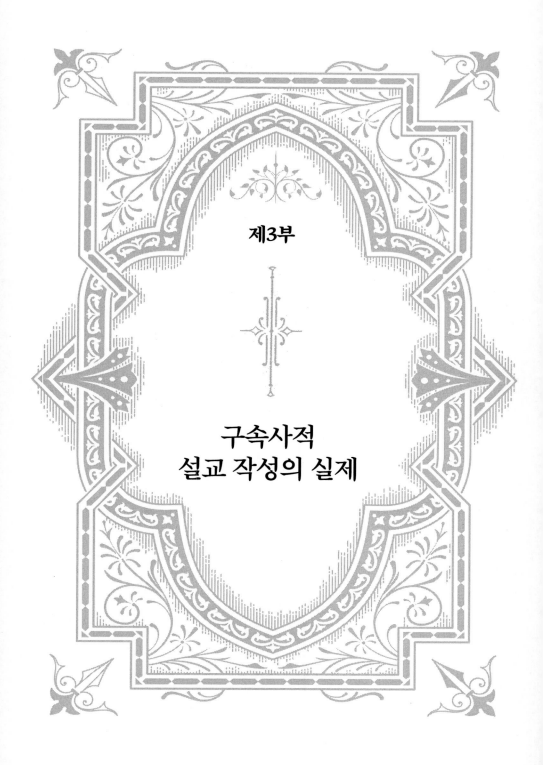

제3부

구속사적
설교 작성의 실제

제 5 장

설교 준비의
일반적 고찰

설교란 크게 두 단계의 작업이라 생각한다. 하나는 원뜻을 정확하게, 깊이 드러내는 일이고, 또 하나는 효과적으로 전달하는 일이다. 전자의 작업이 제대로 되려면, 성경의 언어, 논리, 말하고 쓰는 기법, 사고방식, 시대적 상황과 문화 등에 대한 이해가 선결적이며, 이를 위해 설교자는 끊임없이 연구하고, 배우고, 묵상하고, 무엇보다도 기도하며, 무한 노력해야 한다. 동시에, 효과적인 전달을 위해서도 고민하고 성장을 꾀해야 하는데, 그 작업은 본질적으로 청중에 대한 깊은 영적 애정과 배려로부터 기인한다. 사랑하기에, 대상을 깊이 이해하고, 이해하기 쉬운 현대의 언어와 논리로 효과적으로 전하는 방법을 고민하는 것이다. 물론 신탁을 수행하는 설교자의 직무 특성상, 성경의 내용을 분명히 드러내는 일이 효과적인 전달보다 훨씬 중요한 일이다.[47]

---

47) 송창원, 앞의 책, p.5.

설교는 일반 연설과 공통점이 많으나 두 가지 점에서 다르다. 무엇보다도 설교는 성경적 범주를 다룬다는 것이고 성령의 사역을 통해 유일한 도움이 발견된다는 점이다. 그렇다 하더라도 설교자의 현명하지 못한 처사는 커뮤니케이션 이론가들의 통찰력과 그 발견에 마음을 닫아버리는 것이다.

한 편의 설교가 나오기까지는 많은 과정과 단계가 있다. 그중에서 가장 중요한 것은 설교자의 뜨거운 정성이다. 그 정성은 그리스도의 도구로서 바치고 있는 자신의 감격과 땀방울이다. 한 편의 설교가 얼마나 감명 깊은 메시지로 회중의 가슴을 적시게 되는가의 문제는 바로 설교자가 얼마나 뜨거운 정성을 준비의 과정에서 바치는가에 달려 있다. 설교자가 한 편의 설교를 위하여 바치는 뜨거운 열심과 정성은 단순한 임무의 수준에서 머물 수 없는 문제이다. 이것은 소명을 받은 몸으로서의 당연한 의무이며 주어진 특별한 사명이다. 그것을 위해서는 비천한 인간이 특별한 부름을 받아 자신의 열심과 정성을 바치는 것을 기쁨으로 여기는 설교자의 마음 바탕이 언제나 튼튼해야 한다. 스펄전은 오늘의 설교자들에게 설교자의 뜨거운 열심과 정성에 대하여 다음과 같은 의미심장한 말을 하고 있다.

"그리스도를 위하여 우리의 삶을 소진(消盡)시키는 것은 우리의 의무요, 특권이다. 우리는 화려한 진열장에 놓인 움직이는 인간 박제가 아니다. 오직 모든 것이 태워져야 할 살아있는 희생물일 뿐이다."[48]

한 편의 설교 준비에 할애해야 할 시간과 출발, 범위를 이해하

---

48) 정장복, 한국교회의 설교학 개론, (서울 : 예배와 설교 아카데미, 2016), p.244.

　원전 중심 구속사 설교 성경 해석에서 설교 작성까지

는 데는 각가지 견해가 다양하다. 설교자가 처한 상황과 그 개인의 고유한 습관과 성격은 설교 준비에 있어서 다양성을 인정해 주는 당위성을 가진다.

인간에 대한 하나님의 커뮤니케이션이 해석되고 전수되며 보존되는 현장인 교회는 오늘도 세상에 하나님의 말씀을 커뮤니케이션해야 할 의무가 있다. 이것이 바로 교회의 존재 의미이다. 하나님께서 하나님의 말씀을 특별히 교회를 통해 전하실 때 매우 중요하게 사용하셨고, 지금도 여전히 사용되는 방법 중에서 하나가 설교를 통한 말씀의 선포이다. 그러므로 말씀의 커뮤니케이션으로서 설교 전달은 교회가 지닌 지상 최대의 사명이라 할 만하다. 때문에 복음을 선포하도록 부르심을 받은 사람이라면 자기의 일을 능숙하게 더 잘할 수 있도록 기술을 습득하는 데 관심을 가져야만 한다.

1.
설교와 커뮤니케이션

하나님은 과거에도 말씀하셨고 지금도 여전히 말씀하신다. 하나님은 모든 피조물을 통해 지금도 말씀하고 계신다. 하나님은 성경 안에서 말씀하시며, 성경 말씀(인간에 대한 그분의 커뮤니케이션)이 보전되고 전수되고 해석되는 현장으로써 교회를 만드셨다. 그러므로 교회는 이런 의미에서 세상을 향한 하나님의 살아 있는 음성이라 할 만하다. 결국, 하나님은 여러 가지 모양과 방법으로 말씀하셨고, 지금도 여전히 말씀하신다는 사실은 하나님이 커뮤니케이션의 궁극적인 기초임을 나타내는 것이다.

복음의 메시지가 전달되어야 한다는 사실을 다룰 때 몇몇 중요한 인물에 대한 이야기를 하지 않을 수 없다. 먼저는 4세기 서방 교회의 어거스틴이다. 어거스틴은 『기독교 교리에 관하여 (On Christian Doctrine)』라는 책을 통해서 성직자들이 성경에 있는 진리를 발견하는 방법과 그 진리를 대중에게 효과적으로 전달하는 방법을 알아야 한다고 강조한 바 있다. 그는 헬라 수사학 (Rhetoric)을 사용하여 기독교 진리를 효과적으로 전달함의 중요

원전 중심 구속사 설교 성경 해석에서 설교 작성까지

성을 강조한 최초의 설교학자이기도 했다. 말하자면 어거스틴은 기독교 커뮤니케이션 이론을 전개한 최초의 설교가라고 할 수 있다.[49]

또 하나의 신학자는 1959년『문화의 신학(Theology of Culture)』을 펴낸 조직신학자 폴 틸리히(Paul Tillich)이다. 그는 20세기의 실존적인 질문 등을 신학적으로 대답하면서 기독교 신앙의 내용을 설명하는 데 온갖 노력을 다 기울였다. 그리고 그가 가르치고 있던 뉴욕의 유니온 신학교에서 그는 차원 높은 신학을 담은 설교를 많이 했었다. 그러한 그의 설교가 때로는 회중에게 싫증과 졸음을 주었고, 전달되어지지 않은 채 독백으로 끝날 때도 있었다. 이와 같은 그의 아픈 경험은 그로 하여금 73세가 되던 해(1959)에 그가 발표했던 논문들을『문화의 신학』이라는 책으로 엮어내면서 그 마지막 장에서 기독교의 메시지는 커뮤니케이션이 되지 않으면 안 된다는 결론을 내리게 하였다. 이러한 사실들을 고찰해 볼 때 기독교 신학의 초기와 후기의 거성들 모두 한결같이 메시지는 그 내용이나 존재 그 자체보다는 대상을 향하여 정확히 전달되어지고 그들의 소유가 되도록 안겨 주는데 진정한 가치를 인정받을 수 있다고 확신하고 있다. 또 이들의 공통점은 메시지의 커뮤니케이션을 위하여 여러 형태의 방법 중에서도 설교가 최선의 전달 수단(best vehicle) 임을 주장하는 점이다. 이토록 메시지의 커뮤니케이션에 관한 깊은 관심을 쏟은 이들의 주장은 오늘에 와서 본격적으로 그 빛을 보기 시작하고 있다.[50]

---

49)   주승중, 앞의 책, p.402.
50)   정장복, 앞의 책, p.322.

고전 수사학은 기술적인 세 가지 양식을 명확히 구분했다. 아리스토텔레스는 그것을 에토스(ἔθος)와 파토스(πάθος), 그리고 로고스(λόγος)라고 불렀다. 에토스는 공중 연설에서 말하는 사람의 진실성과 관계되고, 파토스는 그의 감정 사용과 관계되며, 로고스는 이성이나 논리의 사용과 관계된다.

로버트 고이어(Robert S. Goyer)는 커뮤니케이션에 대하여 다섯 가지 본질적인 요소를 제안했는데, 그것은 "정보 발생자(generator), 자극(stimuli), 투사(projection), 정보감지자(perceiver), 식별하여 응답함(discriminative response)"이다. 그의 주장은 "커뮤니케이션이란 본질적으로 이중적이고 의도적이며, 의미의 공통성을 그 목표로 삼고 있다."라는 것이다.

고전학자 조지 케네디(George Kennedy)는 "커뮤니케이션 행위가 대부분 단순 정보 표현을 넘어 상대방의 믿음과 행동, 감정에 영향을 미쳐 전하는 내용을 받아들이게 만들려는 목적을 가진다"라는 점을 들어, 어떤 면에서 수사학은 "인류 문명의 공통 현상"이라고 말한다. 말하는 사람은 누구나 전하려는 의미에 빛을 드리우고 힘을 실어 주는 단어와 은유(메타포)를 선택하고, 사람들의 주의를 모으며 유지하려 언어적·비언어적인 방법을 동원해서 어느 대목은 다른 부분보다 더 강조하게 된다. 누구나 목소리의 크기와 높낮이의 변화, 말의 빠르기 조절을 통해 강조하는 등 어느 정도는 수사학을 사용한다는 것이다.

필립스 브룩스(Phillips Brooks)는 1877년에 유명한 예일 대학교 설교학 강연에서 설교를 이렇게 정의했다. "설교란 한 사람(설교자)에 의해 다수의 사람들에게 주어지는 진리의 커뮤니케이션이다. 그러므로 설교자는 이 진리를 운반하는 방편이다." 이 정의에서 브룩스는 두 인격적인 요소인 설교자와 회중을 다루면서 양자 간에 서로 소통되어야 할 진리의 전달에 깊은 관심을 기울였다. 특히 진리의 운반자로 설교자를 규정함으로써 설교와 커뮤니케이션의 상관관계를 이미 19세기에 뚜렷이 밝힌 것이다. 커뮤니케이션의 중요성은 20세기 후반에 이르러 강력하게 한 번 더 부각하게 되는데. 이는 바로 캐나다의 커뮤니케이션 학자 마샬 맥루한(M. McLuhan)에 의해서이다. 그는 "인간 역사의 발전을 지배하는 것은 커뮤니케이션"이라고 단정하면서 "인간의 자아 인식뿐만 아니라 모든 인간관계의 출발도 커뮤니케이션을 배우기 시작하는 데서부터 이룩되었다."고 하였다. 이러한 그의 주장은 기독교 입장으로도 그 타당성을 인정할 수밖에 없었다. 그 이유는 하나님과 인간의 만남 역시 모두가 이러한 커뮤니케이션에 입각하여 이룩되었고, 오늘날에도 하나님 나라의 현존과 확장의 역사는 인간이 사용하는 커뮤니케이션의 방편을 통하여 계속 진행되고 있기 때문이다.

이런 입장에서 기독교 자체의 절대적 과제는 현대 커뮤니케이션의 이론을 복음 선포의 현장에 시급히 도입하고 그것을 최대한 활용함으로 하나님 나라의 확장과 성도들의 성장을 촉진시키는 일이다. 그러나 안쓰럽게도 우리 교회의 설교 현장은 현대 문명의 최첨단을 달리고 있는 회중들과 그 호흡을 함께하고 있지 못하다. 우리 교회 속에는 여전히 전근대적인 유창한 웅변술이나 자극적인 화술의 기교, 만담적인 설교자의 언어로 회중을 붙들고 있는 사례가 적지 않은 듯하다. 더욱이 영적인 기사와 이적을 앞세운 설교자들의 최면적인 설교가 철없는 양들의 함성 속에 등장하고 있다. 이러한 것들은 분명히 말씀으로 이루어진 거룩한 교회의 미래를 어둡게 만드는 틀림없는 장애물(stumbling block)들이다.

설교자의 소명과 자세

무슨 일을 하기 전에 그 일에 임하는 자세는 대단히 중요하다. 그 일의 승패는 어떤 태도로 임하느냐에 달려 있다고 보아도 좋을 것이다. 설교는 기교가 앞서서는 안 된다. 어떤 설교를 하느냐 혹은 얼마만큼 감동적인 설교를 하느냐보다는 설교자로서의 자세가 더 중요하다. 스스로에게 부끄러운 설교를 준비하는 자가 되어서는 안 될 것이다. 이런 의미에서 설교자는 자신을 향하여 진실해야 한다. 다른 사람들을 속일 수는 있어도 절대로 자신은 속일 수가 없다. 설교의 능력이란 그 설교에 대한 설교자의 태도가 얼마나 진실한가에 달렸다고 보아도 좋을 만하다. 설교는 단순한 지식 전달이나 말장난이 되어서는 안 된다. 은혜를 끼치는 설교가 되기 위해서는 적당한 지식도 필요하고 언변도 있어야 하겠지만. 설교에는 설교자의 인격을 통해서 하늘에 속한 말씀을 성도들에게 전달한다는 속성이 있다. 그러므로 설교자의 가장 중요한 기본자세는 전하는 말씀에 스스로 진실해야 한다. 목회자로서의 설교자는 완벽한 설교를 구현하는 사람이라고 하기보다는 더 나은 설교를 위해 애쓰며 몸부림치는 사람이

원전 중심 구속사 설교 성경 해석에서 설교 작성까지

라 생각한다.

설교자에게는 두 가지 책임이 따른다. 먼저는 성경 진리를 향한 책임이며 또한 듣는 이들을 향한 영적인 필요에 대한 책임이다. 설교가 청중의 삶에 진정으로 영향력을 끼칠 만한 힘이 있으려면, 설교자의 내면이 먼저 전달하고자 하는 하나님의 진리에 몰입되어야 하고, 믿음의 공동체를 향한 그리스도의 심장이 설교자의 마음에 담겨야 한다. 그런 면에서 다음의 E. M. 바운즈의 말은 모든 시대의 설교자들이 깊이 음미할 만한 내용이다.

"설교의 큰 방해물은 설교자 자신에게 있다. 설교자 자신 안에는 생명을 창조하는 강력한 능력이 없다. 생명을 주는 설교는 설교자에게 자기에 대한 죽음, 세상에 대하여 십자가를 지는 영혼의 진통 등 많은 것을 요구한다. 십자가에 못 박힌 설교만이 생명을 줄 수 있다. 십자가에 못 박힌 설교는 십자가에 못 박힌 사람에게서만 나올 수 있다!"

설교자들은 때때로 성경 외에 다른 어떤 것을 전하고 싶은 유혹을 받는다. 설교자는 자기가 가지고 있는 식견이나, 사상 또는 자신의 지식을 전하고 싶어 할 수 있다. 그래서 정치를 얘기하고, 경제와 종교철학을 설교를 빌어 논하기도 한다. 그러나 비록 설교자의 권위를 빌어 말한다고 하더라도 우리가 전하는 메시지가 하나님의 말씀에서 벗어나면 우리는 설교자로서 우리 자신의 권위를 스스로 박탈하는 것이다. 신학이라는 학문도 예외는 아니다. 신학자들은 때때로 건전한 신학 차원을 넘어 다른 어떤 특별한 자기 사상을 주장하고 싶은 열망을 가진다. 그러나 그와 같은 심오한 이론 안에 생명력이나 말씀의 능력이 없다면 바울의 지적과 같이 그것은 세상의 초등학문 이상이 될 수 없을 것이다.

어떠한 수를 써서라도 피해야 하는 것은 본문에 설교자 자신의 목적들을 부과하는 것이다. 이런 일이 생기지 않도록 극히 조심해야 한다. 설교의 역사를 분석해 보면 이런 일이 거듭 발생했음이 밝히 드러난다. 설교가 식별할 수 있는 목적을 갖고 있을 경우 그 설교는 성령의 목적보다는 설교자의 목적으로 판명되는 경우가 한둘이 아니다. 성령의 목적을 자신의 목적으로 삼는 것, 그것이 설교자가 해야 할 일이다.

아울러 설교자는 종말론적인 인식을 지녀야 한다. 다가오는 주일 예배 설교가 자신의 일생에 있어 마지막 설교가 된다면 어떻게 할 것인가? 한 편의 설교를 마친 후 주님이 부르셨을 때 부끄럽지 않아야 하리라. 사도 바울은 하나님의 은혜의 복음을 전하는 일에 투철한 사명감이 있었다(행 20:24). 생명을 다하여 말씀을 준비하는 자세가 있어야 한다. 이번 주일만이 아니라 다음 주일에도 할 수 있으리라는 기대를 해서는 안 된다. 다가오는 주일의 설교가 일생에 마지막 설교라 한다면 설교자는 어떤 자세로 준비할 것인가? 설교자는 그 설교를 듣는 회중들이 마지막으로 듣는 설교가 될 수 있다는 의식을 가져야 한다. 하나님의 말씀의 파수꾼 역할을 게을리한 사람은 준엄한 책망을 면할 수 없다는 것을 알아야 한다(겔 33:7-9). 어떤 사람이 교회에 몇 달을 출석하였지만 복음을 제대로 듣지 못하고 하나님의 심판대에 선다면 어떻게 되겠는가? 설교자는 자신에게 진실해야 하며 종말론적인 자세로 전해야 한다. 이처럼 진실하고 종말론적인 자세를 가진 설교자는 어떤 내용을 증거해야 할까?

교회의 강단이 강의실의 교탁과 엄밀히 구별되는 이유가 있다. 강의는 인간의 지식이 전달되는 과정이지만, 설교는 하나님의 말씀이 엄숙하게 선포되는 순간이기 때문이다. 그러하기에 모든 인간이 그 앞에 겸허하고 경건하게 말씀을 경청하게 되는 것이다. 만일 설교가 성경을 떠나서 종교 수필의 낭송이나 종교 강연의 성격을 갖는다면, 청중은 바로 날카로운 비판과 거부를 당면하게 될 것이다. 그러하기에 바렛(Barrett)은 "설교자는 자신을 나타내거나 자기 주장을 교인들에게 펴기 위해서 강단에 서는 것이 아니라, 가능한 한 인간적인 설명은 적게 붙이고 성경에 담겨 있는 하나님의 진리를 드러내고 표현하기 위하여 강단에 서는 것이다"라고 말한 바 있다.

설교자가 성경의 어느 특정한 책을 선택하여 연구할 때, 그는 원어 연구를 비롯하여 역사적, 문화적, 성경적 그리고 신학적 콘텍스트 등 해당 본문을 전반적으로 연구하는 것이 필요하다. 그는 여러 참고자료를 이용하여 본문에 대한 보다 정확하며 깊이 있는 뜻을 찾기 위해 노력하게 될 것이다. 그는 먼저 본문의 의미를 그의 영적 필요에 적용시키며 그의 마음과 가슴 속에서 그 본문의 말씀이 뜨거운 감동으로 살아 움직일 때까지 기도할 것이다. 그는 본문의 메시지가 원래의 상황하에서, 즉 최초의 수신자들에게 어떤 의미로 주어졌는지를 살펴볼 것이며, 나아가 오늘 그의 청중에게 어떻게 전달할 것인지를 구상하며, 구체적으로 어떻게 적용시킬 것인지에 대하여 고민하게 될 것이다. 그리고 설교가 끝났을 때, 그는 자신의 설교를 돌아보며 그가 그의 사랑하는 청중에게 하나님의 말씀을 전함에 있어 설명은 잘 이루어졌는지. 해석은 충실하게 행하여졌는지 그리고 적용은 적절하게 제시되었는지를 평가해 보는 것이 필요하다.[51]

설교자는 하늘에 속한 주어진 성경의 본문(text)을 현재 땅에 살고 있는 성도들에게 바르게 전하며 가르치고 적용하는 사람이다. 때문에, 설교는 철저하게 성경적이어야 하며 또한 현실적이어야 한다.

우리는 천사들처럼 매일 "여호와 앞에 서서"(욥 1:6, 2:1) 주의 종과 같이 '깨우쳐진 귀'를 구하고(사 50:4) 사무엘이 한 것처럼 주의 종이 듣고 있으니 주께서 말씀하시기를 요청할(삼상 3:10) 필요가 있다. 우리는 "지식을 불러 구하며 명철을 얻으려고 소리를 높이며, 은을 구하는 것 같이 그것을 구하며 감추어진 보배를 찾는 것같이 그것을 찾을" 필요가 있다. 왜냐하면, 그때에 비로소 우리는 깨달으며 하나님을 알게 되기 때문이다(잠 2:3-5), 그러한 구도의 자세는 냉정한 거절에도 아랑곳하지 않는다. 즉, 야곱처럼 하나님을 붙들고서 하나님이 축복하지 않으시면 축복할 때까지 놓지 않겠다는 자세인 것이다. (창 32:26) 하나님께서 귀하게 여기시는 것은 단호한 결단과 열심 있는 심령이다. 주님은 심령이 가난한 자에게 좋은 것으로 갚아주시기를 약속하셨다.

설교 메시지의 원천은 하나님께 있다. 그러하기에 설교자는 자신의 신념이나 생각이 아닌 하나님의 뜻과 의지를 깨달아 그

---

51)   문상기, 앞의 책, p.529.

것만을 청중에게 전달하는 철저한 전달자로서의 역할수행을 해야 한다.

성경과 성경 저자에 대한 존중은 우리로 하여금 구체적인 이야기의 구속사적 맥락으로 돌아오게 부르고 예수 그리스도 안에 있는 하나님의 자기 계시로 돌아가게 한다.

우리에겐 두 가지 과제가 있다. 설교를 통해 우리는 진리의 말씀인 하나님을 섬기고 사랑해야 하며 또 다른 한편으로 우리가 상대하고 있는 사람들을 섬기고 사랑해야 한다. 우리는 매순간 복음을 선포하며 매시간 성경 본문을 선명하게 설교함으로써 말씀이신 하나님을 섬기고 우리의 문화와 마음을 향해 설교함(preach)으로써 사람들에게 다가가야 한다(reach).

설교 전달에서 설교자가 깊이 새겨야 할 것은 성공적인 메시지의 커뮤니케이션은 설교자의 머리와 입으로 해결되는 것이 아니라 가슴의 뜨거운 열정이 절대적인 역할을 한다는 사실이다. 감정의 움직임이란 신뢰와 애착의 정을 비롯하여 사랑과 분노의 정이 있어야 발동된다. 그때 언어와 음정과 몸이 살아 움직인다. 그래서 설교의 전달에는 파토스가 절대적인 요소로 꼽히고 있다.[52]

---

52) 정장복, 앞의 책, p. 284

본문 연구(묵상과 해석)

성경이 어떻게 기록되었고 어떤 목적으로 기록되었는지 안다면 성경이 우리에게 혼란을 주지 않는다는 것을 알 수 있다. 성경이 우리에게 전달해 주고자 하는 의미는 하나다. 교훈을 얻고 적용을 하는 것은 상황에 적합하게 달라질 수 있지만, 말씀 자체의 의미는 하나다. 성경의 궁극적인 저자이자 편집자이신 하나님은 하나의 말씀에 하나의 의미를 담아 우리가 그것을 읽고 이해할 수 있도록 성경을 기록하셨다.

만일 우리가 하나님의 말씀을 현실 세계의 삶의 주제와 어떠한 주요 문제에 연결하는 다리를 놓고자 한다면, 우리는 먼저 성경 본문과 당시의 시대적 상황에 대한 진지한 고려가 필요하다. 우리는 어느 한쪽에만 온전히 머물러 있을 수는 없기 때문이다. 세상으로부터 성경 안으로 들어가는 것(현실도피)이나, 성경으로부터 세상으로 드러내는 것(영합)은 설교 사역에 있어서 치명적인 잘못이 될 수 있다. 이러한 양쪽의 실수는 모두 다리 놓는 일을 불가능하게 만드는 것이며 의사 불통(non-communication)을 불가피하게 한다. 때문에, 계곡 양사면의 지역을 답사하여 완전히 익숙하게 되도록 하는 것이 우리의 책임이다. 그때야 비로소 우리는 둘 사이의 관계를 분별하며, 하나님의 말씀을 어느 정도 민감하고 정확하게 인간의 상황에 맞도록 전할 수 있을 것이다. 그러한 답사란 연구를 의미한다.

설교 내용을 준비하는 과정에서 반드시 개인적인 연구를 주의 깊게 해야 한다. 여러 성경에서도 역시 이것을 강조하고 있다.

원전 중심 구속사 설교 성경 해석에서 설교 작성까지

"내가 이를 때까지 읽는 것과 권하는 것과 가르치는 것에 전념하라"(딤전 4:13)

2193	2064	4337	3588	320	3588	3874	3588
ἕως	ἔρχομαι	πρόσεχω	ὁ	ἀνάγνωσις	ὁ	παράκλησις	ὁ
ἕως	**ἔρχομαι,**	**πρόσεχε**	**τῇ**	**ἀναγνώσει,**	**τῇ**	**παρακλήσει,**	**τῇ**
접종	동직현중수디단1	동명현능단2	관여여단	명여여단	관여여단	명여여단	관여여단
때까지	내가 이를	착념하라		읽는 것과		권하는 것과	

1319
διδασκαλία
διδασκαλίᾳ.
명여여단
가르치는 것에

전념하라(πρόσεχε, 프로세케). 이는 '~을 향하여', '~와 함께', '~가까이에'란 뜻으로 사용되는 전치사 '프로스(πρός)'와 '소유하다'란 뜻의 동사 '에코(ἔχω)'의 합성어에서 유래한 것으로 '(마음을) ~로 향하게 하다', '(마음을) ~가까이에 두다'라는 의미에서 '열중하다', '전념하다'라는 뜻이 있다. 이를 통하여 목회자가 행하여야 할 최우선적인 사명은 바로 성경을 읽고 그 의미를 풀어 생활에 적용하도록 하는 말씀 선포 사역임을 알 수 있다.

성경은 하나님의 감동으로 쓰인 하나님의 말씀이 틀림없다. 그러나 하나님께서는 인간의 특정한 역사적 상황 그리고 저자의 특별한 개성과 영성의 특수성을 모두 고려하셨다. 그리고 그것을 인간의 가장 보편적 의사소통 방법을 통해 하나님의 뜻을 전달하신다. 그러므로 보편적 이해와 접근이 성경연구의 핵심 활동이 되는 것이다.

성경연구는 성경에 대한 우리의 안목이 높아지면 높아질수록 더 열심히 그리고 성실하게 하도록 한다. 참으로 하나님의 말씀이라면 멋대로 아무렇게나 하는 주석은 그만두어야 할 것이다. 성경이 그 보화를 내어놓을 때까지 본문을 꿰뚫는 인고의 시간을 들여야 한다. 우리 자신이 충분히 성경의 메시지를 이해했을 때에야 비로소 남들에게 자신 있게 나누어 줄 수 있을 것이다.

성경을 하나님의 말씀으로 확신한다면 진리이신 하나님께서 우리에게 거짓을 말씀하시지 않으셨다는 확신도 있어야 한다. 따라서 성경의 어느 한 부분을 읽다가 모순처럼 보이거나 불분명한 말씀을 만나면 같은 주제에 대해 더 분명하게 다루는 말씀으로 분별해야 한다.

설교자는 성경 본문에 자신의 주관적인 목적을 부과하려는 경향이 있다. 설교자는 훈련과 경험으로 본문을 주해하기 이전에 본문이 무엇을 말하려 하는지 상당 부분 알고 있다고 믿으며, 더욱이 다음 주일 예배의 설교를 준비하며 어떤 특정한 목적을 위해 본문을 미리 선택해 놓는다. 그리하여 설교자가 목적한 것이 성경 본문의 원래 목적을 누르고 실재로 그 본문을 침묵하도록 만들게 되는데, 이는 교묘한 유혹과 위험이 아닐 수 없다. "설교자가 설교를 하는 한, 성경 말씀을 들어야 하는 것은 의무적인 일이다. 그리고 본문을 접하면서, 설교자는 반드시 자신의 본문 이해가 올바른 것인지 성경으로 하여금 도전하고 질문하도록 해야만 한다."는 다안(James Daane)의 주장은, "반드시 피해야 할 또 다른 교묘한 유혹" 또한 지적하고 있는데, 그 유혹은 다름 아닌 "적용에 대한 관심"이다. "실제적인 연관성을 찾으려고 애쓰다 보면 설교자는 그 본문이 실제로 말하는 것을 들어야 할 시간을 전혀 갖지 못한다. 그래서 적용이 해석을 억누르게 된다"는 것이다.

성경 본문의 의미에 접근할 때 우리는 하나님께서 주신 진리의 말씀을 이해하기 위해 성령의 도우심을 구하며 말씀 해석에 조심스러워야 한다. 또한, 성경 본문 자체는 우리와 시간적, 지리적, 문화적 그리고 언어적으로 상당한 간격의 차이가 있기에 이러한 간격을 좁히기 위한 노력이 동반될 때 우리에게 전달하시려는 하나님의 진리에 접근할 수 있다.

"나로 하여금 깨닫게 하여 주소서 내가 주의 법을 준행하며 전심으로 지키리이다."(시 119:34)

3820	3605	8104	8451	5341	995
לֵב׃	בְּכָל־	וְאֶשְׁמְרֶנָּה	תּוֹרָתֶךָ	וְאֶצְּרָה	הֲבִינֵנִי
명남단	전.명남단연	접.동칼미공1단.여3단	명여단.남2단	접.동칼미공1단(연장)	동히명남2단.공1단
-심-	전- 으로	지키리이다	주의법을	내가-준행하며	나로 깨닫게 하소서

이 말씀 속에서 시편 기자는 주의 법을 전심으로 지키는 이유가 깨닫기 위함임을 밝힌다. 본문의 말씀에 대한 단순한 사실 확인을 넘어 그 의미를 파악하는 해석이 필요한 이유는 곧 바른 적용을 궁극적 목표로 두고 있기 때문이다. 다시 말하면 해석의 오류는 곧 적용의 오류를 초래하기 때문에 성경 저자의 의도를 정확하게 읽어내는 것은 오늘날의 성도의 삶에 적용하는 척도가 된다는 중요한 원칙을 잊어서는 안 된다. 만약 설교자가 성경 본문의 내용에 대한 사실적 관찰이나 본문의 내용에 대한 의미를 진지하고 성실하게 연구하여 확인할 의도가 없다면 어떤 일이 벌어질까? 그 설교자가 강단에서 주장하고 성도들에게 어떤 행위를 요청하거나 주장하는 것이 성경이 말하는 바에서 벗어나

있다면? 더 나아가 설교자의 설교 내용에 따라 자신의 행동 양식을 결정하는 성도들의 삶에 악영향을 끼칠 가능성은 없는 걸까? 성경 본문에 대한 철저한 관찰과 의미의 파악이 없는 설교는 자신의 삶과 성도들의 삶에 엄청난 해악을 끼친다.

어떠한 지식의 분야에서든 가장 훌륭한 교사는 그의 일생을 학생으로 지내는 사람이라는 것에는 두말할 필요가 없다. 그것은 말씀 사역(the ministry of the Word)에 있어서 특히 그러하다. "무엇보다 먼저 학자가 되지 않고서는 훌륭한 말씀의 사역자가 되지 못할 것이다." 스펄전도 이와 똑같은 확신을 지니고 있었다. "배우기를 그만둔 사람은 가르치기를 포기한 사람이다. 성경연구에 씨를 뿌리지 않는 사람은 말씀의 강단에서 훌륭한 수확을 기대하지 못할 것이다." 연구를 기반으로 작성된 설교에는 신선함과 생명력이 있다. 그러나 설교자가 연구하지 않으면 그의 눈은 흐려지고 생명력은 감퇴 될 것이며 필치(筆)는 서툴게 될 것이다.

무엇보다도 설교자는 성경 원전에 대한 지식은 물론 본문 분석을 위한 조직적인 방법을 익힌 훈련된 석의자가 되어야 한다. 주석은 바로 이 성경 저자의 원래 의도 즉 중심 사상을 발견하고자 하는 조직적인 방법이다. 그러므로 "주석은 성경 본문을 이해하는 데 이르기 위한 조직적인 계획"이라고 말할 수 있다. 우리가 논하고자 하는 것은 적어도 설교자가 설교를 위해 주석할 때의 가장 필수적인 단계라 할 수 있다. 이 과정은 설교를 위한 최소한의 성경 주석(Biblical Exegesis for Preaching)을 어떻게 할 것인가를 보여준다.

원전 중심 구속사 설교 성경 해석에서 설교 작성까지

성경의 본문은 언어들의 단순한 나열이 아니다. 본문은 언제나 어떠한 세계(world)를 청중에게 제시한다. 그것은 곧 하나님의 세계이고 하나님의 인격이며 하나님의 이야기이다. 본문은 설교를 통해 하나님의 세계와 청중의 세계가 하나 되고 하나님과 청중이 서로 만나게 되는 역사를 이룬다.

성경 언어의 문법적 분석은 언어가 인간의 의사소통의 주된 수단이며, 언어란 시대적 제한이 있기 때문에 성경 본문의 저자와 독자 간의 독특한 의사 전달의 의도를 파악하기 위해 필요하다. 설교자가 성경 원어를 읽고 분석하는 데는 큰 어려움이 따르긴 하지만, 본문의 정확한 이해를 위해 유용한 사전과 주석 등을 확보해서라도 이 기본적인 본문 연구의 단계를 꼭 거쳐야 한다.[53]

우리들의 성경 해석에 있어서 그 본문이 가지고 있는 구조를 파악하는 것은 올바른 성경 해석에 필수적이다. 성령 하나님의 영감하여 주심으로 성경 기록자가 의도하고 있는 주제와 강조점을 이해하는 것이 원천적이고 필수적이라고 한다면, 이 목적을 위하여 그 본문이 가지고 있는 구조를 바르게 파악하는 것은 불가피하다 하겠다.

성경 본문을 연구하는 과정으로는 보통 관찰, 해석, 적용의 단계로 구분한다. 성경 연구의 마지막 단계인 적용의 중요성을 강조하는 것은 여기에 해석한 내용을 종합하고 그것이 타당한가를 평가함으로 바른 적용에 이를 수 있기 때문이다.

---

53) 정장복, 앞의 책, p.94.

청중에 대한 이해와 분석

본문에서 드러나는 하나님의 진리에 대한 연구는 물론이고, 청중이 어떻게 진리에 반응해야 되는지도 계속 다듬어야 한다. 이는 나중에 청중이 더 잘 기억할 수 있도록 간소화 할 수 있다.

설교는 산천초목을 대상으로 하여 외치는 것이 아니고 허공을 향하여 부르짖는 것도 아니며 어떠한 목적을 위해 특정한 장소에 모인 사람들을 대상으로 하는 것이므로, 설교자가 그 대상이 되는 청중과 그들의 필요를 더 잘 알면 알수록, 그 설교는 청중에게 더 잘 적응될 수밖에 없을 것이다.

오늘 우리는 문자 이후 시대, 즉 멀티미디어 문화, 영상 매체 문화 속에서 살고 있다. 우리는 지금 지난 500년 동안의 문자 시대를 지나 멀티미디어 시대로의 또 한 번의 코페르니쿠스적 전환을 겪고 있다. 그 결과, 멀티미디어 등에 의한 커뮤니케이션의 혁명은 전통적인 교회와 신학이 지니는 패러다임의 변화까지도 요구하고 있다. 그리고 그림, 소리, 문자, 기호, 화상 및 동화상 등의 단일 매체를 동시에 한 자리에 통합적으로 전달하는 이런 멀티미디어 환경은 설교의 커뮤니케이션에 있어서도 패러다임의 변화를 요구하고 있다. 왜냐하면 이런 멀티미디어 환경은 오늘 청중의 생각과 행동에 커다란 영향을 끼치고 있기 때문이다. [54]

언어를 통한 커뮤니케이션을 연구할 때, 듣는 사람을 중요한

---

54) 주승중, 앞의 책, p.448.

원전 중심 구속사 설교 성경 해석에서 설교 작성까지

고려 대상으로 삼는 경우는 거의 없었다. 듣는 사람이 분명 능동적이지 않고 커뮤니케이션 과정 중에서 쉽게 연구할 수 있는 분야가 아니라는 점을 인정하면 이해가 되는 부분이다. 대부분의 수사학자들과 설교학 교수들, 또 설교가들은 말하는 사람에 관해 관심을 가져왔다. 그들은 화자의 건강이나 영적 능력, 웅변의 은사나 이와 비슷한 개인적 특성들에 관심을 보였다. 설교, 곧 설교의 명료성, 신선함, 시대성, 신학, 예화, 구조, 언어 그리고 메시지와 관련된 비슷한 항목들에 주의를 기울여 왔다. 그러나 청중에 관하여는 어떠한가? 커뮤니케이션이 전하는 사람과 메시지, 전달 통로(매체)와 받는 사람을 포함하는 하나의 과정이라고 한다면, 우리가 전하는 사람과 메시지만을 주고려의 대상으로 삼는 것을 과연 정당하다고 할 수 있을까? 분명히 그렇지 않을 것이다. 커뮤니케이션의 행동적 연구방법이 이룩한 중요한 공헌 가운데 가장 큰 하나는 그 초점을 청중에 맞추었다는 점이다. 이렇게 청중에게 초점을 둠으로 그 결과 곧 청중의 변화된 태도나 가치, 신념 등을 관찰할 수 있게 되었다. 이렇게 함으로 현대 커뮤니케이션 이론은 화자와 메시지에만 주의를 기울였던 고전적 이론에서의 불균형을 바로잡는 역할을 하게 되었다.

설교자는 본문이 말하는 하나님의 메시지가 무엇인가를 확신했다면 다음 과제는 이 메시지가 들려질 청중이 누구인가에 관심을 집중해야 한다. 설교는 일정한 문서전달이 아니고 들려지는 메시지이며 의사소통의 과정이다. 그러므로 설교는 청중이 들어야 하고 청중이 듣고 인지적, 감성적, 의지적 변동이 일어나야 한다. 같은 내용일지라도 청중에 따라 그 반응이나 인식 정도가 매우 다른 것은 우리의 보편적 삶에서 번번이 느끼는 생활경험이다. 따라서 하나님의 메시지도 내용이 동일하다 할지라도 청중의 형편과 사정에 따라 전달되는 방법과 기술 그리고 사용될 언어 구사가 달라야 하며 그 반응이 다를 수 있는 것은 당연한 것이다. 이런 청중의 차이를 세밀하게 고려하지 않고 일방적으로 설교자의 수준에 입각한 설교를 할 때 같은 주제와 같은 내용이라도 때에 따라 청중은 이해할 수도 없고 가슴에 감동을 받을 수도 없는 경우가 허다하다.

설교에 있어서 신학적인 요소는 사회문학적이고 역사적인 상황 안에서 살아가는 사람들의 삶과 신학에 의미가 있을 때에야 비로소 그 가치가 있는 것이 된다. 청중을 해석한다는 것은 우리의 성도들이 살아가고 있는 세상에 대해서 알고 그 결과 그들에게 의미가 있고 그들이 사는 것과 상관이 있는 설교를 하기 위함이다.[55]

성경적으로 설교하며, 문화 내러티브를 향해 설교하는 것은 설교의 기본으로 당연하나 이것만으로는 충분하지 않다. 비록 진리가 선명하더라도 그것이 청중에게 받아들여지지 않는다면, 말씀에 순종하지 못할 것이다. 단지 정확하고 흠잡을 데 없는 설교로는 곤란하다. 설교란 듣는 이의 생각과 관심을 사로잡아야 하고, 그들의 마음을 파고드는 강렬함이 있어야 한다. 설교가 확고한 주장과 진리를 향한 용맹스러운 직면이 있다 할지라도 메마르고 따분한 연설에 그친다면, 마음에 회개가 일어나지 않을

---

55) Thomas H. Troeger, Leonora Tubbs Tisdale, 최영현 역, 귀에 들리는 설교, (서울 : 예배와 설교 아카데미 2018), p.126.

뿐 아니라 아무리 올바른 교리의 선포라 하더라도 애초에 들으려고도 않을 것이다. 바라건대, 설교는 오순절 날에 선포된 베드로의 첫 번째 설교처럼, 듣는 이의 마음을 "우리가 어찌할꼬" 찔러야 한다.

효과적인 설교는 성경의 본문만을 해석하는 것이 아니라 청중과 그들의 상황을 분석해야 한다. 브라운(Teresa Fry Brown)이 말한 대로 "설교자는 특정한 때와 특별한 목적을 가지고 있는 개별적인 상황에 처한 삶에 대한 본문을 말로 해석하는 사람이다." 따라서 성경 본문의 주석과 회중의 주석(분석)은 병행되어야 한다. "설교는 그 자체로 독립될 수 있는 것이 아니다. 설교는 상호 협력적인 이벤트이다." 청중을 해석하는 것은 목회적으로도, 신학적으로도 중요하다. 목회적으로 설교를 하려 할 때 성도들을 개인적으로 아는 것뿐만 아니라 회중 전체로 파악하는 것이 필요하다.

메시지가 선포되었다고 기대한 대로 청중이 바로 반응하지 않는다. 어떤 사람은 거름막으로 막아버리고 할 수 있다면 메시지를 피하게 되는데, 이것을 선택적 노출(selective exposure)이라 한다. 또 듣기를 선택적으로 거부하는 경우(선택적 경청, selective attention), 듣기는 들어도 자신의 방식으로 오해하는 경우(선택적 이해, selective comprehension), 충분히 이해는 하나 변화되지 못하는(선택적 수용, selective reception) 등으로 반응을 보일 수도 있다.

청중에 대한 정확한 파악이 설교 구성에 왜 필요한가를 확연히 인식해야 한다. 우리가 대인관계에서 간혹 실패하는 이유는 많은 경우에 다른 사람도 다 나 같을 것이라는 착각에서 기인한 것이다. 개개인이 다름같이 각각의 집단인 청중 또한 서로 다른 인식도와 청취 감각과 이해의 영역을 지닌다. 또한, 청중의 특성이 어떻게 다른지를 잘 파악해야 한다. 청중은 그 사고의 역동성에서도 서로 다른 사고의 영역과 사고과정의 차이가 있음을 설교자는 파악해야 한다. 특정한 연령, 지역, 최종학력 등 지역교회의 성도들에게는 그들에게 해당되는 건강한 부분과 어려운 부분이 다르며 그들이 안고 있는 풀리지 않는 문제가 다르다. 설교는 인간의 문제에 대한 답변이다. 답변을 전달하는 설교자는 답변을 들어야 하는 청중의 상황, 인지능력, 감성적 특수성을 알고 설교 원고를 작성해야 한다. 마치 야구의 투수가 타자의 특성을 잘 알 때 스트라이크 아웃이라는 목적 달성을 위해 다양한 구질의 공을 선택하는 것과 같다. 또한, 세일즈맨이 제품을 파는 목적의 달성을 위해 고객의 형편에 따라 제품의 접근 방법을 달리하는 것과 같다. 이와 같이 설교자 또한 청중들의 성향을 잘 파악하여 설교의 전달이라는 목표 달성을 위해 여러 가지 다양한 방법들을 사용해야 한다.

평균적인 청중에게 초점을 맞추어 말씀을 전할 때 그것은 대부분의 사람들에게 유용하고 정확한 것이 된다. 우리 대부분은 이러한 청중 분석을 다른 사람들과 더불어 살아가는 과정에서 서로 관계를 맺음으로 비공식적으로 행해 왔다. 효과적인 커뮤니케이션을 위해서는 이러한 일을 더 공식화할 필요가 있다. 즉, 그것을 보다 체계적으로 행할 필요가 있다는 말이다. 왜냐하면, 우리 앞에 앉아 있는 모든 사람이 육체적 필요와 심리적 필요로 얽힌 문제들을 어떠한 상황에 가져오는지 더불어 의미 있는 커

원전 중심 구속사 설교 성경 해석에서 설교 작성까지

뮤니케이션이 이루어지기 위해서 반드시 이해되어야 하는 신학적 변형까지 복합되기 때문이다.

오늘날 설교자에게 있어서 중요한 과제 가운데 하나는 설교의 본문을 청중의 구속적 필요에 적용하는 것이다. 즉 메시지 안에 청중의 구속적 목적을 담아야 한다는 말이다. 이것은 설교자가 그의 본문 안에서 구속의 메시지를 밝혀내야 한다는 것을 말한다. 성경 안에서 발견되는 하나님의 메시지의 궁극적인 목적은 다름이 아닌 구속이다. 따라서 주어진 본문에서 구속의 메시지를 발견하기 위해 본문의 상황적 배경을 충분히 고려하여 본문의 뜻을 찾아야 하고 본문이 성경 전체의 상황과 어떻게 연결되었는가를 조직신학적 관점에서 살펴보아야 한다. 왜냐하면, 하나의 본문은 성경의 전체 목적과 직접적 간접적으로 연결되어있기 때문이다.

설교의 내용이나 주제가 청중에 따라 달라져야 한다는 말이 아니다. 본문의 핵심은 어떤 경우에도 변해선 안 된다. 그럼에도 불구하고 설교의 초점을 청중에게 맞춘다는 말은 어떻게 그들에게 이 주제를 가장 효과적으로 이해시키고 설득하고 오해 없이 전달할 것인가에 대한 고민이다.

청중은 우리 인격을 신뢰할 때 우리의 메시지도 신뢰할 것이다. 여기에는 빠져나갈 길이 없다. 사람들은 단지 우리의 말과 논증, 삶과 유리된 우리의 호소만 수신하는 게 아니다. 그들은 항상 그 근원을 감지하고, 심지어 평가한다. [56]

---

56) Timothy keller, 채경락 역, 앞의 책, p.256.

성령 의존적인 설교와 대립하는 대표적인 설교 행태는 청중을 중심으로 한 설교다. 은혜를 끼쳐야겠다는 의욕이 과도하게 작동되는 설교를 말한다. 설교에서 청중의 문제는 한두 마디로 처리할 수 없다. 청중 없는 설교는 가능하지 않다. 청중의 영적 상황을 제대로 파악하지 못한 설교는 공허한 외침으로 전락하게 된다. 청중과의 영적인 공명이 일어나는 설교라야 성령의 활동이 된다는 점에서 설교 행위에 있어서 놓칠 수 없는, 놓쳐서도 안 되는 요소가 바로 청중이다. 그러나 엄밀한 의미에서 설교자는 청중에 대한 관심을 내려놓아야 한다. 최소화해야 한다. 그 이유는 과도한 관심이 설교를 포퓰리즘(대중주의)에 빠뜨리기 때문이다.

2.
설교 작성시 유의점

설교를 가능하게 하는 전제조건은 하나님께서 설교자를 통하여 청중에게 말씀을 전하기 위해 설교자와 함께하시기에 가능하다는 것이다. 따라서 설교자는 자기의 생각을 전해서는 안 되며 하나님께서 본문을 통해 청중에게 전하고자 하시는 말씀을 전해야 한다고 가정한다면 설교 작성에도 역시 같은 원리가 작용 되어야 할 것이다.

성경을 읽을 때 우리는 자기도 모르는 사이에 본문의 의미를 발견하기 위해 독특한 역사와 가치, 지식과 경험, 문화 등을 가져온다. 더 나아가 성경이 인간의 언어로 역사 안에서 쓰였다는 점은 모든 성경 말씀이 역사적 문화와 언어의 영향을 받았음을 의미함과 동시에 성경이 하나님의 감동으로 된 신적인 책이라 하더라도 역사적 특수성과 문학적 기교를 가진 인간의 책이기도 하다는 것이다. 그러므로, 성경이 히브리적인 독특한 역사적인 배경과 여러 문학적인 장르-산문, 시, 예언, 또는 비유-로 저술되었다는 사실을 바탕으로 본문을 이해해야 한다. 또한, 하나님의 말씀인 성경은 명료하다는 특징을 가지고 있다. 그 이유로는 성경 안에서 발견되는 예수 그리스도의 구원을 이해하는 것이 어렵지 않다는 것이다. 그러함에도 여전히 신중한 해석이 필요한데, 이는 누구라도 해석을 하지 않고서는 읽는다고 할 수 없기 때문이다. 이렇듯 성경을 대할 때, 두 가지 다른 원리를 기억하는 것이 중요하다. 첫째 해석자는 하나님의 말씀을 오직 성령으로 해석할 수 있어야 하며(고전 2:13~16), 둘째 성경이 성경을 해석하도록 해야 한다는 것이다.

설교자는 성경에서 일어난 과거의 사건과 진리가 현재 우리 삶의 현장에서 무엇을 의미하며 그 말씀들을 오늘 우리의 삶에 어떻게 적용해야 하는가를 찾아서 실제의 삶에 실천하도록 하는 말씀이 되어야 한다. 아울러 본문의 의미를 찾아내어 선포해야지 자신의 사상을 본문에 첨가하여 그것이 마치 성경 본문의 뜻인 듯 설교해서는 안 될 것이다.

설교를 위한 석의 작업

설교를 위한 본문이 확정되면 곧바로 착수해야 할 일은 본문에 대하여 석의 작업을 철저하게 펼쳐야 한다. 여기에서 석의(exegesis)란 하나의 설교 본문에 담겨 있는 본래의 의미(original meaning)를 찾는 작업이다. 본문 안에서 저자가 의도한 바가 무엇인지 바르게 찾는 것은 성경 해석에 있어서 가장 중요한 일이다. 석의를 가리키는 용어 'exegesis'는 헬라어 'ἐξηγέομαι'에서

원전 중심 구속사 설교 성경 해석에서 설교 작성까지

온 것이다.

'ἐξηγέομαι(1834 엑세게오마이)'는 ἐξ(엑스: ~로부터)와 ἡγέομαι(헤게오마이, 2233: 인도[지도]하다, 생각하다)에서 유래했으며, (a) '소개하다, (증거로) 제시하다, 소개자나 원인이 되다'. (b) '설명하다, 해설하다, 공손히 말하다, 자세히 이야기하다'를 의미하며, 이 단어는 시, 법률의 해설, 제사장의 종교적 가르침, 신들의 계시를 뜻하는 전문 용어로서의 문자적 의미는 '인도해 내다, 이끌어 내다'이다. 이것을 해석과 연관하여 말한다면 본문의 본래적 의미를 이끌어 내는 것이라 할 수 있다.

'ἐξηγέομαι'는 ἐξ(out of, from)와 합성된 것으로서 본문으로부터 나오는 의미를 찾는 것을 가리킨다. 'exegesis'와 상반되는 개념으로 'eisegesis'는 헬라어 전치사 'εἰς(into)'로부터 온 것으로서 해석자의 상황 안으로 본문이 들어감으로 본문 해석에서 해석자의 주관이나 청중의 '체감 필요(feltneeds)'가 우위에 서게 되는 경우를 지적한다.[57]

성경은 기본적으로 누군가의 글이며 문헌이다. 글을 이해하고 그 의도를 파악하는 데는 매우 객관적이며 공정하고 자연스러운 연구가 필수이다. 이 과정이 무시된 주관적인, 소위 영감이라는 해석은 무분별한 악용되기 쉬운 매우 무책임한 설교자의 태도라 할 수 있다. 성경이 모세오경에서부터 요한계시록에 이르는 수천 년의 역사와 특정 상황에서 쓰인 도서의 집합이라는 점에서 당연히 문헌으로서의 석의적인 해석과정의 필요가 증대된다.

---

57) 문상기, 앞의 책, p.319.

또한, 완벽한 해석을 얻어내는 일은 쉽지 않겠지만 원래 성경을 쓴 저자의 상황과 그 사람이 사용한 단어의 뜻과 그 의도가 무엇인지 살핌으로 신빙성을 담보할 수 있게 된다. 본래의 뜻을 알기 위한 치열한 연구가 없는 성경 해석이 주관적으로 치우치게 되는 것은 당연하다. 그렇게 된다면 본문을 보는 설교자의 객관적 시각이 파괴되어 본래의 뜻을 놓치고 왜곡된 진리를 전하는 상황으로 전개될 수밖에 없다.

석의란 주어진 본문이 최초의 수신자들에게 무엇을 말했는지 혹은 무엇을 뜻했는지를 찾아내는 작업이다. 석의는 그 자체로 끝나지 않고 충실한 설교 작성에 핵심 역할을 하게 된다. 석의 과정에서 설교자는 본문을 분해하고 분석하였다가 설교를 작성할 때는 그렇게 분석된 말씀을 다시 종합적인 재배치로 해석 작업을 마무리하는 것이다. 설교의 준비가 주의 깊은 석의 과정을 통해서 시작되어야 하는 이유는 설교자가 설교를 준비한다고 할 때, 그는 진리를 창조하는 창조자가 아니라 본문 안에 담겨 있는 진리를 찾는 탐구자이기 때문이다. 설교자는 하나님께서 이미 주신 메시지를 선포하고 설명하는 것이다.

석의(exegesis)의 주된 목적은 본문이 말하고 있는 의미를 정확히 포착하는 데 있다. 많은 설교 신학자들은 그 최고선의 방법으로 기록된 언어의 문법적인 분석과 함께 그 본문 삶의 정황(Sitz im Leben)에 대한 심층 연구를 통해 그 의미를 포착하도록 권한다. 그 이유는 그 말씀이 선포되어야 할 필연적인 시대적 상황이 있었기 때문이다.

설교자가 운반해야 할 본문 말씀의 진의를 제대로 바르게 파악하지도 못한 채 그 말씀을 청중에게 전달하는 것은 크나큰 실수를 범하는 일이다. 따라서 설교자의 일차적 임무는 자신이 전하고자 하는 본문 말씀을 정확하게 이해하는 일인 것이다. 그것을 위해 원어를 연구 분석하고 주석과 사전을 활용하여 그 뜻을 명확히 찾아내는 과정이 필요하다. 이 과정에서 설교자는 본문을 깊이 통찰하는 날카로운 성경학도의 자세로 그 말씀이 육하원칙에 따라 누가, 언제, 어디서, 어떻게, 어떠한 목적으로 누구에게 기록한 것인지 분석하며 문맥상의 자료를 비롯한 그 시대의 모든 여건을 고려해야 한다.

미국 설교학회의 회장을 역임했던 웨이드 휴이(Wade Huie Jr) 교수는 한 편의 설교를 준비하기 위해 주어진 본문에 대하여 다음과 같이 일차적 연구를 하고 있다고 밝혔다.

"주어진 본문이 무엇을 말씀하고 있는지를 찾기 위하여 원어 성경과 각각 달리 번역된 여러 권의 성경을 내 앞에 펼쳐 놓는다. 그리고 원어 사전을 비롯하여 성구 대사전, 성경 사전, 본문을 문법적으로 분석해 놓은 책들을 펴 놓고 그 본문을 나의 말로 다시 쓴다. 그리고 '누가, 언제, 어디서, 무엇을, 왜, 어떻게'라는 질문을 던진다. 그리고 그 말씀의 전후 관계와 시대적인 상황들을 비롯하여 중심된 단어와 구절들을 세밀히 연구 분석한다."

한 사람의 설교자로서 하나님의 말씀인 본문을 명확하게 이해하고 책임 있게 선포하고자 하는 좋은 실례의 모범이라 할 수 있다. 이상과 같은 과정은 어느 특정된 사람만이 할 수 있고, 또 해야 할 일이 아니라 설교자라면 누구나 당연히 이행해야 하는 임무라고 여겨진다.

'여호와 이레'라는 말속에 함축된 장차 예루살렘 성전이 건축되어 각종 제사가 드려지는 예시와 아울러 하나님께서 친히 준비하신 제물이신 갈보리에서 피 흘리시고 죽으실 그리스도의 희생을 내포하고 있다고 생각한다. 성경 전제가 하나님의 구원 역사의 기록이고 그리스도의 십자가 수난이 그 결정이며 구약의 많은 사건들이 그리스도의 구속 사역을 예시하고 있으므로 이러한 추정은 설득력을 갖는다고 할 수 있다.

창세기 22:14에서 '여호와 이레'에 대한 석의 작업을 해보자.

"아브라함이 그 땅 이름을 여호와 이레라 하였으므로 오늘날까지 사람들이 이르기를 여호와의 산에서 준비되리라 하더라"(창 22:14)

7200	3068	1931	4725	8034	85	7121
רָאָה יִרְאֶה׀	יְהוָה׀	הַהוּא	הַמָּקוֹם	שֵׁם־	אַבְרָהָם	וַיִּקְרָא
동갈미남3단/고유 이레	고유 여호와	관.형지남단 그	관.명남단 땅	명남단연 이름을	고유 아브라함이	와접.동갈미남3단 라 하였으므로

7200	3068	2022	3117	559	834
רָאָה יֵרָאֶה׃	יְהוָה	בְּהַר	הַיּוֹם	יֵאָמֵר אָמַר	אֲשֶׁר
동니미남3단 준비되리라	고유 여호와의	전.명남단연 산에서	관.명남단 오늘까지	동니미남3단 사람들이-하더라	관계

여호와 이레 - 'יְהוָה יִרְאֶה(여호와 이르에)'에서 'יִרְאֶה(이르에)'와 준비되리라-'יֵרָאֶה(예라에)'의 히브리어 원어의 기본형은 רָאָה(라아)'이다.

רָאָה(7200, 라아) '보다, 바라보다, 조사하다'를 의미한다. 이 단어는 또한 '준비하다' to provide를 의미하는데 대체로 하나님께

서 예비하시는 것을 가리킨다. 삼상 16:1, 창 22:8, 14(영어에서 to see to something[어떤 일을 보다]은 '그것을 준비하다'를 의미하는 것과 마찬가지다).

'여호와 이레'의 영어번역본 NIV와 NAS 등은 "주(여호와)께서 제공할 것이다"로 번역하였다.

> [NIV] So Abraham called that place <u>The LORD Will Provide</u>. And to this day it is said, "On the mountain of the LORD it will be provided."
>
> [NAS] And Abraham called the name of that place <u>The LORD Will Provide</u>, as it is said to this day, "In the mount of the LORD it will be provided."

한글 번역은 '여호와 이레'라고 했는데, 이것은 원어를 그대로 음역한 번역이다. 많은 번역에서 "나의 필요를 채우시는 하나님", "나의 필요를 공급하시는 하나님"으로 '여호와 이레'를 번역하여 사람에게 초점을 맞추어 이해하는 것은, 그렇게 기대하고 바라는 쪽으로 마음이 기울어졌기 때문이다. 하지만 분명히 해야 할 것은 시야(sight)와 관계가 깊다는 점을 염두에 두어야 할 것이다. 하나님은 번제물을 보여주신 것이지, 아브라함 개인의 필요를 채워주거나 준비하신 것이 아니다. 하나님이 요구하신 희생제물(속죄 제물을 상징)은 하나님이 친히 보여주실 것이란 메시지가 담긴 사건이다.

적용의 문제

설교는 신자들의 삶에 말씀이 적용되도록 돕는 역할을 한다. 그래서 설교자는 성경 본문 연구는 물론 적용에도 능해야 한다. 자기가 깨닫고 전한 말씀대로 현실의 삶에서 스스로 적용하는 모습에 본을 보여야 함은 두말할 필요도 없다. 그렇기 때문에 올바른 주해와 적용은 참 교회를 세워나가는 일에 핵심이 되는 거룩한 일이다.

설교는 '그때, 그들'에게 주어진 본문을 '여기, 지금(here and now)'의 청중에게 연결하는 행위이다. 이것은 다른 말로 하면 청중을 본문 속으로 끌어들이는 것이요, 본문을 청중의 구체적인 삶 속에 관여시키는 것이다. 그리하여 본문과 청중의 접촉이 이루어지게 하는 것이다. 더 구체적으로는 본문의 이야기, 세계, 상황의 접촉이 이루어지는 것이다. 다른 면에서 보면, 이것은 청중의 본문에의 참여를 의미한다. 이와같이 설교를 통하여 본문과 청중 사이에 구체적인 접촉이 이루어지도록 하는 것을 설교의 적용이라고 보아야 한다. 그러므로 어떤 점에서는 설교 그 자체가 적용 행위라고 말할 수도 있다.[58]

적용에는 이론적인(mental) 것과 실제적인(practical) 것 두 가지가 있다. 이론적인 적용은 지성과 관련된 책망(reproof)과 바른 교훈(doctrine)이라 할 수 있다. 책망은 잘못된 생각을 회복시키는 성경의 교훈을 따르도록 하는 지성에 관한 것이고 바른 교훈이

---

58) 정창균, 앞의 책, p.54.

란 성경의 가르침을 사용하며 무엇을 믿어야 하는지에 대한 바른 판단을 위한 정보를 제공해 주는 것이다. 실제적인 적용은 행동과 생활 양식에 관련된 교정(correction)과 지침(instruction)을 말한다. 교정은 불경건과 불의의 삶을 변화시키는 교리의 적용이며 이는 경고를 포함하며 지침은 가정이나 국가, 그리고 교회에서 바르게 잘 살기 위한 교리의 적용으로 권면을 포함한다.

　적용은 그것을 듣는 사람들과 환경과 시간과 문화의 필요에 의존되어야 한다. 그렇지만 진리는 변하지 않는다. 우리는 언제라도 이웃을 사랑해야 한다. 그러나 적용은 변하지 않을 수 없다. 이웃이 누구인가? 언제 사랑하라는 것인가? 어떤 상황에서 어떤 관점으로부터 사랑하라는 것인가? 그것은 어떤 모습으로 표현되어야 하는가? 등의 질문이 나올 수 있다. 베드로가 오순절에 모여든 군중을 향하여 "회개하고 세례를 받으라."고 전하는 내용을 담고 있는 사도행전 2:38 말씀조차도 적용하는 데는 시간의 제약을 받는다. 사람들은 언제라도 회개하지 않으면 안 된다. 그것은 진리이다. 그러나 무엇을 회개하라는 것인가? 죄는 사람마다 세대마다, 문화마다 서로 다른 복합 형태를 지니고 있다. 오래 묵은 설교 원고를 찾아내서 다시 생각해 보거나 써 보지도 않고 적용을 위해서 바꾸어 보지도 않고 그대로 설교할 수는 없다. 주해와 주석 그리고 신학은 그것이 명확하다면 근본적으로 변함이 없어야 한다. 반대로 적용은 역동성이어야 하고 그 역동성이 존중되어야 한다. 설교는 하나님에 관한 진리를 전한다. 그 진리는 지금 그들의 환경에서 그들의 현실적인 필요를 안고 내 앞에 직접 서 있는 그 사람들과 관계되는 진리이다. 적용은 결코 고정된 형식으로 주어지는 것이 아니다.

말씀이 실제 청중에게 적용되지 못한다면, 그 메시지는 불발탄과 같아서 지금껏 수고한 모든 것이 무용지물이 되고 그에 대한 책임은 설교자에게 되돌아올 것이다. 그러하기에 다니엘 바우만은 "충실한 석의와 주의 깊은 주해를 하고서도 전혀 무가치한 적용을 한다는 것은 비판을 받을 수밖에 없다"라고 말한 바 있다. 실질적으로 청중들에게 결단을 촉구하는 적용이 없다면 그 설교는 결코 성공했다고 말할 수 없다. 그러므로 "적용이 시작될 때 비로소 설교가 시작된다."라고 말할 정도로 현대 설교학에서 적용은 비중 높게 평가되는 것이다. 이 적용이 본문과의 대화에서 실질적인 최종적 목표가 된다고 할 수 있다. 적용이란 하나님의 말씀인 메시지와 청중이 성령의 역사하심으로 만남이 일어나는 엄중한 순간이다. 그러기에 적용을 통해서 인간의 기대를 초월하는 생생한 결실들이 발생하는 것을 볼 수 있다. 베드로가 설교 이후 수많은 무리의 즉각적인 "우리가 어찌할꼬"하는 반응은 적용의 단계가 원하는 전부라 해도 과언이 아니다.

적용에 대한 근본적인 원리는 먼저 그 구절이 율법적 진술인가 복음적 진술인가를 아는 것이다. 말씀을 선포할 때 율법과 복음은 서로 다른 작용을 하기 때문인데 율법은 죄의 민낯을 드러내게 되고 부수적인 효과로 마음을 자극하고 각성시키기는 하지만, 결정적으로 율법은 죄의 문제를 해결하지 못한다. 하지만 복음은 무엇을 해야 하는가를 명시할 뿐만 아니라 성령의 능력을 취하여 역사를 이룬다. 성령으로의 중생은 복음을 믿어 받아들이고 복음이 명하는 것을 행할 능력을 받는다. 그러므로 가르침의 순서는 율법이 먼저이고 복음이 그다음 된다.

스펄전은 "적용이 시작되는 곳에서 설교도 시작된다."라고 하였다. 예수 그리스도의 복음은 결코 앞선 세대에서 다음 세대로 전해지는 단순한 정보만은 아니다. 오히려 복음은 청중을 불러 모아 자기 마음을 살피게 하고 하나님과 만나게 해 주는 것이다. 때문에, 충실한 석의와 주의 깊은 설명을 다했다고 하더라도 실제 생활에 적용되는 복음을 가볍게 다룬다면 그것은 비난받아 마땅하다. 어떤 행동이나 결단을 일으키지 못하는 설교는 설교의 기본적인 규범의 하나를 이루지 못한 것이다.

적용의 문제는 설교를 설교 되게 하는 완성요소이다. 적용을 통해 설교자는 설교의 목적을 구체화할 수 있다. 또한, 청중은 설교를 통해 자신들의 문제를 구체적으로 깨닫고 수용하면서 이 시점에서 자신이 무엇을, 어디서, 어떻게 변화시킬 것인가에 대한 해답을 얻는다. 따라서 설교에 있어서 적용은 이렇게 정의될 수 있다. 성경적 설교에 있어서 적용이란 설교자와 청중이 그 설교를 전달하고 혹은 듣고 나서 그 설교로 말미암아 설교자 자신과 청중 스스로에게 변화되기를 바라는 인격의 변화, 지식의 변화, 행동의 변화, 태도의 변화될 구체적 내용이다.

로마서의 내용에 대한 이해는 일반적으로 11장까지 '믿음으로 말미암은 의'라는 주제를 중심으로 한 교리적 가르침이고, 12장부터는 그 은혜를 경험한 성도들에게 마땅한 생활적 교훈이다. 이런 구조적 이해에서 12:1은 매우 중요한 역할을 하고 있는데, 이 구절에서 핵심적인 역할을 하는 "영적 예배"라고 번역된 부분은 좀 더 정확하고 깊이 있게 이해되고 설명될 필요가 있다.

"너희 몸을 하나님이 기뻐하시는 거룩한 산 제물로 드리라 이는 너희가 드릴 영적 예배니라"(롬 12:1)

3936	3588	4983	4771	2378	2198	40
παρίστημι	ὁ	σῶμα	σύ	θυσία	ζάω	ἅγιος
παραστῆσαι	τὰ-	σώματα-	ὑμῶν	θυσίαν	ζῶσαν,	ἁγίαν,
동부과능	관목남복	명목중복	명대소복2	명목여단	동분현능목여단	형목여단
드리라	관목남복	몸을	너희	제사로	산	거룩한

2101	3588	2316	3588	3050	2999	4771
εὐάρεστος	ὁ	θεός	ὁ	λογικός	λατρεία	σύ
εὐάρεστον	τῷ	θεῷ,	τὴν λογικὴν	λατρείαν	ὑμῶν·	
형목여단	관여남단	명여남단	관목여단	형목여단	명목여단	명대소복2
기뻐하시는	하나님이		드릴 영적	이는 ~예배니라	너희의	

"영적 예배"로 번역된 우리말 성경에서 "영"이 'πνεῦμα(프뉴마)'와 같이 일반적으로 사용하는 '영(spirit)'을 의미하는 단어를 번역한 것이 아니라, 'λογικὴν(로기켄), λογικός(3050, 로기코스)'라는 단어를 번역한 것이다. '로기코스'는 '로고스'에서 파생된 형용사로서 태생적으로 로고스의 의미를 품고 있다. 그래서 헬라어 문헌들에서 '로기코스'는 동물의 속성과 대비되어 인간에게만 있는, 신적인 속성으로서의 합리성과 지성적 요소를 나타내기 위해 쓰였다. 또한, 저차원적이고 미신적인 종교 행위와 반하는 개념으로의, 차원이 높은 합리적인 종교성을 나타내는 의미로 사용되었다.

'몸을' σώματα(소마타) σῶμα(4983, 소마-NANP)는 소스(σῶς: 온전한 entire)에서 유래한 것으로, 혹자들은 어근 sla, sko(덮다)에서 유래한 것으로 여기기도 한다. 이 단어는 (a) '사람이나 동물의 죽은 육체, 시체' (b) '사람이나 동물의 살아있는 몸, 인체의 몸통, 온몸' (c) 확대된 '전인(The whole person)', (d) '노예들'(복수 소마타) (e)

식물들의 몸 (f) 하늘의 천체들 (g) 신체라는 의미와 일치하는 요소 '형태, 모습(소크라테스 이전 작가들)' 등을 의미한다.

'소마'에 대한 헬레니즘과 기독교의 시각과 관심의 차이가 여기서 두드러진다. 바울은 우리의 '소마'가 성령이 거하시는 하나님의 성전(고전 3:16 : 6:19)으로 경멸하거나 부끄러워해야 할 대상이 아니라 하나님께서 값으로 사신 귀한 것이라고 증거하였다. 따라서 이 단어는 본질에서처럼 전인을 의미하는 데도 사용될 수 있었던 것이다. 우리는 영혼 뿐만 아니다. 육체를 통해서도 하나님께 영광을 돌려야 한다(고전 6:20). 우리는 우리의 몸을 하나님께 산 제사로 드림에 있어서 적어도 두 가지를 경계해야 한다. 하나는 자신을 죄로 더럽히지 않도록 경계하는 것이고, 다른 하나는 자신의 몸을 쓸데없이 학대하지 않도록 주의하는 것이다. 고행은 바람직한 것이 아니다. 우리에게 대한 하나님의 요구는 '소마', 곧 '전인(the whole man)'의 헌신이다. 바로 바울이 말한 "이는 너희의 드릴 영적 예배니라"라는 표현은 우리가 하나님께 드려야 할 예배의 모델을 제시하여 주는 것이다. 바울이 여기서 '영적'이란 의미로 사용한 '로기켄은 합리적, 이성적' 이란 뜻이다. 자신의 '소마'를 온전히 하나님께 드리는 것이 바로 합리적인 예배이다. 바울은 진정한 예배란 장엄한 종교의식을 행하는 것이 아니고 하나님께 미사여구의 기도를 드리는 것도 아니며 자신의 삶을 매일매일 그분께 바치는 것이라고 말하고 있다. 이것이 의롭다 인정받은 자로서 영적 예배의 참 의미를 아는 사람들의 마땅히 추구해야 할 삶이다.

제 6 장

실제적인
설교의 작성

설교가 실행되어 완성되는 데는 예외 없이 네 가지 요소가 있다. 첫째는 설교자 둘째는 설교 내용 셋째는 설교 전달 매체 마지막은 설교의 청중이다. 이 네 가지 요소가 균형 있게 유기적 관계를 유지하면서 전달될 때 같은 내용의 주제라도 가장 효과적으로 설교를 전달할 수 있다.

메시지의 논리와 구조를 요구하는 이 시대에 선포되는 설교가 일정한 형태를 제대로 갖추지 못한다면 설교는 쉽사리 무질서하게 될 것이 자명하다. 수많은 설교 사역의 문제점들은 설교의 이론과 실제에 대한 훈련을 제대로 받지 못한 설교자들에 의해 확산 날로 심각해져 간다는 것이고, 이것이 바로 현실이다.

설교는 설교자가 본문을 선택하여 본문에 대한 석의와 해석, 적용 과정을 거쳐 작성하게 된다. 이미 성경 안에 흐르고 있는 신학적인 주제들 안에서 본문을 연구하고 심층 분석하여 진리를 발견하고 파악할 뿐 아니라 구체적으로 설계하여 구성하며 최종적으로는 청중에게 전달하는 과정까지도 수반하게 되는데 이러한 전달을 위한 마지막 단계가 설교의 작성이다.

좋은 설교문과 나쁜 설교문의 차이에는 설교자에게 일차적 책임이 있지만, 좋은 설교와 위대한 설교의 차이는 설교자에게 보다는 청중의 마음을 움직이시는 성령의 역사에 달려 있다고 하겠다.

설교가 성경적이어야 한다는 확실한 명제에 있어서 중요한 요소는 무엇보다도 신구약성경의 핵심인 예수 그리스도를 통한 구속을 온전하게 드러내는 능력이다. 내일을 준비하는 설교자는 설교 작성에 있어서 연역법의 오랜 전통과 함께 귀납법의 신선한 등장을 서로 비교해 가면서 자신의 설교에 적절하게 응용할 방법을 깊이 생각하여야 한다.

1.
설교의 전개

설교의 형태는 설교의 유형에 따라 활용하는 효과적인 전개 방법으로 보는 것이 타당하다. 즉 본문과 주제의 성격에 따라 적절히 전개하는 형태로 설교를 구성할 수 있다는 것이다. 설교의 전개 방법으로는 대체로 기독교의 역사와 함께 지금껏 이어진 일반적인 연역법적 전개와 설교의 변화를 요구하는 새로운 패러다임으로서의 귀납법적 전개, 두 가지 방법으로 크게 구분되어진다.

원래 연역법이라는 말의 사전적 의미는 "어떤 명제로부터 추론의 규칙에 따라 결론을 끌어내는 논리의 형식"이다. 설교에서는 중심 개념 혹은 하나의 주제를 설정한 후 그것을 예화와 같은 특별한 예증으로 설명하며 결론에 이르는 형태로 활용해 오고 있다. 설교의 주제가 먼저 청중에게 제시된 후에 그 이유나 입증 타당성을 설명해나가는 형태의 본론 전개가 보통이다. 이런 본론 전개는 청중에게 일단 설교자의 중심 주제가 명백하게 제시된 후 이 주장이 어디서, 왜, 어떻게 왔는가를 차례대로 설득해나

가는 형태로 본론 전개가 이루어진다. 그러므로 설교의 토픽 대지들의 전개는 설교의 주제를 입증하는 형태가 된다. 선택된 본문 안에서 주제를 정한 후 대지들을 통해 그 주제를 구체화시키는 지금까지의 방식은 모두 연역적 전개에 속한다고 할 수 있다.

연역적 전개의 유리한 점으로는 처음부터 설교의 주요점이 분명히 드러날 뿐아니라 설교 내내 이것이 강조될 수 있다는 점이다. 아울러 이 방법은 청중이 이해하기에 도움이 되는데, 그 까닭은 청중이 처음부터 그 여행의 목적지를 알게 되어 결국 그 목적지로 향하는 길을 잘 따라갈 수 있기 때문이다.

귀납법이란 논리학에서 연역법과 상반되는 개념으로 전래한 하나의 논법으로, 이 논법은 개별적인 특수한 사실이나 상황으로부터 보편적이고 일반적인 원리를 찾아내는 논리이다. 앞에서 말한 연역법적 전개에서는 설교를 시작함과 동시에 그 설교가 추구하려고 하는 주제와 방향이 뚜렷하게 부상되어 진다. 때문에, 그 결론도 예측할 수 있게 된다. 반면 귀납법적 전개에서는 주제와 방향을 밝히지 않은 채 출발하게 되며 설교의 주제나 명제 같은 중심 개념들이 청중에게 상세히 열거되지 않고 진행되다가 설교의 마지막 부분에서야 앞에서 보이지 않던 메시지의 핵심이 드러나 밝히 보이게 되는 형태이다. 이러한 형태는 결론을 향하여 나아가는 과정에서 회중이 함께 참여하여 함께 생각하고 함께 메시지를 발견하게 하는 데 그 일차적인 의미를 두고 있다. 이처럼 귀납적 전개는 교훈적 형식의 설교에 사용되어도 좋겠지만 특별히 이야기 형식의 설교에 알맞다는 것을 알 수 있다. 이렇듯 연역적 전개에 비해서 귀납적 전개가 지닌 장점은 "귀납적 설교는 청중에게 마치 그들 스스로가 그 아이디어에 도달하여 그것을 찾아낸 듯한 일종의 성취감을 갖게 한다"는 점이다.

적절한 설교의 형태를 갖추는 일은 모든 설교자에게 시간을 요구하는 작업이다. 노력을 한다고 해도 매주 요구되는 일들을 회피하기는 어렵다. 어떤 사람은 설교를 쓰기 위해서 지혜롭게 매일 일정한 시간을 엄격하게 떼어놓는 사람도 있다. 이런 개인 적인 시간은 설교자에게 나중에 필요할 만한 것들을 잠시 갈무 리해 두거나 그렇게 넣어두었던 일을 다시 시작할 수 있게 해 준 다. 이런 잠시 보류하거나 꺼내서 되살리는 일은 설교를 준비하 는 데에 있어서 기본적인 리듬을 이룬다. 갈무리하는 것은 어렴 풋한 것이 확실한 것이 되기 위한 조용하고 보이지 않는 과정이 진행되게 하고, 되살리는 것은 설교가 진전이되도록 각 단계별 로 추진하는 것이다. 설교는 정신과 마음이라는 토양에 뿌려진 씨가 자라는 것이다.

설교의 전개 형태의 결정은 설교자가 본문의 문장구성과 문맥 형태 그리고 청중의 선호도 등을 고려하여 설교의 아웃-라인을 변화와 창의적 방법으로 설정한다. 중요한 것은 설교의 목적과 주제가 얼마나 효과적으로 청중에게 전달될 것인가가 설교 형태 의 결정 핵심요인이다.

설교의 중심사상

모든 설교는 단 하나의 분명한 중심사상이 있어야 한다. 다시 말해 모든 설교는 하나의 중심사상을 가져야 하는데 그 중심사상은 그 설교의 본문이 가지고 있는 것이어야 한다. 그런 면에서 그래디 데이비스(H. Grady Davis)는 "잘 준비된 설교는 한 가지 중요한 사상의 구체화요 발전이며 완전한 진술"이라고 주장한다. 그러므로 효과적인 설교를 하기 위해서는 무엇보다 먼저 중심적이고 전체를 통일시키는 하나의 중심사상이 반드시 있어야 한다.

성경은 기본적으로 이스라엘에게 선지자를 통해서 주신 메시지이다. 이것이 이방인이요 전혀 다른 문화를 가진 우리에게 지금 이 상황에서 어떻게 그 맥과 주제의 끊임이 없이 논리적, 신학적, 문어법적으로 타당한 연결성을 가지고 지금의 청중에게 전달될 것인가의 문제이다. 기본 베이스는 언제나 성경의 본문 자체이다. 이 본문을 전달하는 데 중심 주제는 하나님의 마음, 의도, 메시지가 핵심이며 하나님의 마음이 곧 강해적 주제이다. 강해적 주제는 성경이 처음 쓰였을 당시 그들의 문화와 역사와 상황에 맞게 저자들로 하여금 전달되었다. 이 말씀이 이 시대를 살아가는 우리에게는 우리의 문화, 역사, 상황에 필요한 말씀으로 연결되어야 한다.

"설교를 작성하는 사람에게 중요한 것은, 그 본문에서 으뜸가는 주장을 들어보는 일이다. 그런데 이것은, 이차적인 주장들이 어떻게 그 으뜸가는 주장에 알맹이와 의미를 주는가를 이해할 때 비로소 들리는 것이다." 그러므로 우리는 본문 안에 들어있는 수많은 요소를 하나씩 보려 하지 말고 그 대신에 이 선정된 본문에서 어떻게 그 다양한 요소들이 서로 연결되고 또한 그런 독특한 결합을 통해서 어떤 의미를 드러내는지를 보아야 한다.

설교의 중심사상을 결정할 때, 설교자는 먼저 주해의 중심사상이나 혹은 신학적인 중심사상을 염두에 두어야 함과 동시에 설교를 들을 회중의 상황도 함께 떠올려보아야 한다. 그들이 처해 있는 삶의 자리는 어떠하고 그들의 고민과 문제점은 무엇인가? 살펴야 한다. 설교가 적실성(relevance)을 가지고 선포되기 위해서는 설교 메시지가 성경 본문의 근거를 지니고 있어야 하며 청중의 상황에 부합하게 선포되어야 한다. 청중의 상황에 부합하게 설교 메시지가 선포되도록 하기 위해서 설교의 핵심 사상은 청중의 상황과 신학적인 중심사상이 서로 만나고 어우러지는 과정을 거쳐야 한다.

먼저 성경 저자의 '목표'를 분별하는 것이 필요하다. 본문을 기록한 저자가 원독자에게 기대하는 것, 다시 말해 본문을 통해 독자들이 생각하고, 느끼고, 배우고, 행하기를 기대하는 것이 무엇일까? 아는 것이다. 이를 알기 위해서는 본문을 깊이 들여다보아야 한다. 거듭된 읽기와 분석을 통해 본문을 파고들면서, 본문에 대한 연속적인 주석(running commentary)을 확보해 가고, 본문이 말하고 암시하는 모든 것을 항목화해야 한다. 본문에 나타난 많은 사상 중 무엇이 중심이고 무엇이 주변인지를 물어야 한다. 다른 말로 다른 사상들이 합력하여 지지하고 설명하는 중심 개념이 무엇인지를 추적해야 한다.[59]

해돈 로빈슨(Haddon Robinson)은 그의 잘 알려진 설교학 교재

---

59)　Timothy keller, 채경락 역, 앞의 책, p.282

에서 말하기를 "설교의 중심사상은(Main Idea) 주제(subject)와 보어(complement)로 이루어진다"라고 설명한다. 어떤 하나의 중심사상이 완전해지기 위해는 이 둘이 필수적이다. 여기서 주제란 "내가 무엇에 관해 이야기하는가? (What am I talking about?)라는 질문에 대한 완전하고 명확한 대답을 의미한다." 그러므로 설교의 중심사상을 말할 때, 그 주제는 한 단어일 수 없다. 예를 들어 사랑이나 섬김, 찬양 같은 단어는 주제가 될 수 없다. 왜냐하면, 이것은 너무 추상적이고 나타내려고 하는 의미가 분명하지 않기 때문이다. 그러므로 설교에서 주제는 하나의 단어로 혼자 존재할 수 없다. 이것만으로는 불완전하기에 보어가 필요한 것이다. 여기서 보어는 "내가 이야기하고 있는 그것(주제)에 대하여 나는 정확하게 무엇을 말하고 있는가? (What am I saying about what I am talking about?)라는 질문에 대한 답"을 의미한다. 그래서 보어는 주제를 완성시켜 준다.

"우리가 아직 죄인되었을 때에 그리스도께서 우리를 위하여 죽으심으로 하나님께서 우리에 대한 자기의 사랑을 확증하셨느니라"는 로마서 5:8의 말씀으로부터 몇 가지 진리를 가르칠 수 있다. 인간의 죄악과 그리스도의 죽으심 하나님의 사랑에 관하여 설교할 수 있을 것이다. 이 세 가지 모두 한 구절 안에 언급되어 있기 때문이다. 그러나 이 본문의 중심사상은 우리 같은 죄인들을 위하여 그리스도의 죽으심이 "우리에 대한 하나님의 사랑의 확증"이라는 사실이다. 그러므로 로마서 5:8에 대한 설교에서 "하나님은 당신의 사랑을 어떻게 확증하셨는가"의 문제가 제기되어야 하고 또한 그리스도를 통한 객관적 증거(그의 십자가, 8

절)와, 성령을 통한 주관적 경험(우리의 마음속, 5절)과도 연결되어
야 할 것이다.

설교자가 설교의 중심사상이나 초점이 되는 진술을 하나의 문
장으로 확실하게 만들 수 없다면 그는 아직 설교단에 설 준비가
덜 되었다고 할 수 있다. 설교자가 자신이 준비한 설교의 중심
사상을 한 문장으로 표현하지 못한다면 그 설교는 분명 목표 없
이 이리저리 표류하게 되는 위험에 빠지게 될 것이다. 그러한 설
교는 여러 가지 많은 생각으로 가득 차 있는 세상의 청중들에게
그들이 의지하고 살아갈 만한 분명한 메시지를 전달해 주지 못
하게 된다.

설교가 성경 본문의 중심사상들을 충분하게 드러내면서 그 중
심사상이 청중에게도 조율되어야 한다. 왜냐하면, 설교는 본문
과 청중을 연결하는 다리와 같기 때문이다. 결국, 설교자가 한정
된 시간 동안에 청중에게 은혜를 끼치는 효과적인 설교를 하기
위해서는 하나의 중심적이며 전체를 통일시키는 사상을 전달할
수 있는 논리 정연함이 있어야 한다는 것이다.

설교의 목적

설교의 중심사상이 결정되면 이제 이 설교의 중심적인 메시지
를 통해서 설교자는 자신의 설교를 들을 청중에게 어떠한 결과
가 나타나기를 의도하는지, 그러한 메시지를 던지는 의도가 무
엇인지, 설교의 목적과 이 목적을 달성하기 위한 설교 전체의 전

략적인 구조를 정해야 한다. 설교의 의도나 목적이 불분명하면 설교는 본문에 대한 주해적인 설명, 혹은 강의로 전락하기 쉽다. 또 설교자가 열심히 그리고 열정적으로 무언가를 전하더라도 설교가 끝나고 나면 그 메시지는 연기처럼 사라지기 쉽다. 장기적으로는 설교에 반응하지 않고 그저 설교시간 자체만을 즐기는 교인을 양산하게 된다. 설교의 목적을 결정하는 단계는 꼭 설교의 중심명제를 결정하고 나서 순차적으로 그 다음에 일어난다기보다는 신학적인 아이디어를 결정하고 나서 설교의 중심 사상을 결정하는 과정에서 거의 동시에 진행되는 것으로 이해하는 것이 현실적이다.

오늘날 설교학자들은, 설교자가 메시지뿐만 아니라 설교의 목적 다시 말해 이 설교를 하는 이유가 무엇인지 이 설교를 통해 무엇을 이루려는지를 분명하게 해야 한다고 점점 더 많이 주장하고 있다. 설교자는 다음과 같은 질문을 반드시 해야 한다고 제안하였다. "저자가 이것을 기록한 이유는 무엇인가? 저자는 이것이 독자들에게 어떤 영향을 줄 것이라고 예상하였는가?" 그러므로 설교의 목적은 성경 본문의 목적과 일치하게 되는 것이다. 설교자는 우선적으로 이 특정 본문이 성경에 포함되어 있는 이유가 무엇인지를 알아내야만 하며, 이것과 더불어 하나님께서 이 설교를 통하여 오늘날의 청중들에게서 무엇을 이루기를 바라시는가를 마음으로 결정해야 한다.

설교의 목적은 "당신은 왜 이 설교를 하려고 하는가? (Why do you preach that sermon?)"에 대한 대답이라 하였다. 즉 설교의 목적이란 설교를 한 후의 결과로서 청중에게 일어나기를 기대하는 변화에 대해 말해주는 것이다. 설교의 목적에 대하여 설교의 기능(function)이라는 말로 표현한 에모리 대학의 설교학 교수인 토마스 롱(Thomas Long)은 "설교의 기능(목적)은 설교가 청중과 함께 행하려고 하는 것"이라고 말하였다. 설교자는 청중의 태도에 변화가 일어나도록 해야 하는데 그러려면 설교를 준비하는 과정에서 목적에 대한 진술을 분명히 드러낼 수 있어야 한다. 토마스 롱은 설교의 목적 진술은 "설교자가 설교를 통해 청중에게 일어나기를 바라는 것을 표현한 것"이라고 말한다. 그러므로 설교자가 자신의 설교를 통하여 사람들의 삶을 변화시켜야 할 어떤 구체적인 면의 제대로 된 이해가 없다면, 그것은 참으로 유감이 아닐 수 없다.

여기서 설교자들이 유의해야 할 점은 설교는 강의가 아니라는 것이다. 강의실에의 교수가 지니는 정신이나 자세와는 전혀 다른 것이 설교라는 것이다. 강의실의 강의는 지식을 다루나 강단의 설교는 생명을 다룬다. 강의실은 나의 지식에 바탕을 두고 있으나 설교는 하나님의 말씀에 바탕을 둘뿐만 아니라 하나님 자신이 주인이 되어 설교자를 통하여 말씀을 주시는 것이다. 탁월한 설교자로 설교에 대한 커다란 파장을 불러일으켰던 해리 포스딕(Harry Emerson Fosdick)은 "강의란 전제된 주제를 설명해 주는 데 그 관심이 있을 뿐이지만 설교란 던져진 목적을 성취시키는 데 집중적인 관심을 쏟는 것"이라고 말하며 강의와 설교의 차이점에 대해 밝혔다.

설교자가 반드시 기억해야 할 것은 설교의 목적은 어떤 주제나 제목에 대하여 잘 논의하고 설명하는 것이 아닌 주어진 설교의 목표를 성취하는 것이다. 설교의 목적이란 설교자가 하나님 말씀의 진리를 선포하고 가르쳐 청중에게 일어나길 바라는 구체적 변화의 진술이다. 이 변화는 단순히 청중만이 아닌 설교하는 설교자 자신에게서도 일어나야 하는 구체적 변화이다. 말씀의 선포로 일어나기를 바라는 결과로 설교자와 청중의 내면에서 본문으로 공감대로 이루어질 분명한 설교 목적을 설정해야 한다. 그것은 설교하는 본인과 청중에게 일어날 사고의 변화, 영적 깨달음의 변화, 인격적 변화 나아가서는 행동적 변화를 기술하는 일이다.

설교자는 언제나 본문의 원래 목적과 조화를 이룸으로써 그것을 존중해야 한다. 그러나 설교자는 구약의 상황에서 갖게 된 본문의 원래 목적을 신약의 상황으로 그리고 신약의 상황에서부터 오늘날의 상황으로 확대할 수 있는 것이다. 이는 성경의 본문들이 정경에 포함될 때는 새로운 맥락에 놓였던 것이므로 본문의 목적도 역시 새로운 초점을 얻기 때문이다. 더욱이 이로써 성경의 본문은 하나님의 점진적 계시의 한 부분이 된 것이므로, 본문의 목적을 융통성 없이 [원래의 상황만 고려하여 기계적으로 파악하는 것]은 하나님의 계시가 점진적 계시라는 사실을 오히려 무시하는 것일 수도 있다.

설교의 주된 목적은 설득하는 것이다. 설교 이론에서 '설득'이라는 단어는 목적을 이룩하기 위한 하나의 과정으로 사용되고 있다. 이 말은 원래 수사학에서 대상이 자신의 말에 공감하고, 말하는 사람이 원하고 바라는 방향으로 움직여 줄 때 사용하는 말이다. 이 어휘에 대한 현대의 행동과학자들의 개념을 빌리면

원전 중심 구속사 설교 성경 해석에서 설교 작성까지

화자가 시청각의 상징적인 계기를 통하여 듣는 이의 행동에 영향들을 끼치는 의식적인 행위로 해석하고 있다. 그러나 설교의 이론에서는 설득이란 목적을 설정하고 선포된 메시지의 전달을 통하여 표적된 인격체의 변화를 의식적으로 시도하는 것이라고 말한다.

설교의 일반적인 목적에 대하여 그래디 데이비스(H. Grady Davis)는 다음과 같이 말하였는데 "신약 시대에 나타난 설교의 일반적인 목적의 세 가지 양상은 복음 선포(proclamation)와 가르침(teaching)과 치유(therapy)"라는 것이다.

설교의 목적은 어떤 경우에도 듣는 회중이 설교자의 말에 반응하는 것이 아니라 하나님의 말씀과 만나는 데 있다. 설교자는 감추어지고 오직 말씀만이 드러나 설교를 듣는 회중 앞에 나타나게 되어야 한다. 하나님의 말씀을 전하는 설교의 목적은 적용을 통한 청중의 변화에 있다. 이런 설교의 목적을 달성하기 위해 이해시키고 설득시키는 과정이 필요하며 이런 점에서 설교를 작성할 때 설득과 선포의 균형을 적절히 해야 한다.

설교의 구성과 개요

설교에서 개요(outline)란 줄거리, 전체의 윤곽이라고 정의할 수 있는데 설교자가 말하고자 하는 내용을 함축하여 줄거리를 잡는 것이다. 이 개요는 전체 내용의 개념이 쉽게 이해될 뿐 아니라 기억될 수 있도록 일정한 형식과 언어로서 표현되어야 한다. 가장 최선의 개요는 전개하려는 사상을 일정한 형식을 갖추어 세련되게 다듬어 표현하여 쉽게 제시하는 것이다. 설교의 개요는 본문의 많은 내용을 축소하고 요약하는 것으로 화가가 그림을 그리기 위해 구상을 하고 윤곽을 잡아나가는 것과 같으며 건축가가 집을 짓기 위한 설계도를 작성과 그 기초인 골조공사를 하는 것과 같다고 할 수 있다.

설교에서 개요는 주제를 풀어 개념화한 것이다. 개요는 곧 설교의 핵심 골격이며, 설교의 내용은 개요를 설명하고 입증하는 것이다.

설교자가 설교를 작성하려고 할 때 설교의 청사진이라 불리는 설교의 개요(outline)를 빼놓는다면 결코 좋은 설교를 만들 수 없다. 유명한 설교가 존 스토트는 설교를 일컬어 다리 놓기(bridge-building)라고 말한 바 있다. 설교란 성경 본문인 고대 세계(ancient world)와 청중의 삶의 현장인 현대 세계(modern world) 사이에 다리를 연결하는 작업이라는 것이다. 2천 년 전 세계에 기록된 하나님 말씀이 21세기 오늘의 세계에 어떤 의미를 지니고 있는가를 석의 작업을 통해 연결지어 주는 작업이 설교라는 말이다. 설교가 이렇게 다리 놓는 작업이라면 어떤 다리를 놓을 것인가 하는 청사진이 없이 어떻게 다리를 놓을 수 있겠는가? 그런 면에서 설교를 작성하려고 때 설교의 청사진인 설교의 개요는 참으로 중요하다고 하겠다. 훌륭한 설교는 분명한 개요를 통해서 만들어지기 때문이다.

설교를 건축물에 비유한다면 설교의 윤곽은 기초공사 후에 건축물의 뼈대를 세우는 일과 같다. 설교 윤곽의 구성에 대한 사실

원전 중심 구속사 설교 성경 해석에서 설교 작성까지

상의 법칙은 없다. 윤곽의 모양새에 대한 원칙을 세우는 것이 그리 바람직한 방향도 아니다. 왜냐하면, 설교의 윤곽은 궁극적으로 설교의 주제와 목표가 어떻게 전달되고 달성될 것인가의 효과성의 문제이지 그 자체가 목적이 아니기 때문이다. 다시 말한다면 설교의 윤곽은 설교의 주제와 목표가 특정한 청중에게 가장 잘 전달되고 이해될 수 있는 형태가 가장 좋은 설교의 윤곽이라 말할 수 있다.

설교에서 개관을 세우는 것은 사고 발전에 질서와 합리성을 주기 위해서이다. 비록 일부 사람들이 그것을 좋아하지 않고 조롱한다고 하더라도 유능한 설교자들은 점차 그런 것을 두려워하지 않게 된다. 올바로 이해된다고만 하면 구조는 목적이라고 하기보다 수단임을 알 수 있다. 설교에서 툭툭 불거진 뼈대를 없애는 방법은 아예 골격을 제거해 버리는 것이 아니라 실질적인 살로 그것을 옷 입혀 버리는 것이다. 보통 원고로부터 자유하거나 또는 원고에 너무 매달려 있지 않을 수 있는 자유를 의미하는 설교할 때의 자유는 논리적이고 설교할 때 쉽게 생각날 수 있는 구조로부터 온다고 할 수도 있다.

설교의 중심사상과 목적을 논리적으로 분해해서 분해된 내용을 순차적으로 배열하거나 여기에 육하원칙 또는 대조적인 개념에 대입시켜 설교 전체의 구조와 개요를 작성할 수도 있다.

다양한 형태의 설교 형식을 구성하는 데 있어서 가장 전통적인 방법 가운데 하나는 설교의 개요(outline)를 구성하는 것이다. 다시 말해 각 부분의 조직적인 그림과 전달하고자 하는 메시지의 순서를 만드는 것이다. 따라서 그동안 수 세기에 걸친 많은 설교학 교재는 설교의 개요를 만드는 것이 설교의 구조를 디자인하는 데 가장 효과적인 방법이라고 인정했다. 설교의 개요를 만든다는 것은 설교자가 무엇을 말할 것인가를 선택하게 하며 그로 말미암아 설교의 여러 가지 다양한 요소 사이의 논리적인 연결을 선택하게 한다. 그래서 일단 좋은 설교의 개요가 작성되면 설교자는 하나의 완전한 설교를 위해 이제 살을 붙이기만 하면 되는 것이다.

좋은 구성은 균형 잡힌 내용 제시를 가능하게 하며 특정 부분에 대한 지나친 강조나 동시에 다른 부분을 약화시키는 오류를 피하게 한다. 이처럼 균형 잡힌 내용 전개는 설교자로 하여금 전 단계에서 다음 단계로 자연스럽게 이어져 나아가게 하는 데 도움을 줄 뿐만 아니라 청중으로부터 설교자의 진실성을 강화시켜 준다. 견고하게 이루어진 구성은 청중에게도 유익을 제공한다. 좋은 구성은 청중에게 설교자의 사상 전개를 순조롭게 따라가도록 돕는다.

설교는 잘 짜여진 구조의 보호가 결여될 때 질서를 잃고 만다. 필립스 브룩스(Phillips Brooks)의 말에 의하면 "쓸 때의 참 자유는 법칙을 따를 때 온다. 그리고 설교의 개념을 철저히 만들면 만들수록 그 설교는 마치 잘 막아진 둑 사이로 흐르는 강물이 바로 흘러가듯이 더 자유롭게 흘러갈 것이다."라고 하였다.

설교의 개요를 만들 때 비교적 용이한 방법으로는 설교의 중심사상을 문제로 전환시키면서 이 문제를 본문의 어느 부분에서 해결로 제시하고 있는지를 확인해 보는 것이다. 또는 주해적인 아이디어를 뽑아내던 처음단계로 되돌아가서 주해적인 아이디어를 지지해 주는 본문의 전체적인 뼈대와 주요 요지를 정리해 보면서 그 본문의 주해 핵심 내용들 중에서 그대로 뼈대와 주요 요지로 전환시킬 수 있음을 확인해 보는 것이다.

개요는 억지스럽거나 인위적인 느낌을 주지 않는다면, 할 수 있는 한 자세하게 작성하는 것이 좋다. 그 개요를 근거로 전체적인 구조에 관한 내용을 고찰해 나갈 수 있기 때문이다.

설교할 본문이 내러티브, 시, 혹은 율법인지 여부는 설교의 구조를 세우는 데 영향을 준다. 설교 개요를 작성할 때 보통 두 가지 방식이 있는데, 본문을 따를 수도 있고 주제를 따를 수도 있다. 본문 설교의 개요는 필연적으로 성경 본문의 흐름을 따른다. 본문이 하나의 중심사상에서 다음 중심사상으로 이동하는 것처럼, 설교 개요도 이미 본문에 나와 있는 패턴을 따라가게 될 것이다. 내러티브 본문들은 본문 설교의 개요와 잘 맞는 경우가 많다. 주제설교의 개요는 본문에 있는 중심 주제에 따라 본문에서 발견된 정보를 재구성한다. 일반적으로 시로 되어있는 성경 본문은 중심사상이 시에 반복되어 나타나는 경우가 많기 때문에, 주제적 접근과 잘 맞는다.

설교자가 설교 개요를 짜는 관례는 중세에 이르기까지 마련되지 않았다. 장 칼뱅이 크리소스톰과 여타 초기 기독교 설교자들의 연속주해 방식을 되살리려는 시도가 있었지만, 그와 동시대 프로테스탄트 설교자들의 관심은 헬라와 로마의 수사학 방법론을 회복하여 교회를 위해 활용하는 데 더 기울어져 있었다. 청교도들과 그 후예들은 다분히 스콜라적인 고전적 설교 개요를 발전시켰는데, 그것은 단일한 명제와 이에 대한 철저한 분석, 이에 대한 철저한 변호와 적용으로 구성된 것이라 할 수 있다.

최근 200년에 걸친 논의 끝에, 설교 개요가 견지해야 할 특성에 대한 모종의 의견 일치가 이루어졌다. 그것은 '통일성(unity)'과 '비율(proportion)' 그리고 '순서(order)'와 '움직임(movement)'이 있어야 한다는 것이다. 우선 대지의 '통일성'이란 모든 대지가 중심사상을 지지해야 한다는 말이며 '비율'이란 대체로 각 대지가 중요성과 함께 사상의 진척과 개진 속도가 비슷한 시간으로 너무 느리거나 너무 빨라서는 안 된다는 말이고 '순서'란 각 대지가 주제에 관련하여 다른 대지 위에도 세워져야 하는데, 앞선 진술을 단순 반복하기보다 생각을 전진시켜야 한다는 것이며 마지막으로 '움직임'이란 설교의 개요가 가지런한 정보의 배열이나 어떤 명제에 대한 단순 '논증'이 아닌 어딘가로 이끌리고 있다는 느낌을 청중에게 줄 수 있어야 한다는 것으로 모종의 절정을 향해 한 걸음씩 나아가 결국 하나님과 대면하는 자리에까지 나아가야 한다는 것이다.

설교자가 설교의 개요를 만들 때 명심해야 하는 것은 설교의 목적을 향한 사상의 흐름이요, 그것이 절정을 향하고 있는가? 하는 것을 살피는 일이다. 따라서 설교의 흐름에 의해 설교의 개요는 본문의 순서와 다른 형태로도 변형될 수 있다.

설교의 시작과 끝

　말이라는 매개체를 사용한 인간의 의사 전달과정에서 시작과 끝은 반드시 갖추어져야 한다. 설교자가 설교를 하는 과정에서도 역시 마찬가지로 시작을 했으면 어디에선가 끝을 맺어야 한다. 한편의 설교가 깊은 감명을 끼치기까지는 여러 요소가 작용하게 된다. 그중에서 설교의 서론과 결론은 처음을 여는 시작과 마무리 짓는 끝으로서 설교의 승패를 좌우하는 중요한 요소임에 틀림이 없다. 따라서 많은 설교자가 선포하게 될 자기 메시지의 시작과 끝에 대하여 어떻게 할지를 망설이게 된다. 사무엘 맥콤(Samuel L. McComb)의 "설교를 쉽게 무너뜨리는 두 부분은 곧 서론과 결론이다."라는 지적과 같이 설교의 시작과 끝은 중요한 요소로 막중한 책임을 지니고 있다.

　브라이언 채플(Bryan Chapell)은 "설교에서 서론이 잘 되면 그 설교는 절반은 성공한 셈"이라고 하였다. 그런데 설교에 있어서 일반적으로 가장 부주의하고 무관심하게 준비되는 부분이 또한 서론과 결론 부분이다. 대부분 설교자가 모든 열정과 관심을 쏟아 설교의 본론 즉 내용을 준비하다가 막상 가장 중요한 부분인 시작과 끝인 서론과 결론은 대충 마무리 짓는 경우가 생기는데 이는 준비한 모든 노력이 허사가 되는 일이다.

일반적으로 결론은 서론보다 먼저 준비된다. 설교가 거의 완성되고 난 뒤에 서론의 모습이 바로 정립될 수 있다. 논리는 분명하다. 서론이 참으로 그 설교를 소개하려고 하면 그 뒤에 오는 것이 무엇인지 분명해진 뒤에 그 위에 세워져야 하는 것이 마땅하기 때문이다.

좋은 결론을 도출한 후에야 비로소 좋은 결론으로 이끄는 가장 적절한 서론이 무엇인가를 생각할 수 있기에 결론을 먼저 내린 뒤 결론에 부합하는 서론으로 나아가는 것이 순서가 될 것이다.

설교의 결론

결론이란 무엇인가? 설교의 결론은 설교를 정지시키는 방법도 단순한 설교의 부속물도 아니다. 결론이란 그 설교에 대한 전체의 관이요 불타오르는 중심점, 클라이맥스(climax, 절정)이다. 다시 말해 결론은 "이것이 나와 무슨 상관이 있느냐?"라는 청중들의 질문에 대한 대답이 된다.

설교학자 해돈 로빈슨은 한 가지 비유를 들어 설교의 결론을 설명한 바 있다. "설교의 결론은 경험이 풍부한 비행기 조종사가 오랜 비행을 마치고 비행기를 착륙시키는 순간과도 같다"라는 것이다. 노련한 조종사가 비행기를 착륙시키려 할 때 특별한 주의가 필요하다는 것을 아는 것처럼 유능한 설교가는 훌륭한 결론을 위해서 충분한 준비가 필요하다는 것을 안다. 그러므로 조종사가 착륙 지점에 대해 확실하게 알고 있는 것처럼 훌륭한 설교자는 설교의 결론에 대해 불확실한 점이 있어서는 안 된다. 다시 말해 설교의 결론은 세심한 주의를 기울여 준비해야 하고 끝맺음을 확실하게 할 수 있어야 한다. 그렇지 않으면 모든 것이 파괴되고 말 것이다. 생각해 보라. 미국의 LA에서 출발한 비행기가 13시간의 비행을 잘 마친 후 인천 공항에 도착하는데, 그 마지막 5분의 착륙 순간이 잘못되어 활주로에 충돌하게 된다면 그것은 얼마나 큰 비극인가? 이런 비극적인 상황이 얼마든지 설교의 결론으로 일어날 수 있다. 설교자가 30분의 설교를 잘 했는데, 결론이 명확하지 않은 상태로 흐지부지 끝나 버린다면, 그날의 설교가 완전히 수포가 될 수 있다는 것이다.

결론을 가리켜 설교의 목적을 달성하는 마지막 순간이라는 말을 한다. 결론은 설교에서 어느 부분보다 중요한 비중을 차지하는 것이다. 설교자는 결론에서 청중이 간결하면서도 인상적인 평생을 통하여 잊을 수 없는 메시지를 던져주어야 하고, 청중은 그 결론을 가슴속 깊이 새기고 돌아갈 수 있어야 한다. 그러나 설교자의 관심과 준비의 부족으로 이처럼 소중한 결론이 충분히 맺어지지 못한다면 그것은 설교자의 죄라고 오자라 데이비스(Ozara Davis)는 일찍이 지적한 바 있다.

결론은 마치 축구에서의 골인처럼 정확하고 분명하게 다루어져야 한다. 아무리 패스를 정확하게 하고 드리블을 멋지게 했다 할지라도 마무리하는 슈팅으로 골인시켜야 승리할 수 있듯이 설교에서도 마찬가지로 본론 전개를 아무리 잘했다 할지라도 결론을 제대로 맺지 못하였을 때 그 설교를 잘했다고 할 수 없다. 모든 설교에는 통일성과 분명한 목적이 필요하다. 설교자는 한 목적을 성취하기 위하여 명확한 한 목표를 향해 나아가다가 회중이 강력한 인상을 받게끔 설교의 결론에서 클라이맥스로 마감이 되도록 해야 한다. 또한, 결론은 이미 언급된 내용을 최대로 압축 요약하여 청중에게 강한 인상을 심어주기 위한 설교의 마지막 부분으로서 결론에 어떤 새로운 사상이나 논쟁점이 나타나서는 안 된다. 결론의 목적은 설교의 주요 핵심을 다시 청중에게 각인시키는 이미 언급한 내용을 확인하고, 강조하고, 마무리 짓는 것이다.

한 편의 설교가 전달되어졌을 때 그 마지막에 짧게 그러나 모든 것이 함축된 내용으로 요약 반복되는 순간이 필요하다. 그 순간에 그동안의 모든 내용이 잘 정리되고 오래 기억에 남을 수 있는 준비가 되는 것이다. 이러한 요약이 완전한 반복만이 되지 않도록 주의해야 한다. 반복된 내용이기는 하지만 신선한 느낌을 주는 반복이 될 수 있도록 어휘 구사의 변형이든 짜임새의 새 느낌을 줄 수 있어야 한다.

정통적 설교의 결론은 항상 요점의 반복이거나 재진술이거나 이미 논의된 자료에 기초한 권면이나 권유였다. 만일 이것이 옳다고 한다면 결론에서 새로운 자료를 도입하면 안 된다. 만일 새로운 자료가 결론에 사용되고 있다면, 그 설교의 본론이 제대로 정리되지 못했다는 증거가 된다. 결론은 새로운 내용을 덧붙이는 것이 아니라 초점을 다시 맞추어 주는 설교의 마지막 한마디여야 하고, 지금까지 진술한 내용을 마지막으로 한번 돌아보는 것이어야 한다.

설교의 결론은 청중의 결단을 촉구하기 위해 존재한다. 설교는 사람의 귀를 즐겁게 한다거나 단순하게 지식이나 정보(information)를 제공하는 것이 목적이 아니다. 자연인을 하나님의 자녀가 되게 하고 그리스도의 형상을 닮아가도록 청중을 변화시키는 것이 목적이다.

설교의 좋은 결론은 설교 전체의 내용을 종합하고, 연합하며, 일관된 단일성이 제시되어야 한다. 결론이란 이제까지 설교자가 주장하고 설득하고 설명한 내용을 함축적으로 청중에게 요약해 주는 성격을 갖는다. 그러므로 설교의 결론 부분에서 또 다른 새로운 개념을 끌어들이는 것은 매우 부적절하고 청중에게 혼동을 일으키며 설교의 주제를 모호하게 만들 수 있다. 그런 의미에서 설교의 좋은 결론은 보다 선명하고 명확한 내용이어야 한다. 길고 복잡한 내용을 다시 반복하는 결론이 되어선 안 된다. 청중에게 분명한 생각과 행동의 변화가 제시된 간결한 내용이어야 한다.

설교가 진정한 가치를 가지느냐 그렇지 못하느냐 하는 것은 결론에 의존하는 바가 크다. 설교란 인간을 구원하기 위하여 계획하고 목적한 강화이다. 만일 청중들이 그 설교를 통해 자기들에게 의의를 느끼지 못하면 그 설교는 실패이다. 설교자는 설교를 끝맺기 전에 청중 개개인에게 개별적으로 말하고 있다는 사실과 그들 또한 개별적으로 설교자가 선포하는 대로 새로운 믿음과 언행을 가져야 한다는 것을 어떻게 해서든지 확신시켜야 한다.

결론은 전체 설교에서 가장 설득력 있는 요소로써 결론이 빈약하게 작성된다면 전체 설교의 효과를 감소시키거나 심지어는 무효화 할 위험도 있으므로 설교자는 어느 부분보다 세심한 배려를 기울여야 한다. 오만(J. Oman)은 "서론이 현관과 같다면 결론은 첨탑과 같다"라고 했다. 우리가 첨탑을 쌓으려면 이 첨탑을 받치기 위해 기초를 튼튼히 다진 후에 쌓아 올리듯 설교자가 말하는 본론의 주석들은 결론으로 이끌며 결론에 도달하도록 든든한 바탕이 되게 해야 한다. 비록 설교가 단순한 진술에 지나지 않는다고 하더라도 배심원들 앞에서 피고인을 변호하는 변호사의 경우처럼, 설교자 역시 처음부터 끝까지 바른 판단의 설득을 위하여 노력해야 할 것이다.

설교의 결론은 회중으로서 설교를 듣게 되는 최후의 기회이며, 설교자의 입장으로는 그 설교의 중심 메시지를 들려주는 마지막 순간인 것이다. 그래서 결론을 가리켜 그 목적을 성취하는 마지막 기회라 하는데 이토록 중요한 결론이 설교자의 충분한 관심과 준비의 부족으로 끝을 맺는다면 그것은 설교자의 중죄이다. 따라서 설교자는 결론을 작성하는 데 각 설교의 특성과 회중의 상황에 비추어 다양한 방법으로 최선의 노력을 다해야 한다. 항상 유사한 방법으로 결론을 도출하기보다, 창의적으로 만든 독특한 결론 즉 그 설교에 잘 어우러지는 결론을 통해서 듣는 회중이 작은 행동 하나라도 옮길 수 있도록 도울 뿐 아니라 도전이 되어야 한다.

설교의 좋은 결론은 적극적이고 긍정적이며 격려할 수 있는 성격을 지녀야 한다. 설교의 결론 부분에서 부정적이며, 정죄하는 용어로 결론을 내리는 것은 피해야 한다. 비록, 설교 전체가 성도의 삶에 대한 책망과 회개를 촉구하는 내용이었다 할지라도 결론 부분에서는 격려와 할 수 있는 용기를 주는 권면의 내용으로 결론을 맺는 것이 필요하다.

설교의 서론

설교의 서론이라는 말 자체가 그 목적에 대하여 잘 설명하고 있다. 서론은 청중들을 논의하려는 그 사상으로 들어가도록 인도하는 말이다. 청중들의 유익을 위해 그 설교를 잘 들을 수 있도록 준비시키는 것이다.

설교의 서론이 무엇이냐는 질문에 대한 대답은 여러 형태로 나올 수 있다. 존 엘리슨(John Ellison)의 경우, 설교의 서론을 어떠한 집을 들어설 때 그 집의 현관과 같다고 비교한다. 수많은 건축가가 건물의 현관에 대하여 깊은 관심을 가지는 이유는 필연적으로 통과해야 하는 현관이 그 건물 전체의 인상과 관심을 불러일으키기 때문이다. 설교의 서론 역시 청중에게 설교에 관심을 가지도록 유도하고, 그 설교의 내용을 듣고 싶은 충동을 일으키는 역할을 하고 있다. 그러기에 서론을 설교의 현관이라고 일컫게 된 것이다. 서론은 전개 되어질 설교의 입문적인 초석이 된다고 볼 수 있다.

설교의 서론에 대한 전통적인 방법은 설교의 본문을 알리는 것으로, 이렇게 시작하는 것이 가치 있다는 사실은 너무나도 명백하다. 이러한 시작은 처음부터 우리 자신의 견해를 피력하기보다 오히려 하나님의 말씀을 강화하려는 설교자로서의 우리의 자각을 선포하는 것이다. 그럼에도 불구하고 많은 설교자가 이러한 방법을 외면했다. 그들은 이 방법을 너무 관습적이고 교회 의식적이며 지루한 것으로 생각한 것이다. 때때로 우리는 회중을 인도해 가고자 하는 곳에서 시작하기보다 오히려 그들이 현재 위치하는 곳에서 시작하는 본문 대신 지금의 실상황에서 설교를 시작하는 것이 현명할 때도 있을 수 있다.

오페라에서 서곡(overture)이 오페라의 가장 중요한 부분인 것처럼 설교에서도 서론 부분이 단순한 설교의 방향을 제시하는 것만 아니라 전체적인 내용을 환기하며 함축하고 있는 부분이다. 그러므로 노트는 "서론은 설교의 각 부분 가운데서 가장 기술적인 요령이 필요한 부분이다."라고 했으며 스펄전 역시 "지루하고 판에 박힌 듯한 단조로운 설교의 형식을 탈피하기 위해서는 특별한 기술이 요구된다"라고 주장하면서, 서론을 분석할 때, "서론 속에 무엇인가 두드러진 내용을 가지고 있어야 한다"라고 말했다.

칼 바르트(Karl Barth)의 말에 의하면 교회를 찾는 사람들의 마음은 이미 세상의 여러 잡다한 사건들로 점유되어 있기에 그들의 주의를 환기함으로 흥미를 불러일으킨다는 것이 그리 쉬운 일은 아니다. 그러나 다행히도 어떤 여건 속에 있든지 청중의 마음 상태는 설교가 시작되는 수 분 동안 "오늘 무슨 설교를 하려는지" 알아보려는 자세로 최소한 마음과 귀를 열고 경청하게 되는데 이 수 분 안에 설교에 흥미를 끌지 못하면 청중은 지체 없이 귀를 닫아버리고(Switched off) 만다. 그리고서 다시 원상으로 돌아가 세상의 잡다한 사건 속에 헤매며 시간을 보내게 되는 것이다.

서론은 중요한 요소이다. 그렇다 하더라도 너무 긴 서론은 설교의 박진감을 떨어뜨리기에 너무 길어서도 너무 짧아서도 안 된다. 그러나 오늘날에는 간혹 서론을 과감하게 축소하거나 심지어 서론 전체를 생략하고 즉시 본문으로 돌입하기도 한다. 그러나 이러한 것들은 지혜롭지 못한 일이다. "인간은 갑작스러움에 당황하게 되고 다소 점진적인 접근을 좋아하는 본능이 있다. 현관이 없는 건물이 보기 좋은 경우는 아주 드물다. 공들여서 작곡한 음악 작품에는 최소한 전주곡으로 얼마간의 선율이 구성되기 마련이다." 하나님의 방법도 역시 이와 다르지 않다. 자연 그 자체는 우리에게 황혼과 여명의 부드러운 빛으로서 '준비와 점진적 변화의 예술'을 가르쳐 주고 있다.

서론은 청중이 설교를 잘 듣게 하기 위한 설교자의 모든 시도이다. 이러한 시도를 통해 설교자와 청중이 설교의 주제에 대한 친밀한 공감대를 형성하는 데 서론의 목적이 있다. 설교의 구성이 연역적이냐 귀납적이냐에 따라 서론의 제시가 다를 수는 있지만, 기본적으로 서론은 문제를 해결하는 과정이라기보다는 진지한 문제의식의 심각성을 가지고 설교자와 청중이 접근하는 과정이다. 서론이 잘 이루어지면 설교의 흐름이 자연스러워질 뿐 아니라 본론과 결론으로 자연스럽게 연결되면서 청중과 매끄러운 호흡으로 잘 이끌어나갈 수 있다. 서론이 성공적일 때 설교의 중심사상으로 본론과 결론이 논리적 타당성을 가지고 이어질 수 있다.

서론의 목적은 설교할 내용을 청중에게 소개하는 데 있는 것이다. 그렇지 못한 서론은 서론으로서의 가치가 없다. 설교자는 설교할 성경 본문을 한동안 연구하고 깊이 묵상한다. 하지만 청중은 성경 낱권에 대한 연속 설교를 듣는 동안에도 그렇게 하지 못한다. 청중은 생소한 입장에서 본문을 대하게 되는 것이다. 그래서 서론이 필요하다. 좋은 서론은 회중의 이목을 모으고 흥미를 일으킴으로써 앞으로 전할 메시지에 미리 적응시킨다. 여러분이 설교를 시작하려는 순간에 청중 가운데 많은 사람은 다른 생각을 하고 있을 것이다. 그런 상태로 계속 나간다면 청중은 설교 본론에 들어가서도 갈피를 잡지 못하는 것은 자명하다. 그러므로 서론에서 사전 적응을 시켜야 한다. 청중을 사전 적응시키는 일에는 앞에서 말한 대로 이목을 모으고 흥미를 일으키는 것이 포함된다. 이목을 집중하는 일은 절대 필요하다. 그렇게 하지 않으면 설교 내용이 아무리 가치있든 또는 흥미롭든 간에 회중은 듣지 않는다. 하지만 한 번 회중의 이목을 모았다면 그 상태를 계속 유지하는 것도 중요하다.

서론에서 설교의 중심 사상을 회중에게 알려 주는 것이 좋은가 그렇지 않은가의 문제는 설교의 방법론에 따라 다르게 판단된다. 다시 말해서 연역법적 접근의 설교에서는 설교의 중심사상이나 주제를 서론에서 제시하는 것이 바람직하지만 귀납법적 접근의 설교에서는 본론의 내용을 서론에 나타내지 않는 것이 좋을 것이다. 그러나 할 수만 있다면 모든 설교의 서론에는 그 설교의 흐름이나 방향, 그리고 설교에서 회중이 기대할 수 있는 것이 무엇인지를 어느 정도 암시해 주면 좋을 것이다.

훌륭한 서론의 구성은 다음의 두 가지 목적에 충실해야 한다. 첫째로 그것은 흥미와 호기심을 발동시킴으로 듣고자 하는 의욕을 더욱 왕성하게 갖도록 해야 하고, 둘째로 주제를 순수하게 소개함으로 청중들을 그 주제로 인도해야 한다. 전자 혹은 후자만의 기능을 살려서 서론을 작성한다면 비교적 쉬운 일이 된다. 흥미는 재담이나 인상적인 이야기로 어렵지 않게 일으킬 수 있겠지만, 본론으로 자연스럽게 인도되지 않는다면 기왕에 얻는 흥미는 쉽게 사라지고 만다. 반면에 청중의 주의가 흐트러지기 전에 본론부터 진지하게 소개해 나갈 수도 있다. 그러나 힘들지만 올바른 방법은 화제를 순수하게 소개하는 동시에 흥미를 유발시킴으로써 회중들의 마음을 우리의 메시지에 쏠리게 하는 것이다.

설교의 서론이 사과나 변명이어서는 안 된다. 설교 준비가 미비하다던가 자신이 무능하다든지 하는 것은 겸손하게 설교 사역에 일하는 설교자들이 말하고 싶은 것이겠지만 이러한 변명적인 어투는 금기 사항이다. 설교자의 게으름으로 준비가 부족했다면 그것은 청중에게나 하나님 앞에서 수치스러운 일이며 더욱이 그것이 단지 말뿐일 경우에는 겉치레의 허식일 뿐이다. 이러한 자신의 준비성을 노출시키는 것은 청중에게 불안감을 안길 뿐이며 결코 유익이 될 수 없다. 비록 급작스럽게 강단에 설 경우가 있을지라도 어떠한 상황에서든지 변명은 불필요한 것이다. 하나님의 진리를 선포하는 강단에서 서면 말씀의 선포자로서 기개를 가지고 전해야 한다.

어쨌든 설교의 서론은 설교의 목적을 명시하고 청중의 흥미를 불러일으키며 설교자와 청중 사이의 공감을 자아내는 데 있다. 설교의 중심사상이 서론 안에 제시되어야 하며 청중으로 하여금 설교를 여행하게 하는 신비감을 주어 청중을 휘어잡는 순간이 설교의 서론에서 일어나야 한다.

원전 중심 구속사 설교 성경 해석에서 설교 작성까지

제 7 장

원전 중심의
구속사적
설교 작성

성경이 기록되기 이전에 원래의 말이 있었다는 사실은 중요하다. 말이 문자로 기록되기 전에 소리로 자리하고 있었듯이 성경의 문자 이전에 하나님의 소리가 있었다. 하나님의 소리는 고대 유대인들에게 구전의 방식으로 이어졌으며, 때가 되어 그들은 그것을 문자로 기록하기 시작했고 이것이 히브리어로 기록된 구약성경이다. 또한, 예수님은 당시 일반인이 사용하던 아람어(일부 헬라어)로 주로 말씀하셨고 그것이 구전되어 전해지다가 성경 기자들에 의해 기록된 것이 헬라어 신약성경이다. 오늘 우리 앞에 놓인 한글 성경은 히브리어(아람어)에서 헬라어로, 그 헬라어가 여러 단계를 거쳐서 한글로 번역된 것으로, 번역의 과정에서 히브리어나 헬라어의 정확한 배경을 이해하고 담아 내는 것은 쉬운 일이 아니다. 때문에, 영어나 한국어로 번역된 성경으로는 하나님께서 히브리어를 통해서 말씀하신 그 온전하고 깊은 뜻을 알 수 없을 뿐 아니라, 원래의 소리가 문자로 기록되고, 한 문자에서 다른 문자로 번역되는 과정에서 어떤 일들이 일어났는지를 살피지 않은 채 하나님의 말씀을 제대로 설교할 수 없다.

성경과 시공간적으로 전혀 다른 세계의 언어를 사용하고 있는 설교자가 성경을 정확하게 해석하고 설교한다는 건 간단한 문제가 아니다. 히브리어와 헬라어 성경을 읽을 줄 안다고 해서 바로 설교할 수 있는 능력을 확보하는 것도 아니다. 하이데거의 "언어는 존재의 집이다"라는 말처럼 성경 언어의 존재론적 세계로 들어가는 게 필요하다. 성경 언어라는 집에 사는 존재, 즉 하나님의 계시 행위를 읽을 준비를 해야 한다.

청중으로 하여 그들이 알지 못한 해석을 알게 하는 것이 설교자의 주된 책임이다. 다시 말해서 설교자는 청중이 알지 못하는 성경의 내용을 해석이라는 작업을 통하여 제대로 알 수 있도록 도와야 한다. 이를 위해서는 무엇보다도 설교자 자신이 먼저 성경 저자의 원래 의도(original idea)를 알아야 한다. 이것이 설교자가 해야 할 가장 중요한 작업이다.

하나님 중심적인 설교, 성경적인 설교, 본문에 충실한 설교, 한 문단의 주제를 바로 파악하고 이를 전하는 설교, 다시 말해서 성령 하나님께서 의미하고 있는 바를 전하는 설교, 하나님의 역사하심과 구원과 심판의 설교가 살아나야 한다.

1.
원전 설교를 위한 바른 이해와 활용

빌리몬서 1장 12절의 "네게 그를 돌려 보내노니 그는 내 심복이라."에서 한글·한문 혼용 성경을 사용하던 목사님이 "심복"을 "심장"으로 잘못 읽는 실수를 했는데 한자의 '복(腹)' 자가 '장(腸)' 자와 유사해서 착각을 일으킨 것이다. 그러나 실제 헬라어의 원뜻이 바로 '심장', '내장'이며 이차적인 의미가 '심복'임을 발견하게 되면서 성경 원뜻을 정확히 파악하는 일에 관심을 가지는 계기가 되었다고 한다.

3739	375	4771	1161	846	5123	3588	1699
ὅς	ἀναπέμπω	σύ	δέ	αὐτός	τουτέστι	ὁ	ἐμός
ὃν	ἀνέπεμψα·	σύ-	δὲ	αὐτόν,	τουτέστιν	τὰ	ἐμὰ
형대관목남단	동직과능단1	명대주단2	접대	명대목남단3	형대지주중단&동직현능단3	관목중복	형목중복1
저를	돌려 보내노니	(네가)	(그러니)	(그를)	저는-이라		내

4698	4355
σπλάγχνον	προσλαμβάνω
σπλάγχνα,	προσλαβοῦ·
명목중복	동명과중단2
심복	(받아들이라)

심복(σπλάγχνα·, 스플랑크나). σπλάγχνον(4698, 스플랑크논-명목중

원전 중심 구속사 설교 성경 해석에서 설교 작성까지

복)은 '내부, 내장' 따라서 '감정의 자리인 심장, 마음, 사랑'을 의미한다. 헬라의 시인들에게 있어서 창자는 분노와 사랑 같은 비교적 격렬한 감정의 자리로 여겨졌으나 히브리인들에 의해서는 비교적 부드러운 감정으로 특히 친절, 자비심, 동정심 등의 자리로 간주 되었다.

권위 있는 성경의 원천적인 자료는 필연적으로 현존하는 원어 성경일 수밖에 없다. 더구나 목회자가 하나님의 말씀이라고 일컫는 본문을 철저하게 주해하기 위해서는 원어로 연구하는 방법이 최선의 것이다. 이것이야말로 목회자의 권위는 성경 말씀에서 찾아진다는 사실을 보여준다. 물론 원어에 대한 지식으로 모든 해석적인 질문들을 해결할 수는 없다. 원어를 해석할 때 가능한 모든 도구를 활용함으로써 본문을 주의 깊게 연구할 수 있는 유익을 얻는 것은 오늘날의 해석자에게 주신 큰 복이다.

기록된 말씀을 바르게 이해하기 위해서는 표면적인 의미에서의 문법적인 의미와 그 속에 내재되어 있는 구조적인 의미로서의 참 의미를 찾아야 한다. 성경 말씀에도 이와 같은 원리를 그대로 적용하여 말씀을 관찰하고 해석해야 한다. 이를 위해서 우리는 필수적으로 당시 문장의 구조적 흐름과 문법을 이해하지 않고서는 바른 이해에 도달할 수가 없을 것이다.

현실적으로 목회자들이 원문으로 돌아가서 성경을 연구하기란 쉽지 않은 일이다. 원어로 성경을 연구한다는 것은 과정과 시간이 필수적이다. 신학교에서 배운 문법을 가지고 원어 성경을 자유자재로 강독하기란 어려운 일로 초급·중급 문법, 구문연구, 본문 강독의 과정을 거쳐야 한다. 본문 연구 과정에서도 기존에 문법을 벗어난 부분들은 고급 문법서를 찾아가면서 연구해야 한다. 그 외에도 신·구약 석의법, 성경 해석학을 익혀야 하는 번거로움이 있다. 시간에 쫓기는 목회자들에게는 실제로 불가능에 가까운 일이다. 그래서 성경연구 프로그램을 사용하여 성경을 연구하는 경우가 많다. 물론 성경 원전을 가지고 직접 강독하면서 연구하는 것보다는 그 맛과 깊이가 덜하겠지만, 어렵게 히브리어 헬라어의 문법과 씨름하기 하기보다 필요한 정보를 성경 본문에서 관련 자료들을 잘 활용해 얻어내는 것이면 충분하다.

원전 설교의 기본 요소

다음의 그림은 원전 설교에 대한 기본적인 요소들을 잘 표현한다.

[그림 1] 원전 설교의 지형도

원전 중심 구속사 설교 성경 해석에서 설교 작성까지

이미 전 장에서 문법(문장구조)과 히브리 사고는 충분히 다루었기에 여기에서는 문화적 배경과 수(숫자), 상형의 의미와 어근에 대해 살펴보고자 한다.

문화적 배경

성경이 수천 년 전 고대 셈족 문화를 바탕으로 메소포타미아와 이집트에서 히브리인들에 의하여 히브리어로 기록되었고, 우리가 지금 보고 있는 성경은 한국어로 번역된 책이다. 하나님께서 수천 년 전에 이스라엘 민족에게 말씀하셨고 그들이 이해했던 말씀의 의미를 우리가 알기 위해서는 성경이 기록될 당시의 총체적인 배경에 대하여 알아야 할 필요가 있다.

오늘날 성경의 문화적 배경을 이해할 필요에 대하여는 종교개혁 시대에 성경의 번역이 필요했던 것만큼이나 분명하다. 우리는 지금 산업화된 사회에서 조금이나마 남아 있던 성경적 뿌리에서 점점 더 멀어지고 있다. 우리의 문화는 점점 더 성경이 쓰인 문화들로부터 멀어졌고, 하나님의 책이라는 성경은 젊은이들에게 점점 더 낯설어졌다.

해석자가 성경의 어떤 사건을 다룰 때 그 특정한 문화적 관습에 주의를 기울여야 한다. 성경의 문화적 배경을 공부하는 기본적인 목적은 해석자가 성경에 언급된 그 본래의 것들이 무엇인지 이해하려는 것이다. 문자적 해석에서 이러한 문화적 배경에 관한 연구가 없다면 절름발이가 될 수밖에 없다는 것이다. 성경의 정확한 이해를 위해서는 성경의 문화적 배경도 성경의 역사적 배경만큼이나 필수적이다.

하나님은 이스라엘 땅의 지리와 기후, 유목과 농사에 관련된 문화, 이집트, 앗수르, 바벨론의 정치를 비롯한 군사적인 상황 등을 배경으로 그들이 사용하던 언어로 말씀하셨다. 예수님의 비유와 가르침에도 당시 유대인들의 삶과 로마의 지배 아래에 있던 정치, 문화적 상황과 함께 그 시대 유대교의 가르침, 종교적 상황 등을 배경으로 그들의 언어로 말씀하셨다. 언어는 이 모든 요소를 담아낸 것이다. 언어가 발전하는 과정에서 이 모든 요소가 언어 속에 녹아들어 가서 언어로 표현되기 때문이다.[60]

본문의 역사적 배경이 언제인지 또 문화적 배경이 어떠한지를 알면, 본문의 메시지가 어떤 의미에서 전해졌는지를 분명히 이해할 수 있다. 특히 선지서의 경우, 어느 시대의 메시지인지를 서두에서 밝혀주는 경우가 많은데 그렇지 않더라도 어느 시대인지를 본문에 나오는 표현을 통하여 추정하게 된다. 이렇게 역사적 문화적 배경을 확인함으로써, 본문의 메시지가 어떤 사건이나 상황, 역사적 맥락에서 전해졌는지를 이해함으로써 그 의미를 보다 더욱 구체화할 수 있다.

이스라엘의 배경에서 할례를 이해하려고 한다면, 그것이 고대 근동에서 어떤 형태를 취했는지 이해하는 것이 도움이 될 수 있다. 제사가 이스라엘에서 어떤 의미하는지를 제대로 인식하려면, 그것이 고대 사회에서 무엇을 의미했는지와 비교·대조하는 것이 도움이 된다는 것이다. 때로 이러한 지식들을 추구하다 보면 해결하기 어려운 문제들에 봉착할 수도 있겠지만, 그런 문제

---

60)   이상준, 앞의 책, p.15.

들을 무시한 채 그냥 내버려 둔다고 그것들이 존재하지 않는 것도 아니며 더욱이 우리가 새롭게 알게 된 지식은 때때로 긍정적인 결과들을 가져온다.

예수님 당시 사람들은 식사할 때 앉아서 한 것이 아니라 누운 자세로 기댄 채로 했다(요 13:23-24). 유대인들은 물을 정화해서 사용했는데, 큰 항아리에 물을 담아 침전물이 바닥에 가라앉을 때까지 기다렸다가 사용했다(요 2:6). 빵은 진흙이나 흙으로 만든 아궁이 위에 얇게 펴서 널어놓고, 푸성귀로 지펴 구웠다(마 6:30). 예수님 당시의 기름 등잔은 아주 작아서 한 손에 서너 개까지 들 수 있었다. 이만큼 작은 것이었기 때문에, 세 시간까지 계속될 수 있었던 혼인 전야제가 끝날 때까지 기다리려면 충분한 기름이 필요했다(마 21:1 이하).[61]

수(숫자)

성경은 일정한 계수와 질서정연한 기계적인 체계를 갖추고 있는 길고 짧은 각종 연대기와 함께 크고 작은 상징을 품은 숫자들과 조화된 사건, 사물들로 가득 차 있다. 일정한 숫자가 독특한 개념과 의미를 지니고 있다는 수론의 원리는 고대의 히브리인만 아니라 고대 근동 국가들에서도 그들의 수많은 연대기에 사용되었다. 성경의 연대기에 나오는 숫자들은 성경의 기자들이 '무엇이 언제 일어났느냐'라는 역사의 연도와 일자보다 '그것이 몇 대 만에 일어났는지, 그 결과가 얼마 동안 어떻게 미쳤는지' 하는 역

---

61) Bernard Ramm, 정득실 역, 앞의 책, pp.197-198.

사의 기간과 그 댓 수에 대한 중요성과 부여된 의미를 보여준다.

성경에 사용된 숫자들이 기본적으로 상징적인 의미를 지니고 있다는 데에는 아무도 의심하지 않는다. 성막과 그 기물들을 살펴보면 다양한 치수들 사이에서 발견되는 동일하거나 일정한 비례를 통하여 특정한 의미를 나타낸다는 것이다. 특별히 다니엘서와 요한계시록에서 숫자의 상징적 사용을 풍부하게 보여준다.

상형의 의미

'표'는 히브리어로 '타우(ת)'이다. ת(8420, 타우)는 '표, 기호, 표시(mark)'를 의미하며, 성경에서 언약, 소유, 선택의 표시로 사용된다. 히브리어 알파벳의 마지막 문자(자음)인 타브(ת)는 대부분의 고대 문헌에서 '+, ×'와 같은 모양으로 기록되었다. '언약의 표'를 나타내는 글자인 '타브'가 '십자가'라는 것은 놀라운 일이다. 이 글자는 예수님이 십자가를 지셨을 때보다 수 천 년 전에 있었다. 예수님께서 십자가에서 죽으셨을 때 그분은 언약을 나타내는 고대 히브리어 기호 위에서 죽으심으로 자신이 '언약의 표징'이라는 것을 나타내신 것이다. 또한 '바브(ו)'는 갈고리, 못, 징, 문고리의 상형문자다. 갈고리는 유목민족의 장막을 고정하기 위한 고리와 제사용 도구로 이것은 창조주와 그의 진리가 세워져야 할 대상 사이에 밀착하도록 연결하는 역할을 나타낸다고 본다.

이처럼 하나님께서 당신의 백성들에게 주신 '표(타우)'의 두 글자, '타브(ת)'와 '바브(ו)'는 예수님을 계시하고 있다. '타브'는 하나님을 믿는 종들에게 주어지는 구원의 이름, 예수 그리스도를 계시하며, '바브' 성막의 휘장 문의 구조를 통해서 십자가에 못(바

ㅂ) 박히신 예수님이 하나님의 나라로 들어가는 유일한 문으로 그분 안에서 구약과 신약의 말씀이 하나 되어(바브) 하나님께서 거하시는 참 성전으로 지어져 간다는 것을 계시한다. 하나님께서 우리에게 주시는 '언약의 표징', '구원의 표징'이라는 히브리어 단어에 '십자가'와 '못'이 상형의 의미로 나타난다. 이것은 강력한 언약적 메시지를 전달하는 것으로 '십자가에 못 박히신 예수 그리스도'가 바로 '언약의 표징'이라는 것을 나타내는 것이다.

다음의 표는 고대 및 현대 히브리어 알파벳과 의미들을 제시한다.

[표 3] 고대 및 현대 히브리어 알파벳과 의미

알파벳 이름	고대 히브리어	현대 히브리어	문자적 의미	상징적 의미
알레프 Alef		א	황소	힘, 지도자
베트 Bet		ב	장막, 집	가족, 안으로
김멜 Gimel		ג	낙타	들어올리다
달레트 Dalet		ד	문	통로, 들어가다
헤이 hey		ה	창문	통찰, 나타내다
바브 Vav		ו	못	그리고, 연결하다
자인 Zayin		ז	무기	방어, 자르다
헤트 Het		ח	울타리, 방	사적인, 구분하다
테트 Tet		ט	감다, 뱀	둘러싸다
유드 Yod		י	손, 권손	행위, 일하다
카프 Kaf		כ	팔, 편손	덮다, 허락하다
라메드 Lamed		ל	막대기, 지팡이	찌르다, 가르치다
멤 Mem		מ	물	거대한, 혼란
눈 Nun		נ	물고기	구원, 생명
싸메크 Samekh		ס	지지, 버팀목	지원하다, 돕다
아인 Ayin		ע	눈	보다, 알다
페이 Pey		פ	입	말하다, 열다
짜디 Tsadi		צ	낚시바늘	필요, 갈망하다
쿠프 Qof		ק	바늘귀	뒤, 마지막
레쉬 Resh		ר	머리	서람, 최상의
쉰 Shin		ש	치아	소멸, 파괴하다
타브 Tav		ת	표징, 십자가	언약, 인장

어근

"여호와께서 이르시되 네 아들 네 사랑하는 독자 이삭을 데리고 모
리아 땅으로 가서 내가 네게 일러 준 한 산 거기서 그를 번제로 드리
라."(창 22:2)

וַיֹּאמֶר קַח־ נָא אֶת־ בִּנְךָ אֶת־ יְחִידְךָ אֲשֶׁר־ אָהַבְתָּ אֶת־ יִצְחָק וְלֶךְ־ לְךָ אֶל־
אֶרֶץ הַמֹּרִיָּה וְהַעֲלֵהוּ שָׁם לְעֹלָה עַל אַחַד הֶהָרִים אֲשֶׁר אֹמַר אֵלֶיךָ:

아브라함이 가야 했던 곳 '모리아(מוֹרִיָּה, 4179)'는 '선택', '지정'이
란 뜻의 '마르에(מַרְאֶה, 4758)'와 여호와의 축약형인 '야(יָה, 3050)'가
결합으로 '여호와께서 친히 선별해 주셨다'라는 뜻을 가진다는
견해(Gesenius)가 있다. 이곳이 아브라함이 이삭 번제로 드린 처
소일 뿐 아니라 장차 솔로몬의 성전이 지어져서 위치할 곳이라
는 측면에서 인정될 만하다.

지명으로서 성경에 나오는 모리아를 정리해 보면, 모리아는
하나님이 아브라함에게 이삭을 바칠 곳으로 지시한 곳(창 22:2)
으로 아브라함은 이삭을 제물로 바치기 위해 그곳에 갔고 거기
서 이삭을 제사 드리려고 할 때 하나님의 지시로 이삭 대신 수
풀에 걸린 수양을 번제로 드렸다(창 22:9-13). 그래서 아브라함은
그 땅 이름을 여호와 이레라고 명명했다(창 22:14). 또한, 이곳에
서 여호와의 사자가 다윗에게 나타났고 선지자 갓이 다윗에게
이곳에 여호와께 단을 쌓으라고 말했다(삼하 24:16-18, 대상 21:15
이하). 다윗이 이곳에서 여호와께 단을 쌓았으며(삼하 24:19, 삼하
24:25, 대상 21:19, 대상 21:25, 대상 21:18-25). 솔로몬이 이곳에 성전

을 건축했다(대하 3:1).

여기에서 מֹרִיָּה(4758, 마르에)가 라아(רָאָה, 보다)에서 유래했으므로 '여호와께서 보이심'이란 의미가 내재해 있다고 볼 수도 있다. 아브라함이 이삭을 대신해 수풀에 걸려있는 숫양으로 번제를 드리게 되는 모습은 우리의 죄를 대속하시기 위해 십자가의 죽음을 감당하신 그리스도 예수를 모형으로 보여주시는 것이다. 이처럼 어근은 단어의 근원으로서 이 어근을 통해 하나님의 숨겨진 섭리를 발견할 수도 있다.

원전의 설교 활용

포켈만은 엑스형 교차 병행의 구조를 인식하는 것이 얼마나 중요한지를 보여준다. 히브리 이야기를 문학으로 잘 인식하도록 도와줄 뿐 아니라 설교 본문으로 사용할 문학 단위의 경계에도 도움을 주며 주제에 집중하게 함으로써 본문의 그릇된 해석을 방지하기도 한다. 좋은 예로 이삭의 톨레도트인 창세기 25:20-26을 분석하여 다음과 같이 제시하였다.

창세기 25:20-26 문장구조 분석[62]	
A. 이삭이 사십세에 리브가를 아내로 삼음	20절
B. 리브가가 잉태하지 못함 : 자식을 위한 기도	20, 21절

---

62) Sidney Greidanus, 김영철 역, 앞의 책, p.398.

C. 그의 아내 리브가가 임신함		21절
아이들이 그녀의 태 속에서 서로 싸움		22절
D. 리브가가 [여호와께] 구함	[여호와의 지시]	22절
D'. 여호와께서 그녀에게 주심		23절
C'. 그 해산 기한이 다 됨.		24절
그녀의 태 안에 쌍둥이가 있음		24절
B'. 야곱과 에서의 출생과 모습		25, 26a절
A'. 이삭이 육십세에 리브가가 그들을 낳음		26b절

포켈만(Fokkelman)은, 비록 여기서 교차 병행의 구조가 "모든 곳에서 잘 드러나지는 않지만 그럼에도 불구하고 이 본문의 구조에서는 창세기 25:19-26 내용의 핵심을 그 대칭적 구성의 중심부인 D+D'에서 드러내고 있다. 즉 여호와의 지시가 중심부에 있다."라고 말한다. 설교자들이 이 본문을 설교 본문으로 삼을 때 '응답받은 기도'나 '야곱의 인내' 또는 '어머니됨'에 대하여 설교하고 싶은 유혹을 받을 수도 있겠지만, 이 장면의 구조는 여호와의 말씀에 초점이 맞추어져 있는 것으로, "두 국민이 네 태중에 있구나. 두 민족이 네 복중에서부터 나누이리라. 이 민족이 저 민족보다 강하겠고 큰 자가 어린 자를 섬기리라."가 핵심이다. 그러므로 이 구조에서 이야기의 구성을 이루는 것이 "이삭의 기다림이나 시련이나 그의 기도에 대한 응답이 아니라 그 아이들의 출생의 자초지종(그리고 여호와의 말씀의 함축적 의미)이 주요 요점"이라는 것이다.

시편 1편은 우리 인생에서 추구해야 할 궁극적인 가치에 대해 가르쳐주는 시라 할 수 있다. 시편 1편의 문장구조는 다음과 같다.

시편 1편 문장구조 분석[63)	
A. 악인의 회중에 들어가지 않는 의인	1절
B. 율법(말씀)을 즐거워하는 의인	2절
C. 시냇가에 심은 나무와 같은 의인	3절
D. 의인의 길-여호와께서 인정	6a절
D'. 악인의 길-망하게 되는	6b절
C'. 바람에 나는 겨와 같은 악인	4절
B'. 심판 가운데 괴로워하는 악인	5a절
A'. 의인에 회중에 들지 못하는 악인	5b절

이 도표를 보면 시편 1편의 구조는 D-D'를 중심점으로 핵심을 이루고 A-B-C와 A'-B'-C'가 서로 대칭을 이루는 X자형의 구조 형태임을 알 수 있다. 그러나 D-D'가 성경에서는 맨 마지막 절에 자리하고 있어서 전형적인 X자형이라고 말하기 어려우며, 바로 이러한 부분이 시편의 구조를 이해하기 어렵게 한다고 할 수 있다.

핵심 구절인 마지막 절은 "무릇 의인들의 길은 여호와께서 인정하시나 악인들의 길은 망하리로다."(시 1:6) 두 개의 문장으로 구성된다.

---

63) 손석태, <u>성경을 바로 알자</u>, (서울 : 기독교문서선교회, 2013), p.200.

3588	3045	3068	1870	6662	1870	7563	6
כִּי	יוֹדֵעַ	יְהוָה	דֶּרֶךְ	צַדִּיקִים	וְדֶרֶךְ	רְשָׁעִים	תֹּאבֵד׃
접 대져	동칼분능 인정하시나	고유 여호와께서	명남단연 길은	형남복 의인의	접·명남단연 길은	형남복 악인의	동칼미여3단 망하리로다

두 개의 문장 "의인의 길"과 "악인의 길"을 구분하여 비교 분석했을 때, 의인의 길은 여호와께서 인정하신다는 문장은 일반적인 술어-주어 배열로 서술되었으나 악인의 길은 망한다는 문장은 악인의 길이 술어 앞으로 도치되어 그 강조점을 망하게 될 악인의 길에 두고 있음을 알 수 있다. 이 시는 의인과 악인, 의인의 길과 악인의 길을 극명하게 보여준다.

예수님의 지상 명령은 부활하신 예수님이 제자들을 선지자(사도)로 세우시며 주신 말씀이다. 예수께서는 물이 바다를 덮음같이 여호와의 지식을 충만하게 하여 이 땅에 참 평화를 이루시려, 육신의 몸으로 옷 입고 친히 이 땅에 오셨다. 그리고 이제 시작하신 말씀 사역을 제자들에게 맡기고자 하신다. 이 일을 위해 예수께서는 먼저 제자들을 새 언약의 선지자로 임명하시며 사명을 부여하신다. 예수님의 지상 명령의 사건은 구약성경에서 나타나는 선지자의 소명 기사와 비교하여 그 내용과 형식이 유사하다는 점에서, 본문은 예수께서 제자들을 새 언약의 선지자로 임명하여 세우시는 사건이라고 할 수 있다.

"예수께서 나아와 말씀하여 이르시되 하늘과 땅의 모든 권세를 내게 주셨으니 그러므로 너희는 가서 모든 민족을 제자로 삼아 아버지와 아들과 성령의 이름으로 세례를 베풀고 내가 너희에게 분부한 모든 것을 가르쳐 지키게 하라 볼지어다 내가 세상 끝날까지 너희와 항상 함께 있으리라 하시니라"(마 28:18-20)

καὶ προσελθὼν ὁ' Ἰησοῦς ἐλάλησεν αὐτοῖς λέγων· ἐδόθη μοι π
ᾶσα ἐξουσία ἐν οὐρανῷ καὶ ἐπὶ τῆς γῆς. <u>πορευθέντες</u> οὖν <u>μα</u>
<u>θητεύσατε</u> πάντα τὰ ἔθνη, <u>βαπτίζοντες</u> αὐτοὺς εἰς τὸ ὄνομα
 τοῦ πατρὸς καὶ τοῦ υἱοῦ καὶ τοῦ ἁγίου πνεύματος, <u>διδάσκον</u>
<u>τες</u> αὐτοὺς <u>τηρεῖν</u> πάντα ὅσα ἐνετειλάμην ὑμῖν· καὶ ἰδού ἐγ
ὼ μεθ' ὑμῶν εἰμι πάσας τὰς ἡμέρας ἕως τῆς συντελείας του
 ˆ αἰῶνος.

예수님의 명령의 문장에서 동사들의 쓰임을 살펴보면 다음과 같다.

가서 πορευθέντες(포류덴테스)
  - πορεύω(4198, 포류오-동명분과중디주격남복2)

제자를 삼아 μαθητεύσατε(마데튜사테)
    - μαθητεύω(3100, 마데튜오-동명과능복2)

세례를 주고 βαπτίζοντες(밥티존테스)
    - βαπτίζ(907, 밥티조-동분현능주남복2)

가르쳐 διδάσκοντες(디다스콘테스)
    - διδάσκω(1321, 디다스코-동명분현능주남복2)

지키게 하라 τηρεῖν(테레인)
    - τηρέω(5083, 테레오-동부현능)

예수께서 최후의 명령으로 주신 이 문장의 문법 형태를 살펴보면, 명령형으로 쓰인 '제자를 삼으라(μαθητεύσατε)'가 과거 능동형의 본동사임을 발견할 수 있는데, 명령법의 과거 시제로 쓰여 제자 삼는 일의 발생을 나타내고 있다. 본동사인 '제자 삼으라'를 수식하는 명령분사 과거 중간디포로 쓰인 '가다(πορευθέντες)'와 분사 현재 능동태로 쓰인 '세례를 주다(βαπτίζοντες)', 명령분사 현재 능동태의 '가르치다(διδάσκοντες)'는 본동사를 부연 설명하는 형식을 취한다. 그리고 '가르치다'의 명령형 분사에는 '지키도록(τηρεῖν)'이라는 목적을 나타내는 부정사 현재 능동형이 따름으로 "지키도록 가르치다"라는 의미로 지키는 것을 목적으로 한 현재의 가르침에 그 무게 중심을 두고 있음을 알 수 있다. 그러므로 문법 형태로 살핀 예수님의 지상 명령의 핵심은 제자 삼는 것이다, 제자 삼기 위해 가라는 것이고, 제자 삼기 위해 아버지와 아들과 성령의 이름으로 세례를 주어야 하며, 제자 삼는 일로 분부하신 것을 지키도록 가르치라고 명하시는 것이다.

한편, 예수님의 지상 명령을 문법 형태가 아닌 '히브리 문장구조(키아즘)'로 살펴보면 제자 삼는 목적과는 다른 결과를 도출할 수도 있는데 이는 히브리 사고에 의한 저자이신 하나님의 의도로 이해할 수 있을 것이다.

마태복음 28:18-20 문장구조 분석
A. 예수께서 나아와 일러 가라사대, 　　하늘과 땅의 모든 권세를 네게 주셨으니,
B. 그러므로 너희는 가서, 　　모든 족속으로 제자를 삼아,
C. 아버지와 아들과 성령의 이름으로 세례를 베풀고,
B' 내가 너희에게 분부한 모든 것을 가르쳐 지키게 하라.
A' 볼지어다, 　　내가 세상 끝날까지 너희와 항상 함께 있으리라 하시니라

　본문을 키아즘 구조로 분석 제시한 상기의 표에 주목할 때, A와 A'는 '하늘과 땅의 권세를 주심'과 그 권세로 '세상 끝날까지 너희와 함께 있을 것'이 병행을 이루고, B와 B'가 '모든 족속을 제자 삼는 것'과 '내가 너희에게 분부한 모든 것을 가르쳐 지키게 하라'가 완성적 병행을 이루며, C인 '아버지와 아들과 성령의 이름으로 세례를 베풀고'가 내용의 핵심이 되어 문장 중심에 놓여 있는 것을 볼 수 있다.

2.
원전 중심의 구속사 설교 예시

가인과 아벨의 제사

본문 : 창세기 4:3-5

중심사상 : 하나님이 받으시는 사람과 제물은 아벨과 그가 드린 제물이다.

"세월이 지난 후에 가인은 땅의 소산으로 제물을 삼아 여호와께 드렸고 아벨은 자기도 양의 첫 새끼와 그 기름으로 드렸더니 여호와께서 아벨과 그의 제물은 받으셨으나 가인과 그의 제물은 받지 아니하신지라 가인이 몹시 분하여 안색이 변하니"(창 4:3-5)

서론

'옛날 옛적에'로 시작하는 전래동화와 비슷한 어조로 쓰인 오늘의 본문 '세월이 지난 후에'에는 우리의 사고로 짐작할 수 없는 하나님의 섭리와 의미가 숨어있다.

세월이 지난 후에 - (יָמִים מִקֵּץ וַיְהִי 와예히 믹케츠 야밈). 직역하면 '그리고 날들의 끝으로부터 이 일이 있었다'이다. 이는 '세월'이란 것이 한 날, (יוֹם, 욤)들이 쌓여서 이루어진 '날들(יָמִים, 야밈)'이며 이러한 '날들'은 무한히 계속되는 것이 아니라 반드시 '끝(קֵץ, 케츠)'이 있음을 보여준다. '지난'으로 번역된 '믹케츠'는 '끝(신 15:1; 욥 16:3; 시 119:96)'이란 뜻의 '케츠(קֵץ)'에 '~로부터'란 뜻의 전치사 '민(מִן)'이 결합한 형태로 '~의 끝으로부터'란 뜻이다. 그런데 이 단어는 성경에서 주로 심판을 다루는 문맥에서 사용되었다(6:13; 겔 7:2,3; 사 9:6). 따라서 본문은 단순히 세월이 지난 어느 시점을 말하고 있는 것이 아니라 하나님께서 가인과 아벨을 평가하고 심사할 시간이 되었다는 의미를 지니는 것이다. 즉 가인과 아벨이 각각 자신의 수고에 따라 힘써 일하고, 생활했던 날들이 이제 끝나고 하나님 앞에 어떠한 모습으로 나아가게 될 것인지 지켜볼 때가 되었다고 성경은 말하고 있는 것이다. 이러한 날들의 끝은 비록 가인과 아벨에게만 오는 것은 아니다. 모든 일에는 끝이 있고 그 마지막에는 자신이 거둔 것을 하나님 앞에 내어놓아야 한다.

본문에서 말하는 "세월이 지난 후에"는 하나님이 요청에 따라 가인과 아벨이 자신들의 수고로 얻은 것들을 가지고 각각 하나님께 나아감으로 자신의 신앙을 검증받아야 할 중대한 사건의 날을 암시하는 것이다.

마지막 때에 하나님께서는 가인과 그의 제물처럼 받으시지 않는 것도 아벨과 그의 제물처럼 받으시는 것도 있을 것이다. 과연 우리는 우리의 마지막을 대비하여 어떤 준비를 해야 하는가?

본론

가인과 아벨은 하나님께서 평가하시고 심사하시는 그날에 각각의 제물로 하나님께 들어가게 되었다. 먼저, 결과적인 가인의 모습을 먼저 살펴보자.

2734	7014	3966	5307	6440
חָרָה וַיִּחַר	קַיִן לְ	מְאֹד מָאֹר	וַיִּפְּלוּ נָפַל	פָּנָיו: פָּנִים
와접.동칼미남3단 분하여	전.고유 가인이	부 심히	와접.동칼미남3복 변하니	명남복.남3단 안색이

분하여 - (וַיִּחַר, 와이하르) חָרָה(2734, 하라-와접.동칼미남3단) 하라(동사)는 기본 어근이며, '(분노로) 후끈 달아오르다, 성내다, 노하다'를 의미한다. 이 단어는 '불을 태우다' cause fire to burn를 의미하는 드물게 나오는 아람어 어근과 관련되어 있으며 목구멍 등에서의 '뜨거운 느낌'을 의미하는 아랍어의 어근과도 관련되어 있다. 이 히브리어 동사는 항상 '분노' anger와 관련되어 사용되고 있다. 이 어근의 의미는, 이 어근이 불의 타오름이나 분노의 열기처럼 일단 시작된 분노의 '타오름'을 강조한다. 당시 가인은 자신의 제물이 받아들여지지 않은 사실에 대해 심하게 한탄하고

근심하면서 아울러 동생 아벨의 제물이 받아들여진 데 대해 맹렬한 시기의 마음이 일어났을 것이다.

변하니 - (וַיִּפְּלוּ, 와임펠루) נָפַל(5307, 나팔-동칼완남3단) 나팔(동사)은 기본 어근이며, '떨어지다, 넘어지다, 눕다, 엎드려지다'를 의미한다. 이 단어는 일반적인 육체적 행동이나 사건 외에도 격렬한 사건이나 우연한 사건을 종종 나타내며, 뿐만아니라 전치사와 결합함으로써 더 넓은 범위의 의미를 나타낸다. 자신의 감정을 다스리지 못할 정도로 얼굴이 굳어지고 표정이 변하게 된 것이다.

이와 같은 결과적인 가인의 모습은 죄인에게서 볼 수 있는 일반적인 태도로 자신의 부족함과 잘못을 뉘우치는 것이 아니라 극심한 분노나 불만을 나타내고 있다. 심판하시는 하나님 앞에서 불만을 토로한 것이다. '노하기를 더디하는 자는 크게 명철하여도 마음이 조급한 자는 어리석음을 나타내느니라(잠 14:29)'란 말씀처럼 가인은 마음을 다스리지 못한 어리석은 자로 인류 역사상 최초의 살인자가 되는 불명예를 안게 되었다.

그렇다면 왜 가인은 하나님께 불만을 토로했는지, 가인과 아벨이 하나님께 어떠한 평가를 받았는지 다음의 문장을 살펴보자.

4503	413	1893	413	3068	8159
מִנְחָה: מִנְחָתוֹ	וְאֶל- אֵל	הֶבֶל הֶבֶל	אֵל- אֶל	יְהֹוָה יְהֹוָה	שָׁעָה וַיִּשַׁע
명여단.남3단	접.전	고유	전	고유	와접.동칼미남3단
그 제물	은	아벨과		여호와께서	열납하셨으나

받으셨으나 - (וַיִּשַׁע, 와이-샤) שָׁעָה(8159, 샤아-와접.동칼미남3단) 우리말로 '열납(悅納)하다'는 뜻은 '기쁘게 받다'이다. 그러나 이에 해당하는 히브리어 '샤아(שָׁעָה)'의 뜻은 '응시하다', '둘러 보다'이다 (삼하 22:42). 특히 이 단어는 상대방을 돕기 위하여 '둘러 보다'란

의미가 있으며(사 17:8) '돌이키다'(욥 12:6)로도 번역된다. 한편, 본 절에서 하나님께서 응시하신 대상이 단지 제물만이 아닌 아벨 그 자신까지 포함된다. 오히려 아벨을 제물보다 앞에 위치시킴으로써 하나님께서는 아벨의 마음을 더 중요시하셨음을 보여준다.

8159	3808	4503	413	7014	413
שָׁעָה	לֹא	מִנְחָתוֹ וְאֶל־	וְאֶל־	קַיִן	וְאֶל־
동칼완남3단	부정부	명여단남3단	접전	고유	접전
열납하지	아니하신지라	그 제물	은	가인	과

받지 아니하신지라 - (שָׁעָה לֹא, 로 샤아-동칼완남3단) 히브리어에서 부정어로는 본문의 '로(לֹא)' 외에도 '알(אַל)', '아인(אַיִן)' 3가지가 사용된다. 그 가운데, '로'는 가장 강한 부정의 뜻을 가지며 '절대 ~ 하지 않다'로 번역할 수 있다. 본문은 단호하게 가인과 그의 제물을 하나님의 마음에 들지 않는 부적합한 것으로 받지 않으셨다는 말이다.

가인과 아벨의 제사에 대해 하나님께서 아벨과 그의 제물을 받으셨으나 가인과 그의 제물을 받지 않으신 이유를 본문의 서로 대조되는 문장 형식으로 살펴볼 수 있다. 히브리어는 일반적으로 술어-주어-목적-부사(전치사구) 순으로 문장이 배열되는 것이 기본이다. 위에서 보는 바와 같이 여호와께서 아벨과 그의 제물을 열납하셨다는 문장은 술어가 앞쪽에 위치하는 일반적인 문장 배열로 나타난다. 이 문장의 형식으로 보면 하나님께서 받으시기에 무난한 제사라는 것이다. 그러나 가인과 그의 제물을 열납하지 않으셨다는 문장은 가인과 그의 제물이 술어 앞으로 도치되어 가인과 그의 제물이 강조되어 강력한 부정어와 함께 무지막지하게 강조된 문장이다. 따라서 본문은 하나님께서 가인과 그의 제물에 대하여 단호하게 거절하셨음을 보여준다.

또한, 가인과 아벨이 여호와께 제물을 드린 문장은 위의 문장과 서로 대조를 이루며 강조점을 달리하고 있는 것을 볼 수 있다.

3068 יְהוָה	4503 מִנְחָה	127 אֲדָמָה	6529 פְּרִי	7014 קַיִן	935 בּוֹא
לַיהוָה׃	מִנְחָה	הָאֲדָמָה	מִפְּרִי	קַיִן	וַיָּבֵא
전.고유	명.여단	관.명.여단	전.명.남단연	고유	와접.동.히.미남3단
여호와께	제물을 삼아	땅의	소산으로	가인은	드렸고

드렸고 - (וַיָּבֵא, 와야베) בּוֹא(935, 보-와접.동.히.미남3단) 보(בּוֹא)는 기본 어근이며, '들어오(가)다, 가다, 오다'를 의미한다.

2459 חֵלֶב	6629 צֹאן	1062 בְּכֹרָה	1931 הוּא	1571 גַּם	935 בּוֹא	1893 הֶבֶל
וּמֵחֶלְבֵהֶן	צֹאנוֹ	מִבְּכֹרוֹת	הוּא	גַם־	הֵבִיא	וְהֶבֶל
접.전.명남단:여복	명여단:남3단	전.명여복연	명대남3단	부	동.히.완남3단	접.고유
그 기름으로	양의	첫 새끼와	자기	도	드렸더니	아벨은

드렸더니 - (הֵבִיא, 헤비) בּוֹא(935, 보-동.히.완남3단)

두 문장 모두 힢일 동사를 사용하여 사역 능동의 의미를 포함하고 있는데 가인이 주어인 문장은 미완료로 기록되었지만 와우 접속사(계속법)의 영향으로 결국 완료 형태로 해석된다. 그러나, 가인이 여호와께 '땅의 소산으로' 제물을 삼아 드렸다는 문장에서는 술어가 먼저 나타나는 일반적인 문장 배열이지만, 아벨은 자기도 '양의 첫 새끼와 그 기름으로' 드렸다는 문장은 술어 앞으로 아벨을 도치시켜 아벨이 강조된 문장이다. 또한, 가인의 제물(מִנְחָה, 민하)인 "땅의 소산(מִפְּרִי. הָאֲדָמָה, 밉퍼리 하아다마)"은 단수형인데 비교하여, 아벨이 드린 "첫 새끼(בְּכֹרָה, 베코라)와 기름(חֵלֶב, 헬레브)"은 복수형으로 '그의 첫 새끼들 그리고 그것들의 기름'으로 해석함이 타당할 것이다. 기름에 해당하는 '헬레브(חֵלֶב)'는 일차적으로는 '지방(시 119:70)'을 뜻하지만 '살지고(욥 15:27)', '기름지며(창 45:18)', '아름다운(시 81:16)'것이란 의미도 포함되어 있다. 이는 하나님께 나아가는 두 사람의 마음과 함께 태도의 차이를 분명하게 보여 준다고 할 수 있다. 가인은 이미 살펴본 바와 같이 자신의 제물과 함께 자신을 용납하지 않으시는 하나님께 매우 분을 품고 얼굴을 떨어뜨리는 자이다. 하나님께 모욕적인 반역적 태도를 보였다. 마치 자기가 상대할 수 있는 대상으로 하나님을 생각하는 것이다. 다음절에서 하나님은 가인에게 "네가 선을 행하였으면 왜 얼굴을 들지 못하겠느냐?"라는 말씀으로 유추해 볼 때, 이미 가인은 선을 행하지 않는 사람이었다.

살펴본 바와 같이 종합적인 측면에서 가인과 아벨이 드렸던 두 제물의 차이점은 영감된 설명을 전하는 "믿음으로 아벨은 가인보다 더 나은 제사를 드림으로…"(히 11:4)의 단초가 될 것이다. 아벨은 형식적인 제사를 드린 가인과 달리 정성을 다하여 가장 좋은 것으로 하나님께 드렸음을 알 수 있다. 이러한 아벨의 태도는 하나님이 만물의 주인임을 인정하는 것이며 동기에 하나님께 자신이 가진 모든 것을 내어놓는 겸손의 표현인 것이다. 하나님께서는 이러한 아벨의 마음을 기쁘게 받으셨다.

본문에서 제시하는 메시지인 가인과 아벨의 제사를 키아즘 문장구조로 살펴보면 다음과 같다.

원전 중심 구속사 설교 성경 해석에서 설교 작성까지

창세기 4:3-5 문장구조 분석
A. 세월이 지난 후(판단할 시간이 됨)
B. 가인이 여호와께 땅의 소산으로 제물을 드림
C. **아벨**이 양의 첫 새끼와 그 기름으로 드림
C'. 아벨과 그의 제물을 여호와께서 받으심
B'. **가인과 그의 제물**을 받지 않으심
A'. 가인이 분하여 안색이 변함

A와 A'는 '세월이 지난 후(판단할 시간이 됨)'와 '가인이 분하여 안색이 변함'이 서로 원인과 결과로 대칭을 이루고 B와 B'는 '가인이 여호와께 땅의 소산으로 제물을 드림'과 '가인과 그의 제물을 받지 않으심'이 가인의 제사와 하나님께서 받지 않으심의 보충 설명으로 C와 C'는 '아벨이 양의 첫 새끼와 그 기름으로 드림'과 '아벨과 그의 제물을 여호와께서 받으심'이 역시 보충 설명으로 구성되어 핵심을 이루고 있다.

제사란 일반적으로 제물을 드리는 행위로 제물의 중요성을 말하지 않을 수 없겠지만, 오늘 본문의 문장 배열을 볼 때 제물보다 제물을 드리는 인물을 앞세운 것은 성경을 기록하신 하나님의 의도를 가늠하게 한다. 하나님은 드려지는 제물보다 그것을 드리는 사람에게 주목하신다는 것이다.

가인과 아벨이 드린 제사의 시행에서 힢일 동사를 사용함으로써 하나님의 요청에 의한 것임을 알 수 있다. "구속사 = 하나님의 손길 + 인간의 응답"이라는 구속사적인 맥락에서 하나님의 마지막 판단을 위한 요청은 분명 하나님의 손길이자 하나님의 일이다. 그 요청에 제사로 응답하는 두 인물 가인과 아벨은 인간인 우리들의 대표성을 띠는 것이다. 결국, 하나님의 기대는 제사를 통한 하나님 자신과의 친밀한 관계의 요구이다. 가인과 그의 제물이 단호한 거절을 당하여 가인은 그 얼굴을 떨구었다. 한편 아벨과 그의 제물은 용납되었는데 문장 배열을 볼 때 강조점이 없는 일반적인 평범한 문장이 사용되어 오히려 역설적으로 너무나 당연한 일이라는 것을 깨닫게 한다.

결론

가인과 아벨의 제사에서 하나님은 아벨과 그의 제물을 흡족하게 받으셨고 그렇지 못한 가인은 결국 분하여 동생 아벨을 죽이는 결과를 빚어낸다. 키아즘 문장구조에서와 같이 핵심적 메시지는 하나님께 나아가는 아벨의 정성과 그러한 아벨과 그의 제물에 대해 기쁘게 받으시는 하나님이다. 하나님은 이처럼 자신을 온전히 바치는 자에게 관심을 보이신다. 아벨의 제사는 하나님을 생각하며 나아가는 하나님 중심의 제사이고 가인의 제사는 자기가 중심이 되어 외면받을 수밖에 없는 인간 중심의 제사인 것이다. 결국, 관계의 문제이다. 하나님은 우리와 친밀한 관계를 원하신다. 그렇다면 우리는 어떠한 예배로 하나님께 나아가야 할 것인가 깊이 숙고해야 한다. 우리는 지금 어떠한 모습으로 예배를 드리고 있느냐는 말이다. 우리 모두 하나님께서 기쁘게 받으실만한 참 예배를 드려야 하겠다.

하나님의 일하심과 성도의 일

본문 : 골로새서 2:6-7

중심사상 : 그리스도 안에서 행한다는 것은 하나님께서 행하시는 일에 대한 절대적 수용과 적극적으로 행해야 할 성도의 일을 실천하는 것이다.

"그러므로 너희가 그리스도 예수를 주로 받았으니 그 안에서 행하되 그 안에 뿌리를 박으며 세움을 받아 교훈을 받은 대로 믿음에 굳게 서서 감사함을 넘치게 하라"(골 2:6-7)

서론

본문은 골로새서의 가르침을 잘 요약해 준다. 사도 바울은 이미 그리스도가 교회의 머리이며 만유의 으뜸으로 탁월한 분임을 가르쳐 왔다. 여기서는 그러한 가르침에 덧붙여 '지혜와 지식의 모든 보화가 감추어진 하나님의 비밀인 그리스도 예수'를 너희가 이미 주로 받아들였다고 선언하고 있다.

5613	3767	3880 παραλαμβάνω	3588	5547 Χριστός	2424 Ἰησοῦς	3588	2962 κύριος
ὡς	οὖν	παρελάβετε	τὸν	χριστὸν	Ἰησοῦν	τὸν	κύριον,
접종	접우	동직과능복2	관목남단	명목남단	명목남단	관목남단	명목남단
	그러므로	너희가~받았으니		그리스도	예수를		주로

너희가 ~받았으니 - (παρελάβετε 파렐라베테-동직과능복2) 동사

παραλαμβάνω(3880, 파랄람바노)는 파라(παραν, 3844)와 람바노 (λαμβάνω, 2983: 취하다, 가지다, 받다)에서 유래한 합성어이다.

본문의 내용이 그리스도 예수를 이미 주로 인정한 사람을 향한 권면이란 사실은 '받았으니'라는 표현에서 잘 보여진다. '받았으니'로 번역된 '파랄라베테'의 원형 '파랄람바노(παραλαμβάνω)'는 '마음으로 받아들이다'라는 뜻이다. 여기에서 쓰인 문법 부정 과거형은 골로새 교인들이 바울에 의해 에바브라에게 전해 준 복음을 통해서 그리스도에 대해서 가르침을 이미 받아들였고 그뿐 아니라 전체적 맥락으로 보면 그리스도를 주로 영접했다는 사실을 나타낸다.

본론

그리스도를 주인으로 모신 사람들이 살아야 할 합당한 삶에 대한 강력한 명령은 그(예수 그리스도) 안에서 행하라는 것이다. 이는 성도들이 가져야 할 신앙의 절정을 향한 비전을 제시하는 강한 호소이자 권면이다.

1722	846	4043
ἐν	αὐτός	περιπατέω
ἐν	αὐτῷ	περιπατεῖτε,
전여	명대여남단3	동명현능복2
안에서	그	행하되

그 안에서 행하되 - (ἐν αὐτῷ περιπατεῖτε 엔 아우토 페리파테이테). 동사 περιπατέω(4043, 페리파테오-동명현능복2)는 아리스토파네

스 이래로 나타나며, 페리(περί, 4012: 대하여, 주위에, 두루)와 파테오(πατέω, 3961: 밟다, 걷다)에서 유래했으며, '두루 다니다, 머물다(stay)'를 의미한다. 예를 들면 시장에서 여기저기 걸어 다닐 때, 이리저리 거니는 것과 멈추어 서는 것 등과 같은 문자적 의미로 발견된다.

바울의 권면은 "그리스도 예수를 주로 받은 사람이라면 그(그리스도) 안에서 행하는 삶을 살아야 한다"는 것이다. '그 안에서'의 번역 '엔 아우토(ἐν αὐτω)'는 친밀한 그리스도와의 교제를 통한 완전한 일치를 포함하는 의미의 표현이다. 우리가 그리스도와의 일치를 통해 그분이 원하시고 기뻐하시는 삶을 살아가는 자로 그분을 따라 닮아가는 자가 된다는 것을 그리스도인이 되었다고 말한다. 이러한 사실에 대해 바울은 '그 안에서 행하되' 즉 'ἐν αὐτῷ περιπατεῖτε(엔 아우토 페리파테이테)'로 표현한 것이다.

'페리파테오(περιπατέω)'는 살다', '처신하다'라는 의미로 명령법을 사용하여 성도들의 삶이 그리스도를 주로 모신 자다운 모습이어야 함을 강력한 명령으로 보여줄 뿐만 아니라 현재형으로 쓰여 우리 삶의 성숙도가 일정한 어떤 수준이나 상황에 머물러 있는 것이 아니라 점전적으로 발전되어가도록 계속하여 행하라는 의미로 그리스도 안에서 진보의 삶을 살아야 함을 말한다. 그리스도를 주로 받아들인 신앙인은 점차 성숙해 져가는 모습으로 나타나야 한다.

이어지는 7절은 성도가 행해야 할 실제적인 면을 친절하게 설명하고 있다.

4492 ῥιζόω	2532 καί	2026 ἐποικοδομέω	1722 ἐν	846 αὐτός	2532 καί	950 βεβαιόω
ἐρριζωμένοι	καὶ	ἐποικοδομούμενοι	ἐν	αὐτῷ,	καὶ	βεβαιούμενοι
동명분완수남복2	접대	동명분현수주남복2	전여	명대여남단3	접대	동분현수주남복2
뿌리를 박으며		세움을 입어	안에	그		굳게 서서

3588 ὁ	4102 πίστις	2531 καθώς	1321 διδάσκω	4052 περισσεύω	1722 ἐν	2169 εὐχαριστία
τῇ	πίστει	καθὼς	ἐδιδάχθητε,	περισσεύοντες	ἐν	εὐχαριστίᾳ.
관여여단	명여단	접종	동직과수2	동명분현능주남복2	전여	명여단
믿음에	대로	교훈을 받은	넘치게 하라		을	감사함

뿌리를 박으며 - (ἐρριζωμένοι 에리조메노이-동명분완수주남복2) 동사 ῥιζόω(4492 리조오)는 리자(ῥίζα, 4491:뿌리)에서 유래했으며, (a) '뿌리를 박게 하다', 비유적으로 '확고하게 하다, 튼튼한 기초를 가지다', (b) 수동태로 '확고하게 뿌리를 박다'를 의미한다.

이 단어는 시편 1편의 시냇가에 심은 나무를 떠올리게 한다. 생명수 시냇가에 심겨진 나무가 뿌리를 내림으로 사시사철 푸르고 철을 따라 아름다운 열매 맺는 모습을 연상하게 하는 것이다. 본문에서 이 단어는 명령 분사 완료형 수동태로 쓰였는데 이것은 그리스도 안에서 성도들이 뿌리를 박아 확고해지는 근원이 궁극적으로 하나님에 의한 것임을 보여준다. 또한, 완료형이 쓰인 것은 이미 뿌리를 박아 확고하게 된 상태로 현재에까지 영향을 미치고 있음을 의미한다.

그러므로 개역 개정 '뿌리를 박으며'의 보다 적절한 번역은 '뿌리가 박혀져'가 더 타당할 것이다. 우리가 사용하고 있는 개역 개정의 번역으로는 뿌리박는 행위의 주체를 성도 자신으로 오해할 우려가 있으나, 성경의 원문은 수동태로서 뿌리내리게 하는 주체가 성도 자신이 아님을 분명히 하고 있다. 뿌리내리도록 하는 일의 주권은 궁극적으로 하나님이시며 하나님께서 하시는 일이다. 이것은 곧 하나님의 은혜인 것이다.

세움을 받아 - (ἐποικοδομέω 에포이코도무메노이-동명분현수주남복 2) 동사 ἐποικοδομέω(2026, 에포이코도메오)는 에피(ἐπι, 1909: 위에, 에)와 오이코도메오(οἰκοδομέω, 3618 : 집을 짓다)에서 유래했으며, '~위에 건축하다, ~위에 세우다(짓다)'를 의미한다.

이 표현은 신앙생활을 건축물로 비유하여 설명하고 있는데 '집'이란 뜻의 '오이코스(οἶκος)'에서 파생된 단어 에포이코도메오 (ἐποικοδομέω)를 사용하여 기초위에 건물이 지어져 가는 것을 묘사했는데 이를 수동태로 표현함으로써 그 세움의 주권이 하나님께 있으며 성도의 '세워짐'이 하나님께서 베푸시는 은혜임을 분명히 하며 인간은 단지 여기(하나님의 일하심)에 순응하는 존재임을 보여준다. 특히 이 표현에서 깊이 묵상해야 할 것이 하나 더 있는데, 그것은 시제가 계속의 행위를 의미하는 현재형이라는 것에 주목할 필요가 있다.

헬라어 현재형의 가장 두드러진 의미는 계속되는 반복행위이다. 여기에서도 그 시제의 의미가 확실히 읽혀야 한다. 성도의 신앙생활이 굳어진 건물과 같지 않고, 계속 세워지며 계속 자라 성장해 가는 것이다(cf. 엡 2:21-22). 이와 연관해서, 그 세워짐에 있어서 성경이 제시하는 중요한 요소는 다름 아닌 하나님의 말씀이다. 바울은 에베소 장로들을 불러서 권면하며 "지금 내가 여러분을 주와 및 그 은혜의 말씀에 부탁하노니 그 말씀이 여러분을 능히 든든히 세우사"(동일한 단어 '에프오이코도메오')라고 하였다 (행 20:32). 그리스도인의 신앙은 하나님의 말씀과 함께 계속해서

든든히 세워지고 성장해야 한다.

그리스도 안에서 세움을 입는다는 것은 예수 그리스도를 인생의 기초로 삼고(고전 3:11) 성경의 가르침에 순응하는 삶을 통하여(마 7:24,25) 영적으로 자라가는 삶을 가리킨다.

굳게 서서 - (βεβαιούμενοι 베바이우메노이-동분현수주남복2) 동사 βεβαιόω(950, 베바이오오)는 베바이오스(βέβαιος, 949: 확고한, 확실한)에서 유래했으며, '확고하게 하다, 강화하다, 확립하다, 확증(확인)하다, 확실하게 하다, 안전하게 하다'를 의미하며 사물과 인격에 대하여 사용되었다. '베바이오오(βεβαιόω)'는 헬라사회에서 사업적 거래를 완료하고 확정할 때 많이 쓰이던 단어로서, 확신하고, 확정하고, 확실하게 하는 행위가 이 용어의 기본적 의미이다. 또한 '믿음에'로 번역된 '테 피스테이(τῇ πίστει)'는 '믿음에', '믿음으로', 또는 비잔틴 텍스트와 같이 "믿음 안에"('엔 테 피스테이' : ἐν τῇ πίστει)로 번역될 수 있는 표현이다.

여기에도 역시 '베바이오오(βεβαιόω)'의 수동형이 쓰여 '믿음에 확고해지는 것'이 수동적인 하나님의 일이며 하나님의 은혜임을 확실히 하고 있다. "믿음은 모든 사람의 것이 아니니라"(살후 3:2)는 말씀과 같이, 믿음에 확고해지는 것은 하나님께서 인간에게 베푸시는 은혜 중에 은혜인 것이다. 시제는 현재형으로서, 한 번이 아닌 계속해서 하나님에 의해 이루어져 가야 하는 상태를 나타내고 있다. 즉, 성도들은 하나님에 의해 계속해서 확신 있는 믿음 생활을 진행해 나가야 한다. 계속 든든해지고, 확신에 차고, 믿음에 든든히 서 나가야 한다.

감사함을 넘치게 하라 - (περισσεύοντες ἐν εὐχαριστίᾳ. 페릿쉬온테스

엔 유카리스티아) περισσεύω(4052, 페릿슈오-동명분현능주남복2)는 페 릿소스(περισσός, 4053:풍성한)에서 유래했으며, (a) '과도하다, 초과 하다', (b) '넘치다, 남다', (c) '풍성하다'를 의미한다.

바울은 성숙한 그리스도인의 모습에 대해 시냇가에 심긴 나 무와 함께 잘 지어진 건물에 비교하면서 마지막으로 그들이 가 져야 할 덕목으로써 '감사'를 제시하고 있음을 본다. 여기에 서 '감사함을'로 번역된 '엔 유카리스티아'는 '감사 안에서(in thanksgiving) 또는 감사로써(with thanksgiving)'라는 의미이며, '넘치 게 하라'로 번역된 '페릿슈온테스'의 원형 '페릿슈오(περισσεύω)' 는 '풍부히 갖추고 있다', '넘쳐나게 하다'라는 의미이다. 본문에 서는 명령 분사로 사용되었으며, 의미상의 목적어로 '유카리스 티아'를 취하고 있다. 특히 바티칸 사본(B)과 베자 사본(D²)은 '엔 유카리스티아' 앞에 '그것 안에서'로 번역될 수 있는 '엔 아우테 (ἐν αὐτῇ)'를 첨가하여, 감사함이 본 절에서 언급되고 있는 믿음과 매우 밀접한 연결이 있음을 잘 보여주고 있다. 실제로 진실된 감 사를 하는 자는 하나님께 대한 확고한 믿음이 있는 자만이 가능 하다고 할 수 있다. 지금까지 베풀어 주신 은혜에 따른 감사뿐만 아니라 앞으로 베풀어 주실 은혜에 대하여도 감사한다는 것은 신실하신 하나님에 대한 절대적 신뢰 없이는 불가능하다.

흥미로운 사실은 앞의 경우들과 달리 여기에서만은 '넘치다/ 넘치게 하다'의 뜻인 '페릿슈오(περισσεύω)'는 수동태로 쓰이지 않 고 능동태를 사용함으로 수동적 은혜가 아닌 성도가 해야 할 능 동적 일임을 분명히 한다. 이미 뿌리가 깊이 박혀 있는 것도 건 축물로 세워져 가는 것과 믿음으로 견고해지는 것도 다 수동이다. 결국, 하나님이 하신 일이고, 하시는 일이다. 그러나 이제 그리스도인들에게 요청되는, 그리스도인 쪽에서 능동적으로 해야할 일이 있는데 그것이 바로 감사하는 일이라는 것이다. 감사하는 일은 수동으로 되는 것이 아니라 능동으로 해야 하는 일이다. 되는 것이 아니라 해야 한다.

은혜에서 비롯한 수동적인 감사의 경우도 있을 수 있겠지만, 진정한 감사란 적극적으로 내가 해야 하는 일이다. 감사의 마음과 그 감동 달라고 감사하게 해달라고 구할 일이 아니다. 감사의 일은 자신이 주체적으로 결단해야 할 일이다. 감사의 은혜를 달라고 기도하고, 그 은혜에 감동되어 수동적으로 하는 감사가 아닌, 능동적으로 이미 받은 은혜에 대해 내가 결정해야 하는 일이다. 더더욱 풍성히 '넘치게' 함에는 자신의 의지적인 결단이 필요한 것이다. 하나님은 그 은혜를 베풀어 주신 자들에게 또한 넘치는 감사를 요구하신다.

결론

그(예수 그리스도) 안에서 행하라는 명령 아래 실재적인 설명인 네 가지 동사는 "뿌리를 박으며, 세움을 받아, 굳게 서서, (감사함을) 넘치게 하라."이다. 이를 "구속사 = 하나님의 활동 + 인간의 응답"이라는 구속사적 맥락으로 살펴본다면 수동태로 표현된 "뿌리를 박으며, 세움을 받아, 굳게 서서"는 하나님의 일하심으로 능동태로 표현된 "(감사함을) 넘치게 하라."는 성도의 일(응답)

로 구분할 수 있다.

감사는 신앙의 행위의 최종적 단계로 받은 은혜에 대한 적극적인 반응이고, 진정하고 신실한 신앙의 증거가 된다. 사도 바울의 가르침에 따르면 신앙생활에서 뿌리가 박히고 건축되어 가며 믿음에 굳게 확고해지는 일들은 하나님이 주체가 되고 감사는 성도 자신이 주체가 된다. 주님 안에서 행하는 신앙생활이란 하나님께서 행하시는 일들에 대한 온전한 수용과 함께 적극적 반응인 감사를 넘치게 행하는 것이다. 우리 모두 감사를 넘치게 행하는 적극적인 신앙인이 되자.

바람직한 성경적 설교와 그러한 설교의 작성을 목적으로 본서를 준비하면서 구원의 핵심인 그리스도를 전하는 구속사적 설교가 성경의 일관된 구조로서 인간 중심의 모범적 설교에서 벗어나야 할 분명한 이유를 깨닫게 되고, 하나님의 의중과 그 뜻을 밝히 깨닫기 위해 히브리인에게 주신 원어 그대로를 해석해야 할 필요, 히브리적인 사고와 그들의 문화까지 폭넓게 조망하도록 이끄시며 깨닫게 하시는 하나님의 손길을 경험하며 격한 감격과 감사를 드리는 것은 크나큰 하나님의 은혜라 아니할 수 없다.

　살펴본 바와 같이 구속사적 설교는 선택이 아니라 필수이다. 팀 켈러에 의하면 설교에는 두 가지 책임이 따르는데 "성경 본문의 진리를 향한 책임과 청중의 삶을 향한 책임"이다. 이 둘을 완수하는 하나의 열쇠는 다름 아닌 그리스도를 설교하는 것이다. 다시 말해 구속사적 설교가 그 해답이다. 성경적 설교자라면 누구나 구속사적 설교를 해야 한다. 이것이 성경의 가르침이고 하나님이 뜻이다.

설교는 해석과 전달의 과정이다. 하나님께서 주신 본문을 통해 하나님의 뜻과 의도를 가감 없이 해석하고 청중에게 정확하게 전달하는 것이 중요하다. 하나님의 본래의 뜻을 온전히 밝히고자 원한다면 원전의 연구가 최선이다. 하나님께서 사람 저자를 통해 직접 쓰신 원어(히브리어와 헬라어)를 연구하지 않고 다른 방법을 찾는다는 것은 어리석은 일이기 때문이다.

실제 설교 작성에서 메시지의 전달을 위해 본문 연구에 치중하다 보면 서론과 결론을 소홀히 하게 되는 경우가 허다하다. 하지만 단조로운 설교 형식의 탈피와 회중의 청취 의욕을 높이기 위한 서론과 핵심 메시지를 통한 회중의 결단을 위한 결론의 중요성을 강조하지 않을 수 없다. 할 수만 있다면 설교 작성에서 설교의 서론과 결론에 더 많은 비중을 두고 관심과 노력에 힘써야 하며 이를 위해 충분한 시간을 할애해야 할 것이다.

하나님의 뜻과 의지를 청중에게 전달하는 철저한 전달자 역할이 설교자의 몫이므로 권위 있는 성경의 원천적인 자료인 원전을 연구하여 설교에 활용하는 것이 목회자로서 매우 중요하며 시대적으로 자료준비나 활용이 편리하여 얼마든지 쉽게 원어를 해석하고 하나님께서 의도하시는 올바른 의미를 찾을 수 있기에 설교의 활용을 위하여 감히 원전 연구에 대한 도전을 권하고자 한다.

하나님께서 뜻하시는 의도를 밝히 찾을 수 있는 원전 연구를 통한 성경의 일관된 메시지로서의 구속사적인 실재와 적용이 있는 설교가 한국 강단에서 강력하게 선포되는 그날을 꿈꾸며 그 길의 조그마한 디딤돌이 되기를 기대한다.

| 참고문헌

Ⅰ. 한서

1. 단행본

이성호, **나도 원전설교 할 수 있다(신약 편)**, 서울 : 도서출판 헤세드, 2016.

송광현, 이성호, **나도 원전설교 할 수 있다(구약 편)**, 서울 : 도서출판 로고스, 2013.

이순한, **성서 히브리어**, 서울 : 생명의 말씀사, 2002.

박미섭, **성서 히브리어 문법**, 서울 : 도서출판 기혼, 2016.

지종엽, **히브리어 성경 해석 구문론으로 하라**, 서울 : 비블리아, 2019.

_____, **헬라어 성경 해석 구문론으로 하라**, 서울 : 비블리아, 2019.

송광현, **히브리 원어 연구**, 경기도 : 도서출판 에트, 2014

이상준, **히브리어 속에 숨겨진 복음**, 서울 : 이스트윈드, 2019.

송창원, **원어 중심 성서주석과 현대 설교-워크북**, 서울 : 대한기독교서회, 2018.

임요한, **구약주해와 텍스트 언어학**, 서울 : 사)기독교문서선교회, 2012.

변종길, **핵심 헬라어 문법과 강독**, 대구 : 말씀사, 2020.

신현우, **신약 헬라어 주해 문법**, 경기도 : 킹덤북스, 2021.

구자수, **원어로 설교 작성하기**, 인천 : 헤이스 출판사, 2020.

_____, **원어 설교를 위한 해석법**, 인천 : 헤이스 출판사, 2020.

구금섭, **구속사적 설교 신학**, 경기도 : 한국학술정보(주), 2007.

손석태, **말씀과 구속사**, 서울 : (사)기독대학인회 출판부(ESP), 2017.

_____, **성경을 바로 알자**, 서울 : (사)기독교문서선교회, 2013.

정용섭, **설교란 무엇인가**, 서울 : 홍성사, 2011.

박영근, **오늘 대한민국을 설교하라**, 서울 : 생명의말씀사, 2015.

성종현, **설교 원리와 실제**, 서울 : 기독교연합신문사, 2010.

주승중, **성경적 설교의 원리와 실제**, 서울 : 예배와 설교 아카데미, 2016.

문상기, **케리그마와 현대 설교**, 대전 : 침례신학대학교 출판부, 2006.

김지철 외 11명, **성경과 설교**, 서울 : 도서출판 한국성서학, 1993.

주성호, **21세기를 위한 설교학**, 서울 : 대한기독교서회, 2002.

정장복, **한국교회의 설교학 개론**, 서울 : 예배와 설교 아카데미, 2016.

_____, **설교학 서설**, 서울 : 도서출판 엠마오, 1992.

곽안련, **설교학**, 서울 : 대한기독교서회, 1990.

이훈구, **설교학 총론**, 서울 : 도서출판 연합선교회, 1991.

정창균, **고정관념을 넘어서는 설교**, 경기도 : 합동신학대학원출판부, 2002.

김광웅, **설교는 이렇게 하라**, 서울 : 신망애 출판사 1993.

박영재, **설교가 전달되지 않는 18가지 이유**, 서울 : 요단출판사, 2009.

정성구, **정성구 교수의 신학과 설교**, 경기도 : 이레서원, 2008.

_____, **개혁주의 설교학**, 서울 : 총신대학교 출판부, 2001.

이승진, **설교를 위한 성경 해석**, 서울 : 사)기독교문서선교회, 2015.

안진섭, **설교자가 설교자에게 전하는 실제적인 성서 해석학**, 대전 : 그리심 어소시에이츠, 2015.

이성민, **해석학적 설교학**, 서울 : 대한기독교서회, 2007.

박형용, **성경 해석의 원리**, 서울 : 도서출판 엠마오, 1992.

최종혁, **성경 해석**, 경기도 : 도서출판 그의나라, 2018.

서영환, **키아즘 성경 해석**, 서울 : 플레이온 콘텐츠, 2013.

이재창, **하나님이 감동하시는 설교를 하라**, 서울 : 요단출판사, 2019.

한원기, **쉬운 성경적 설교 작성법**, 서울 : 사)기독교문서선교회, 2022.

김형종, **히브리 사고 베이직**, 서울 : 도서출판 솔로몬, 2015.

_____, **테필린**, 서울 : 도서출판 솔로몬, 2015.

류모세, **열린다 성경**, 서울 : 두란노서원, 2010.

남병식, **바이블 문화코드**, 서울 : 생명의말씀사, 2006.

2. 성경류

한글 개역판, **성경전서**, 서울 : 대한 성서공회, 1956.

김경섭, **프리셉트 성경 개역 개정**, 서울 : 도서출판 프리셉트, 2010.

김용환, **스트롱코드 성경**, 서울 : 도서출판 로고스, 2012.

원어성서원, **스테판 원어 성경(구약 상, 하)**, 서울 : 원어성서원, 2000.

원어성서원, **스테판 원어 성경(신약)**, 서울 : 원어성서원, 2000.

3. 사전류

이성호, **최신 성경 대사전(상, 하)**, 서울 : 성서교재 간행사, 1980.

한영재, **기독교 사전**, 서울 : 기독교문사, 1996.

김용환, **스트롱코드 히브리어 헬라어 사전**, 서울 : 도서출판 로고스, 2011.

이동환, **신구약 원어 은유 대사전**, 서울 : 도서출판 로고스, 2003.

4. 주석류

한성천, 김시열, **옥스퍼드 원어 성경 대전**, 서울 : 제자원, 2006.

강병도, **QA시스템 성경연구시리즈**, 서울 : 기독지혜사, 2008.

김승교, **구약 분해 강해 설교**, 서울 : 도서출판 로고스, 2007,
_____, **신약 분해 강해 설교**, 서울 : 도서출판 로고스, 2007.

Ⅱ. 외서

1. 번역서

Cornelis Trimp, 박태현 역, **구속사와 설교**, 서울 : 도서출판 솔로몬, 2018.

Julius Kim, 신민우 역, **설교학 - 복음 중심적 설교의 설계와 전달**, 서울 : 부흥과 개혁사, 2016.

Sidney Greidanus, 김영철 역, **성경 해석과 성경적 설교**, 경기도 : 여수룬, 2012.

Thomas H. Troeger, Leonora Tubbs Tisdale, 최영현 역, **귀에 들리는 설교**, 서울 : 예배와 설교 아카데미, 2018.

Daniel M. Doriani, 정옥배 역, **해석 성경과 삶의 의미를 찾다**, 서울 : 한국성서유니온선교회, 2011.

Douglas Stuart, 박문재 역, **구약 주석 방법론**, 경기도 : CH북스, 2021.

Vern S. Poythress, 최승락 역, **하나님 중심의 성경 해석학**, 경기도 : 이레서원, 2018.

Edmund p. Clowney, 류근상 역, **설교와 성경 신학**, 경기도 : 크리스챤 출판사, 2003.

Bernard Ramm, 정득실 역, **프로테스탄트 성경 해석학의 교과서 성경 해석학**, 서울 : 생명의말씀사, 2019.

T. Norton Sterrett, Richard L. Schultz, 이진경 역, **성경 해석의 원리**, 서

울 : 한국성서유니온선교회, 2015.

Richard L. Schultz, 김태곤 역, **문맥-성경 이해의 핵심**, 서울 : 아가페북스, 2014.

J. Daniel Baumann, 정장복 역, **성공적인 설교자를 위한 길잡이**, 서울 : 예배와 설교 아카데미, 2012.

Louis Berkhof, 박문재 역, **벌코프 성경 해석학**, 경기도 : 크리스챤다이제스트, 2012.

William Perkins, 채천석 역, **설교의 기술과 목사의 소명**, 서울 : 부흥과개혁사, 2021.

Albert M. Wolters, Michael W. Goheen, 양성만, 홍병록 역, **창조 타락 구속**, 서울 : 한국기독학생회출판부, 2007.

Christopher J. H. Wright, 홍종락 역, **구약의 빛 아래서 그리스도를 아는 지식**, 서울 : 한국성서유니온선교회, 2008.

James F. Engel, 정진환 역, **당신의 메시지는 전달되고 있는가**, 서울 : 죠이선교회출판부, 1992.

John R. W. Stott, 정성구 역, **현대교회와 설교**, 서울 : 생명의 샘, 2010.

Jay E. Adams, 이길상 역, **설교의 시급한 과제**, 서울 : 아가페출판사, 1993.

Terry Hall, 배응준 역, **성경 내비게이션**, 서울 : 규장, 2009.

Thorleif Boman, 허혁 역, **히브리적 사유와 그리스적 사유의 비교**, 경북 : 분도출판사, 1975.

John MacArthur 외 8, 김동완 역, **강해 설교의 재발견**, 서울 : 생명의말씀사, 1994.

Timothy keller, 채경락 역, **팀 켈러의 설교**, 서울 : 두란노서원, 2022.

John H. Walton 외 3, 신기현 편, **IVP 성경배경주석**, 서울 : 한국기독학생회출판부, 2016.